D1664840

HANNS CHRISTIAN LÖHR / HITLERS LINZ

Hanns Christian Löhr

HITLERS LINZ

Der »Heimatgau des Führers«

Ch. Links Verlag, Berlin

Die Deutsche Nationalbibliothek verzeichnet diese Publikation
in der Deutschen Nationalbibliografie; detaillierte bibliografische
Daten sind im Internet über www.dnb.de abrufbar.

1. Auflage, November 2013
© Ch. Links Verlag GmbH
Schönhauser Allee 36, 10435 Berlin, Tel.: (030) 44 02 32-0
www.christoph-links-verlag.de; mail@christoph-links-verlag.de
Umschlaggestaltung unter Verwendung eines Fotos,
das v. l. n. r. Martin Bormann, August Eigruber, Adolf Hitler,
Hermann Giesler, Roderich Fick und Julius Schaub
am 4. April 1943 auf der Nibelungenbrücke in Linz zeigt
(Bayerische Staatsbibliothek/Fotoarchiv Heinrich Hoffmann)
Satz: Katarina Wojtek, Ch. Links Verlag
Druck und Bindung: Bosch-Druck GmbH, Landshut

ISBN 978-3-86153-736-6

INHALT

DER BESESSENE BAUHERR

Dreifaltigkeitssäule
am Hauptplatz in Linz,
handkoloriertes Glas-
diapositiv, um 1910.

Am 4. April 1943 besichtigte Adolf Hitler die Stadt Linz an der Donau. In Begleitung der Architekten Albert Speer und Hermann Giesler ging er über die neue Brücke, die Bauarbeiter auf seinen Wunsch hin wenige Jahre zuvor über die Donau geschlagen hatten. Auf dieser neuen Brücke befanden sich nun zwei Gipsmodelle von Figuren, die Hitler als zusätzlichen Schmuck in Auftrag gegeben hatte. Der Diktator blieb vor der Statue einer mächtigen Kriemhild stehen, erging sich in einer seiner langen, ausschweifenden Betrachtungen über die Vorzüge der Bildhauerarbeit und schwärmte von »deutscher Kunst«. Sein Architekt Speer war dagegen wenig begeistert. Ihm entfuhr die halblaute Bemerkung, dass die ausladenden Brüste der Statue, ihr »balkonartiger Busen«, sicherlich ein guter Nistplatz für Tauben wäre. »Was haben Sie da gesagt?«, fauchte der »Führer«, unterbrach abrupt seinen Monolog und fuhr Speer scharf an. Es folgte eine sekundenlange Stille. Schließlich nahm Hitler wieder den Faden auf und belehrte seine Begleiter weiter über die künstlerischen Leistungen des Abendlandes.[1] Der hintersinnige Speer hatte Glück. Er hatte nur den geplanten Schmuck der Brücke, nicht aber das Bauwerk als Ganzes kritisiert. Solch weitgehende Kritik hätte Hitler gewiss noch weniger geduldet.

Mehr als die Kunst liebte der »Führer« die Architektur. Der 1889 in Braunau am Inn geborene Österreicher lebte lange Zeit vom Verkauf selbstgemalter Bilder und sammelte bis 1945 mehrere tausend Gemälde und Skulpturen. Doch seine eigentliche Berufung verband er mit dem Entwerfen, Planen und Bauen von Gebäuden. Wiederholt bezeichnete er sich gegenüber Zeitgenossen als »Baumeister« und versuchte diesen Anspruch durch zahlreiche spektakuläre Projekte im Deutschen Reich in die Wirklichkeit umzusetzen. Die Architektur war für ihn keine Leidenschaft. Sie traf vielmehr das Wesen Hitlers und spielte in seinem Leben eine »zentrale Rolle«, wie Zeitgenossen immer wieder auffiel.[2]

Schon früh entwickelte sich diese Liebe zur Baukunst. Seit 1898 lebte Hitlers Familie im Großraum Linz, zunächst in der Gemeinde Leonding am südwestlichen Stadtrand, wo sein Vater ein Grundstück erworben hatte. Nach dessen Tod lebte der junge Hitler mit seiner Mutter ab 1905 in der Stadt selbst. Bereits in der Schulzeit dort zeichnete Hitler Gebäude und Entwürfe. Menschen und Landschaften spielten in seinen Werken nur eine untergeordnete Rolle. Als Heranwachsender verfolgte er jeden Neubau in seiner Heimatstadt genau und trat sogar einem Verein bei, der sich für ein neues Linzer Theaters einsetzte. Diese öffentliche Diskussion begleitete er zudem mit einem eigenen Entwurf für ein neues Bühnenhaus. Dieser Entwurf blieb aber reine Liebhaberei. Hitler versuchte nicht, für seine Ideen zu werben, sondern blieb mit seinen Vorstellungen lieber in der »phantastischen Scheinwelt« seiner »Planungen«.[3]

Diese Scheinwelt stand in einem immer größer werdenden Kontrast zu der Lebenswirklichkeit des jungen Hitler. Seine schulischen Leistungen wurden immer schlechter, so dass er mit 16 Jahren die Schule abbrach. Zwei Jahre lang, von 1905 bis 1907, verbrachte er seine Zeit mit »Selbststudium«. In dieser Zeit kultivierte er eine weitere Leidenschaft, die ihn bis an sein Ende begleiten sollte: die Liebe zur Musik. Er besuchte regelmäßig Konzerte und schwärmte für die Musik der Romantik, besonders für die Werke von Anton Bruckner und Richard Wagner.[4] In dieser Zeit beschloss er auch, »Künstler« zu werden, und strebte eine Ausbildung an der Wiener Kunstakademie an.

1908 bestand er zwar zum zweiten Mal die Aufnahmeprüfung dort nicht. Bei dieser Gelegenheit erkannte der Rektor der Wiener Kunstschule jedoch mit sicherem Blick Hitlers vorhandene, aber unterentwickelte Begabung auf dem Gebiet der Architektur. Die Begegnung bestärkte den jungen Österreicher in dem Willen, es anstelle der Malerei nun ernsthaft mit der Architektur zu versuchen, um »Baumeister« zu werden.[5] Doch für den Besuch einer Technikerschule fehlte ihm der entsprechende Schulabschluss. Hitler versuchte daher, über den »Bau« zur Architektur zu kommen. In »Mein Kampf« berichtete er anschaulich über seine Versuche, als Bauarbeiter in dem Gewerk Fuß zu fassen. Auf den Baustellen verwickelten ihn jedoch die sozialdemokratisch geprägten Arbeiter in politische Diskussionen. Da er es ablehnte, der Gewerkschaft beizutreten, gab es bald

Adolf Hitler (oben,
Erster von rechts) in
der Klasse I B der
K. K. Staats-Ober-Real-
schule in Leonding,
1901.

Hitler (Erster
von rechts, sitzend)
als Soldat während
des Ersten Weltkrieges,
undatiert.

Das »Braune Haus«,
die Parteizentrale
der NSDAP in München,
1930. Den Ausbau
leitete der Architekt
Paul Ludwig Troost.

Die Angeklagten
Ludendorff und Hitler
vor Beginn des »Hitler-
Prozesses« in München,
26. März 1924.

Streit, und er musste den Versuch abbrechen. Noch in späteren Jahren erzählte er diese Episode aus seinem Leben und verglich sich dabei mit dem italienischen Diktator Benito Mussolini, der ebenfalls eine Zeit lang Bauarbeiter gewesen war.[6]

Um trotzdem »Baumeister« werden zu können, begann Hitler nun, Gebäude zu zeichnen, sich in Fachliteratur zu vertiefen und sich so im Selbststudium Kenntnisse der Architektur anzueignen. Mehrere Jahre lebte er kümmerlich von dem Verkauf seiner Aquarelle, die Wiener Stadtansichten zeigten, und las gleichzeitig besessen alles, was ihm über das Bauen von Häusern in die Hände kam.[7] Jahre später berichtete er über diese Wiener Zeit: »Ich wollte ja kein Maler werden, ich habe diese Sachen nur gemalt, damit ich meinen Lebensunterhalt bestreiten und studieren konnte. [...] Studiert habe ich damals die ganzen Nächte durch.«[8]

Mit der Zeit gelang es ihm, sich auf diese Weise ein profundes Wissen über die Architektur anzulesen. Einige Wiener Bauten wie das Michaelertor oder die Hofburg skizzierte er so oft, dass er sie schließlich aus dem Kopf zeichnen konnte. Ebenso prägte er sich die Grundrisse von Bauten ein, die ihn beschäftigten, und kannte einzelne Maße der Bauwerke aus dem Kopf. Zudem wurde sein Zeichenstrich immer sicherer, und auch die Perspektive in seinen Bildern stimmte nun. Zwischen 1910 und 1912 arbeitete er sogar im Büro des Wiener Architekten Max Fabiani als Zeichner. Hitler war aber offenbar kein angenehmer Angestellter. Er galt als rechthaberisch und körperlich schwach.[9] So war es kein Wunder, dass er diese Stelle bald wieder aufgab.

1913 erhielt er den Rest des väterlichen Erbes und zog nach München, um sich dem Militärdienst in der österreichisch-ungarischen Armee zu entziehen. In Bayern setzte er seine Arbeit als Zeichner und Maler fort und konnte sogar bescheidene wirtschaftliche Erfolge verbuchen.[10] Auch hier arbeitete er nach eigenen Angaben als Zeichner im Architekturbüro der Münchner Baufirma Heilmann & Littmann. Nebenbei bewegte er sich weiter in seiner Phantasiewelt und träumte davon, sich an dem geschlossenen Wettbewerb für den – letztlich nie realisierten – Neubau eines Opernhauses in Berlin zu beteiligen.[11] Innerhalb seiner Architektur-Besessenheit hatte er sich im Laufe der Zeit auf Theater- und Opernbauten spezialisiert, bei denen er seine Vorliebe für die Musik mit seiner Neigung zur Architektur verbinden konnte.

Der Bau von Theatern und Opernhäusern war für ihn jedoch noch Zukunftsmusik. Der Erste Weltkrieg zwang ihn 1914, Soldat zu werden. Auch nach der Niederlage von 1918 blieb er zunächst bei der Armee, bis er im September 1919 der Deutschen Arbeiterpartei (DAP), einer politischen Splittergruppe, beitrat, die er mit umformte, deren Umbenennung in Nationalsozialistische Deutsche Arbeiterpartei (NSDAP) er vorantrieb und ab 1921 als »Führer« leitete. Trotz aller Politik spielte auch in den Jahren vor der sogenannten Machtergreifung von 1933 die Architektur in Hitlers Leben eine tragende Rolle. Als er sich 1923 wegen des gescheiterten Umsturzversuchs, des sogenannten Hitler-Ludendorff-Putsches, vor dem Münchner Volksgericht verantworten musste, gab er als Beruf »Architekt« an.[12] Auch während seiner Haft in Landsberg, zu der er wegen des Putsches verurteilt worden war, blieb er dem Zeichnen treu. Zudem muss er in dieser Zeit, worauf spätere Berichte schließen lassen, weiterhin alle verfügbare Literatur über die Baukunst gelesen haben, so dass es schließlich kein deutsches Fachbuch zu diesem Thema gab, das er nicht in den Händen gehabt hatte. Schließlich war er in der Lage, auch ausländische Bauten wie den Londoner Tower, den Westminsterpalast oder das Schloss Hampton Court, die Pariser Notre-Dame-Kathedrale, die dortige Oper oder den Eiffelturm aus dem Kopf zu zeichnen.[13]

Mit dem politischen Erfolg kam auch die Gelegenheit, Häuser zu bauen: Anfang 1930 gewann die NSDAP bei den Reichstagswahlen viele neue Stimmen hinzu. Aufgrund der Wahlkostenerstattung durch den Staat war die Organisation nun so reich, dass Hitler am 26. März 1930 das Barlow-Palais für die Partei kaufen konnte. Dieses Haus an der Brienner Straße in München wollte er zur Parteizentrale umbauen. Durch den Kontakt eines Verlegerpaares lernte er den Münchner Architekten Paul Ludwig Troost (1878–1934) kennen, der für ihn ein »Baugenie« war. Noch Jahre später rühmte sich Hitler, ihn entdeckt zu haben. Troost hatte sich in der Vergangenheit besonders als Innenarchitekt einen Namen gemacht und durch die Ausstattung von Passagierschiffen größere Bekanntheit erlangt. Er gehörte zu einer Gruppe von Architekten, die in der Kaiserzeit den verspielten Jugendstil ablehnten und Sachlichkeit bevorzugte.[14]

Hitler fand in Troost einen geduldigen Lehrmeister, der seinen Geschmack weiter formte und ihn in der Ausführung von Bauten unterwies. »Bei Troost lernte ich erst, was Architektur ist«, rühmte der Parteiführer später die Zusammenarbeit.[15] Gemeinsam mit Troost plante und steuerte er den Ausbau des Gebäudes als »Braunes Haus«. Troost formte es mit kalter Wucht im geometrischen Stil. Er ließ keine Stimmung aufkommen, sondern inszenierte eine kultisch-sakrale Macht. Einen Konferenzraum versah er beispielsweise mit Opferschalen-Leuchten und gab diesem so die Anmutung einer Gruft. Hierin zeigte sich Hitlers Vorliebe für einen »hart-pompösen« Stil, den ein Betrachter als »unerträglich gleichförmig« und »erschreckend ungemütlich« bezeichnete.[16] In vielen Detail-Entwürfen ließen sich Spuren von Hitlers Gestaltungswillen wiederfinden. Auch nach der Fertigstellung des Umbaus 1931 veränderte Hitler das Haus noch und verfeinerte die Einrichtung mit eigenen Entwürfen für Bronzegriffe und Lampen.[17] Doch dieser Umbau war gleichsam nur eine Fingerübung für die Bauten, die er nach seiner Ernennung zum Reichskanzler am 30. Januar 1933 in Angriff nehmen sollte.

Das erste architektonische Projekt, das Hitler als Reichskanzler anstieß, war die Erneuerung der alten Reichskanzlei in Berlin. Das Gebäude, in dem einst Bismarck residiert hatte, war in der Zeit der Weimarer Republik stark vernachlässigt worden. Bei seiner Ernennung ermahnte ihn Reichspräsident Paul von Hindenburg, in dem alten Palais »vorsichtig zu gehen«. Hitler ließ daraufhin die alte Wohnung Bismarcks ohne Respekt vor der historischen Substanz umbauen und von Troost neu einrichten. Angeblich zeichnete Hitler die Entwürfe für einige Stücke selbst. Die Möbel besaßen einen gradlinigen, farbigen Stil. Auch im Garten ließ Hitler ohne Rücksicht alte Eichen und Buchen fäl-

len, die der »Eiserne Kanzler« einst so geliebt hatte.[18] Nachdem Hitler im Mai 1934 in die Reichskanzlei eingezogen war, blieb das Haus jedoch über Jahre hinweg unfertig: 1935 baute Speer einen Balkon an den Erweiterungsbau am Wilhelmplatz an. Anfang Januar 1936 stellte der Architekt Leonhard Gall einen Festsaal im Garten fertig, unter dem sich auch ein erster Bunker befand. Im Januar 1939 weihte Hitler den Erweiterungsbau ein, die Neue Reichskanzlei, die Speer nach seinen Ideen gestaltet hatte.[19]

Anfang April 1933 ließ Hitler bei der Stadtverwaltung München Pläne für ein neues Parteizentrum am Königsplatz einreichen. Noch bevor eine Baugenehmigung erteilt wurde, begannen im September die Erdarbeiten für den »Führerbau« und den Verwaltungsbau. Einen Monat später wurde auf Hitlers Anregung mit dem Bau einer neuen Kunsthalle in München begonnen. Im Oktober 1933 beging er die feierliche Grundsteinlegung für das spätere Haus der Deutschen Kunst (heute Haus der Kunst). Beide Baustellen standen unter der Leitung von Troost. Diese Projekte sollten in architektonischer Hinsicht stilbildend für die gesamte Zeit des »Dritten Reichs« werden. In Anlehnung an die klassizistischen Museen des Königsplatzes schuf Troost hier Gebäude, die in antiker Tradition standen. Im Gegensatz zu den Bauten des 19. Jahrhunderts und den antiken griechischen Vorbildern waren seine Bauten jedoch nicht verziert und wurden durch horizontale Linien bestimmt.[20]

Zu den Objekten, auf die sich Hitlers architektonische Aufmerksamkeit konzentrierte, gehörte auch sein Haus auf dem Obersalzberg: 1934 begann er mit dem Umbau des Anwesens, zu dem er selbst einen Entwurf zeichnete. Zudem verfolgte er Pläne für Nürnberg. Bereits im Jahr 1933 begann Albert Speer damit, Entwürfe für das Gelände zu zeichnen, auf dem die Reichsparteitage stattfinden sollten. Hitler studierte die Zeichnungen und Modelle genau, nahm sie fachmännisch unter die Lupe und zeigte sich mit Speers Arbeit zufrieden. Noch während der Bauarbeiten forderte er jedoch viele Änderungen im Detail und zeigte sich so als ein schwer zufriedenzustellender Bauherr.[21]

Hitler (Bildmitte)
bei der Einweihung des
»Braunen Hauses« in
München, 1930.

Blick auf die Neue
Reichskanzlei in der
Voßstraße in Berlin,
Januar 1939.

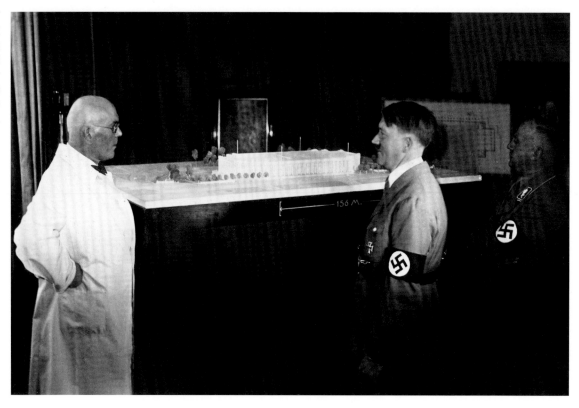

Der Architekt Paul Ludwig Troost (links) mit Adolf Hitler und Gauleiter Adolf Wagner vor dem Modell des Hauses der Deutschen Kunst, München 1933.

Hitler verfolgte auch in München aufmerksam den Bau seiner Projekte und besuchte Troost oft in seinem Atelier. Er studierte alle Einzelheiten genau, sowohl die äußere Gestaltung der Fassade als auch den Aufbau des Inneren. Auf den Baustellen besichtigte er immer zur Mittagszeit den Fortschritt der Arbeiten. Bei diesen Besuchen begleiteten ihn Speer, den ihm Propagandaminister Joseph Goebbels empfohlen hatte, sowie der Architekt Gall aus dem Büro Troost. Hitler verblüffte oft die Anwesenden damit, dass er die Raummaße der geplanten Gebäude aus dem Kopf wusste. Er gab den Architekten immer genaue Anweisungen für die Bauten. Seine Skizzen waren dabei »fachmännisch richtig«. Bei der Diskussion um Architektur ließ er auch andere Meinungen und sogar kritische Ansichten zu.[22]

Speer schilderte das Verhältnis zwischen Hitler und Troost als das eines Schülers zu seinem Lehrer, der ihm zum Beispiel beibrachte, seine Ideen von einer klassizis-

tischen Bauweise in einen konkreten Bauplan umzusetzen. Zudem prägte Troost Hitlers Stilempfinden, das sich bis dahin noch an den ornamentreichen, auftrumpfenden Gebäuden an der Wiener Ringstraße orientiert hatte. Er beeinflusste Hitler hin zu einer »ruhigere[n], klassische[n] Linie«, einer nüchternen, kargen Klassizität. Diese zeigte sich in der Verwendung von Säulen und Rundbogenfenstern, die jedoch ohne jegliche Verzierung blieben. Dieser Verzicht wurde damit begründet, dass die Bauten dadurch Zeit und Epoche ihrer Entstehung verraten könnten. Ziel war vielmehr ein »überzeitlicher Charakter« der Häuser, den Hitler besonders schätzte.[23] Die Vorliebe für die Architektur der Antike war für Hitler dabei keineswegs nur eine Frage des Geschmacks. Dahinter standen handfeste ideologische und machtpolitische Absichten.

Zum einem sah Hitler in den antiken Griechen die ersten »Arier«, die als indogermanisches Volk aus dem

»Dunkel« der schriftlosen Geschichte getreten waren und eine eigene Kultur entwickelt hatten. Er ging davon aus, dass alte Kulturen sich grundsätzlich zuerst in der Architektur ausdrückten. Dabei vernachlässigte er vollkommen die Tatsache, dass das antike Griechenland in vorklassischer Zeit durch die Bevölkerungswellen der Dorer, Ionier und Illyrer besiedelt worden war, die jeweils ihren eigenen Stil hervorbrachten. Der Diktator glaubte stattdessen, in der Bauweise Griechenlands und seines späteren Erben, des klassischen Roms, eine »einmalige Verkörperung der Kunst der nordischen Rasse« entdecken zu können.[24] Auf der Basis einer solchen Architekturanschauung war er der Meinung, dass Antike und Germanentum identisch seien. In der Kultur und Lebensauffassung der Griechen sah er die »höchste Vollkommenheit«. Das antike Rom bewunderte er zudem als eine Weltmacht.[25] Er machte seine Begeisterung für diese Epoche an wenigen Bauten wie beispielsweise dem

Pantheon oder den Caracalla-Thermen in Rom fest und übersah die vielen profanen Bauten dieser Zeit, die wenig monumental waren. Sein Antikebild war ungenau und hatte utopische Züge.[26]

Aus der Monumentalität antiker Bauten zog Hitler noch einen weiteren Schluss: Er glaubte grundsätzlich, dass sich die Kultur einer Epoche in erster Linie in der Architektur niederschlagen würde und die herrschenden sozialen Systeme sich an den Bauten ihrer Zeit ablesen ließen. So könne der Betrachter heute noch aus der ehemaligen Größe der römischen Bauten die einstige Macht der Stadt ablesen.[27] Dementsprechend verstieg er sich zu der Idee, mit Großbauten ein Zeichen setzen und den Anspruch auf Macht in der Gegenwart erheben zu können. Vorbild war dabei Mussolini, der in Italien mit faschistischen Großbauten ebenfalls den ungeteilten Machtanspruch unterstreichen wollte. Diese psychologische Wirkung von Architektur verleitete Hitler dazu, auch in Deutschland nachfolgende Geschlechter durch ebenso übersteigerte Bauten beeindrucken zu wollen. Wie er auf dem Reichsparteitag 1937 öffentlich bekannte, strebte er an, Bauwerke für die kommenden Jahrtausende zu errichten.[28]

Mit Plänen für die Ewigkeit im Rücken musste sich Hitler jedoch mit der Endlichkeit seiner Mitstreiter auseinandersetzen: Troost, der bereits 1934 starb, erlebte die Fertigstellung seiner letzten Bauten nicht mehr. Kurze Zeit dachte Hitler daran, selbst das Atelier seines Lehrmeisters zu übernehmen. Er befürchtete, dass in den Händen eines anderen die ursprünglichen Pläne verwässert würden. Schließlich übergab er die Arbeiten jedoch an Gall, der die Parteibauten und das Haus der Deutschen Kunst 1937 fertigstellte.[29]

Obwohl Hitler eine ganze Reihe von Aufgaben an Gall und Speer übertragen hatte, beschäftigte er sich weiter persönlich mit den Planungen. In den Mittagsgesprächen in der Reichskanzlei spielte dieses Thema weiterhin eine wichtige Rolle. Auch als Reichskanzler zeichnete Hitler weiterhin architektonische Entwürfe und beschäftigte sich mit Plänen.[30] Sein Kammerdiener Heinz Linge, der wie Speer aus dem Bauwesen kam, schilderte nach dem Krieg, dass stets Grundrisse sowie Farbstifte und andere Zeichengeräte auf Hitlers Tischen herumlagen und den Eindruck des Arbeitsplatzes eines viel beschäftigten Architekten vermittelten. Mit großem »Eifer« arbeitete er an Plänen und verglich sie mit Entwürfen in der Fachliteratur. Linge musste auch auf Reisen stets Zeichenstift und Zirkelkasten bereithalten, damit Hitler seine Ideen von monumentalen Fassaden, Siegessäulen und Triumphbögen immer sofort festhalten konnte.[31] Noch im Krieg bezeichnete er sich selbst als »Baumeister«[32].

Speers Entwürfe für Nürnberg standen im Stile der Arbeiten von Troost und atmeten eine ebensolche feierliche, kalte Klassizität. Mehr noch als die Parteibauten am Münchner Königsplatz sollten die Tribüne am Zeppelinfeld, das Deutsche Stadion und die Luitpold-Arena, die Speer in Nürnberg in Angriff nahm, dem Betrachter durch ihre enorme Größe die Machtfülle des nationalsozialistischen Staates vor Augen führen. Architektur sollte als Spiegelbild der nationalsozialistischen Ideologie als »steingewordene Weltanschauung« dienen. Hitler betrachtete die Architektur nicht unter dem Aspekt ihrer Funktion, sondern hauptsächlich im Hinblick auf ihre psychologische Wirkung. Speer bezeichnete ihn daher nach dem Krieg aus gutem Grund auch als einen »meisterliche[n] Psychologe[n]«[33]. So lautete seine Hauptforderung an die Bauten, sie sollten den Betrachter überwältigen. »Eindruck« zu machen war das oberste Gebot.[34] Dieser Eindruck sollte auch auf künftige Generationen fortwirken. »Auch einem Deutschland der kommenden Jahrhunderte müssten unsere Bauwerke ins Gewissen reden«, erklärte er seinem Architekten Speer.[35]

Eine solche psychologische Wirkung der Architektur, die Hitler vorschwebte, zeigte sich besonders in den Plänen, die Speer ebenfalls ab 1936 für Berlin entwarf. Seit dem 1. Januar 1937 verfügte der Architekt über das Amt und den Titel des »Generalbauinspektors für die Reichshauptstadt Berlin« (GBI) und damit auch über die entsprechenden Strukturen, um Mitarbeiter für die raumgreifenden Entwürfe einzustellen. Kern der neuen Pläne für die Hauptstadt war eine in Nord-Süd-Richtung verlaufende Achsenstraße, die breiter als die Pariser Champs-Élysées sein sollte. Diese elf Kilometer lange Straße sollte an einem neuen Süd-Bahnhof beginnen und bis zum Spreebogen führen, wo sie in einer riesigen, 290 Meter hohen Kuppelhalle endete. Als flankierende Gebäude dieser Magistrale waren aufwendige monumentale Bauten der Regierung, der Wehrmacht und der Partei vorgesehen.[36] An der Spree nördlich der Museumsinsel war ein neues Museumsquartier geplant, für das der Architekt Wilhelm Kreis ein Heeresmuseum, ein Museum für ägyptische Kunst und eines für Malerei des 19. Jahrhunderts entwarf.[37]

Hitler sah in diesen Bauten nur eine architektonische Darstellung, quasi Kulissen. Die geplante große Achse hatte für ihn als Straßenverbindung untergeordnete Bedeutung. Die monumentale Größe der vorgesehenen Bauten verglich er mit den Weltwundern der Antike. Die Berliner Kolossalbauten hatten die Funktion, ihn selbst zu erhöhen und seinen Anspruch auf Weltherrschaft zu unterstreichen. Sie sollten nicht nur das

Das fertige Haus der
Deutschen Kunst
in München, zwischen
1937 und 1940.

Parade auf dem
Königsplatz in München
während des
Staatsbesuchs Benito
Mussolinis am
28. September 1937
in Deutschland,
im Hintergrund Ehren-
tempel und
Verwaltungsbau der
NSDAP.

eigene Volk beeindrucken, sondern auch in der internationalen Politik eine Funktion ausüben und als ein Denkmal von Hitlers eigener Macht dienen. Sein Vorbild war hierbei König Ludwig I. von Bayern, der mit dem Ausbau der Ludwigstraße München als süddeutsche Residenzstadt nachhaltig geprägt hatte. Und auch der faschistische Diktator Benito Mussolini hatte in Rom große Durchbrüche und weite Straßen geschaffen, um neue Aufmarschplätze zu gewinnen.[38]

In seinem Denken ging Hitler immer von leeren Flächen aus, in die er hineinplante. Die vorhandene Bebauung interessierte ihn nicht und musste weichen. So sollten für die neue Berliner Achse die in Nord-Süd-Richtung verlaufenden Anlagen und Bahntrassen des Potsdamer, Anhalter und Lehrter Bahnhofs beseitigt werden, um Raum für neue Bauten zu gewinnen.[39] Diese Rücksichtslosigkeit im Umgang mit gewachsenen Strukturen zeigte sich im Laufe der Zeit noch häufiger.

Ebenfalls in das Jahr 1936 fällt der Beginn eines weiteren Stadtumbaus. Im Sommer dieses Jahres besichtigten der Diktator und sein Architekt Augsburg. Erstes Ziel des Besuchs war das dortige Stadttheater, welches das berühmte Wiener Architektenbüro Fellner & Helmer vor dem Ersten Weltkrieg erbaut hatte und das Hitler aus der Fachliteratur kannte. Die Besichtigung verlief jedoch ernüchternd: Hitler war bestürzt über den Zustand des Gebäudes, das er »verkommen« nannte. Zudem enttäuschte ihn die neobarocke Auskleidung des Zuschauerraumes. Kurz entschlossen verkündete er, das Haus durch den von ihm bevorzugten Theaterarchitekten Paul Baumgarten umbauen zu lassen. Er begründete dies mit dem Hinweis, dass ein Theater der »Maßstab« für die Kultur einer Stadt und eines Landes sei. Einmal in Fahrt, beließ es der Diktator jedoch nicht dabei, das Theater zu erneuern. »Mit geübten, sicheren Strichen«, wie Speer berichtete, entwarf er für Augsburg gleich auch noch eine neue Gauhalle, einen Turm, ein neues Hotel und eine neue Oper. Quer durch die Stadt sollte zudem eine fünfzig Meter breite und einen Kilometer lange Prachtstraße verlaufen, für die alte Häuser weichen mussten. Diese Achse, die im Kern eine Zusammenlegung zweier alter Straßen darstellte, sollte den

Bahnhof mit dem neuen Gauforum verbinden, für das die von Hitler erdachten Gebäude vorgesehen waren.[40]

Neben diesen brutalen Eingriffen in die mittelalterliche Stadtstruktur zeigte sich Hitler auch als Machtpolitiker, der die Architektur für seine Zwecke zu missbrauchen wusste: Er begründete den geplanten Stadtumbau von Augsburg mit dem Argument, dass die Stadt ohne diese Umgestaltung von München »erdrückt« würde. Augsburg sollte sich der Nähe zu München »nicht [...] schämen« und ein Gleichgewicht bilden zu den Neubauplänen, die er auch für die bayerische Hauptstadt hegte.[41] Hinter diesen Überlegungen stand die Furcht eines Menschen aus der Provinz vor dem Selbstbewusstsein der Menschen aus den Metropolen, das Hitler wiederum auf die dortige Architektur zurückführen zu können glaubte. Der Diktator war, wie sein Architekt Speer deutlich erkannte, zeitlebens immer den Gedanken eines Kleinstädters verhaftet geblieben und richtete danach seine Politik aus.

Ehrentribüne des
NSDAP-Reichspartei-
tagsgeländes in
Nürnberg, 1942.

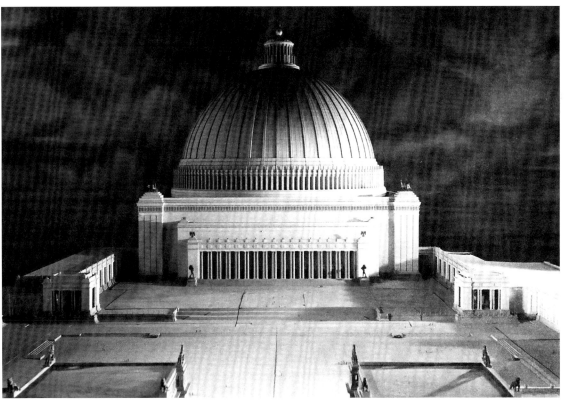

Umgestaltungspläne
für Berlin zur »Welt-
hauptstadt Germania«:
Gipsmodell des Ent-
wurfs von Albert Speer
für die »Große Halle«,
zwischen 1939 und
1944.

Ende November 1937 reisten Hitler und Speer in Begleitung Gieslers erneut nach Augsburg. Giesler hatte im Jahr zuvor auf Hitlers Intervention hin einen Wettbewerb in Weimar »gewonnen«, wo er ein komplettes Gauforum mit Halle, Turm und Verwaltungsbauten errichten sollte. In Augsburg verfolgte Hitler ähnliche Pläne: ein Gebäudeensemble, das sich um eine geplante Stadthalle gruppiert. Mit dem »Gesetz über die Neugestaltung deutscher Städte« vom 4. Oktober 1937 hatte er sich auch die notwendigen Rechtsmittel verschafft, um in die Bauplanungen der einzelnen Gemeinden eingreifen zu können. Zudem konnte Hitler nach dem »Führerprinzip« nun direkt nur ihm verantwortliche Beauftragte für diese Umbaumaßnahmen einsetzen.[42] In Augsburg war er aber mit den bereits vorliegenden Entwürfen für die Gauhalle nicht einverstanden. Er zeichnete wiederum eigenhändig seine Vorstellungen in die Pläne ein und gruppierte die Baukörper nach seinen Ideen. Anfang 1938 beauftragte er dann Giesler zusätzlich mit der städtebaulichen Gesamtplanung für Augsburg.[43]

Weimar und Augsburg waren für Giesler nur die Zwischenstationen auf dem Weg zu einem noch größeren Stadtumbau. Am 21. Dezember 1938 erhielt er von Hitler den Auftrag, München umzugestalten. Dafür wurde er mit dem Titel eines »Generalbaurates« ausgestattet. Kernelement des Umbaus war wiederum eine zentrale Straßenachse von 2,2 Kilometern Länge und 120 Metern Breite, die in Ost-West-Richtung über das Bahngelände des Münchner Hauptbahnhofs verlaufen sollte. Wie in Berlin, so verlangte Hitler auch in München eine Verlegung des alten Kopfbahnhofes, der nun als neuer Durchgangsbahnhof weiter westlich auf halbem Weg nach Pasing stehen sollte. Entlang der neuen Achse waren wiederum überdimensionierte Prachtbau-

ten vorgesehen, zu denen eine neue Oper und ein Operettentheater gehörten. Für das Ende der Straße entwarf Hitler bis ins kleinste Detail ein monumentales Denkmal für die NSDAP. Während Giesler die Planungen für Augsburg mit Beginn des Krieges einstellte, arbeitete er in den folgenden Jahren an dem Münchner Ausbau stetig weiter. Bis März 1942 hatte er hier alle wesentlichen Fragen geklärt und in Planzeichnungen festgehalten.[44]

Augsburg, Berlin, München, Nürnberg und Weimar waren nicht die einzigen Städte, die Hitler durch neue Bauten verändern wollte. Mit dem Neugestaltungs-Gesetz von 1937 hatte sich Hitler die Mittel verschafft, um solche Stadtumbauten von zentraler Stelle aus im ganzen Reich veranlassen zu können. Neben den fünf sogenannten Führerstädten (Berlin, München, Nürnberg, Hamburg und später auch Linz) gab es bis 1939 insgesamt rund 50 Städte im Reich, für die ein »nationalsozialistisches Bauprogramm« vorgesehen war. Hitler hatte entscheidenden Einfluss auf die formale und technische Gestaltung. Gauforen wie in Augsburg und Weimar sollten auch in Bayreuth und Dresden errichtet werden. Wie in römischer Zeit die Cäsaren Foren in Rom und in anderen Städten bauten, so wollte auch Hitler in seinem Reich wichtige Städte durch seine Plätze prägen. Geplant und gebaut wurde nur nach seiner mehrfachen Begutachtung und Zustimmung. Zugleich untersagte er, die Gesamtkosten für diese Umbauten berechnen zu lassen. Die steigende Staatsverschuldung, die dadurch zu erwarten war, wollte er mit Landgewinn in einem zukünftigen Krieg und mit Fremdarbeitern decken.[45]

Die neuen Stadtentwürfe waren aber keine echten Vorhaben zur Umgestaltung: Sie konzentrierten sich ausschließlich darauf, neue Zentren gewaltsam in alte Strukturen einzupflanzen, die im Kern aus Bauten für Versammlungen, Aufmarschplätzen mit herbeiführen-

Am 18. Juli 1937 weiht
Hitler das Haus der
Deutschen Kunst in
München ein und eröff-
net die 1. Große Deut-
sche Kunstausstellung.

den Achsen für Paraden bestanden. Deutlich wiesen sie auf ihre politische Funktion und den ideologischen »Bauwillen« hin.[46] Pläne für solche zukünftigen politischen Bauten ließ Hitler auch in München auf den Deutschen Architektur- und Kunstgewerbeausstellungen zeigen. Diese Ausstellungen waren als alternative Veranstaltungen zu den Großen Deutschen Kunstausstellungen (GDK) im Münchner Haus der Deutschen Kunst konzipiert.

Bei der Ausstellungseröffnung im Dezember 1938 unterstrich Hitler erneut die führende Rolle der Architektur. Ihre Blüte werde seiner Ansicht nach auch die Malerei und Bildhauerei befruchten. Zugleich verteidigte er den Stil der neuen Bauten im Reich: Da für die Zukunft gebaut werde, müsse »groß, solide und dauerhaft gebaut werden«. Die zahlreichen neuen Vorhaben rechtfertigte er mit dem Hinweis: »Wir bauen mehr, weil wir mehr sind, als wir früher waren.« Er schloss an diese Behauptung das völkische Argument an, das Deutsche Reich werde nun zum ersten Mal in seiner Geschichte »erkenntnis- und willensmäßig getragen vom Deutschen Volk«. Daher verdiene es, »daß man ihm auch jene Denkmäler setzt«.[47]

Die GDK untermauerte Hitlers Anspruch, ewige Architektur schaffen zu wollen. Im Untergeschoss des Ausstellungshauses waren dabei Ansichten von Gebäuden zu sehen, die schon fertiggestellt worden waren oder noch errichtet werden sollten. Dazu gehörten die Parteibauten in München und Nürnberg, die Gebäude um das Olympiastadion in Berlin, die Vorschläge Speers für den Umbau der Reichshauptstadt sowie Jugendherbergen und Brücken der Reichsautobahn. Die bereits erfolgten Baumaßnahmen wurden mit Fotos ausführlich dokumentiert, die noch geplanten Arbeiten in Zeichnungen und Modellen präsentiert. Im Obergeschoss gab es zu-

dem eine Verkaufsausstellung von Möbeln und Kunsthandwerk. Hitler verfolgte aufmerksam die Vorbereitung dieser Schauen, die jedoch mit dem Ausbruch des Zweiten Weltkrieges zum Erliegen kamen.[48]

Seit dem »Anschluss« Österreichs an das Deutsche Reich am 13. März 1938 bot sich Hitler die Chance, ein weiteres architektonisches Projekt zu verwirklichen, das bisher nur in seiner Phantasie bestand und ihm dabei besonders am Herzen lag: der Umbau seiner alten Heimatstadt Linz an der Donau.

»DIE ENTFESSELUNG DES WILLENS«

Die Periode Speer

Am 12. März 1938 marschierte die deutsche Wehrmacht in Österreich ein. Innerhalb eines Monats war es Hitler gelungen, durch eine Politik der Erpressung das Land in die Knie zu zwingen. Im Berchtesgadener Abkommen vom 12. Februar 1938 hatte er zunächst die Wiener Regierung gezwungen, österreichische Nationalsozialisten an der Regierung zu beteiligen. Der österreichische Bundeskanzler Kurt von Schuschnigg schlug daraufhin einen Monat später eine Volksbefragung vor. Mit ihr wollte er der drohenden Einverleibung seines Landes eine demokratische Entscheidung entgegensetzen. Hitler reagierte mit ultimativen Forderungen. Unter der Drohung eines Krieges verzichtete die österreichische Regierung daraufhin auf die Volksbefragung und trat zurück. Dieses Machtvakuum nutzte Hitler aus, als er einen Tag später die deutsche Armee in das Nachbarland einrücken ließ.[1]

Eine seiner ersten Stationen in der Alpenrepublik war Hitlers alte Heimatstadt Linz an der Donau, die er noch am Abend des 12. März erreichte. Hier empfingen ihn 60 000 begeisterte Menschen. Überwältigt von dem Empfang, den ihm die einheimische Bevölkerung bereitete, beschloss er am nächsten Tag, das Land zu annektieren und in das Deutsche Reich einzuverleiben. Ursprünglich wollte er beide Länder in Personalunion, also auch als österreichischer Bundespräsident, führen. Linz erklärte er zugleich zu seiner »Patenstadt«, die damit seiner besonderen Fürsorge unterstand und ihm städtebaulichen Handlungsspielraum verschaffte.[2] Am 8. April war Hitler wieder dort, um bei der hastig anberaumten Volksabstimmung für den »Anschluss« des Landes an das »Altreich« am 10. April zu werben. So wollte Hitler nachträglich die gewaltsame Einverleibung Österreichs rechtfertigen. Das Ergebnis dieser Abstimmung war eine überwältigende Zustimmung von 99,3 Prozent zur Übernahme des Landes durch das Deutsche Reich. Das Resultat spiegelte jedoch nicht die ganze Stimmung im Land wider. Rund acht Prozent der Österreicher, darunter viele Juden, durften an der Abstimmung gar nicht teilnehmen. In Linz lag die Anzahl der Ja-Stimmen jedoch noch über dem Durchschnitt.[3]

Während seines Besuches in Linz besprach sich Hitler mit dem Generalbauinspektor des Deutschen Straßenwesens, Fritz Todt. Zu den ersten Plänen, die der Diktator nun für die Stadt seiner Jugend schmiedete, gehörten der Bau einer neuen Brücke über die Donau und die Neuansiedlung eines Hüttenwerkes. Hitler lehnte allerdings den ersten ihm vorgeschlagenen Standort für das Werk im Südosten der Stadt ab. Stattdessen beauftragte er Todt damit, den Bauherren der Industrieanlage aufzufordern, einen neuen Standort zu suchen. Zudem gab er dem Generalbauinspektor Anweisungen für die Streckenführung neuer Verkehrswege, die an Linz vorbeiführen sollten.[4]

Im Zuge dieses Aufenthaltes besuchte Hitler auch das Landesmuseum der Stadt. Das Gebäude, das der Düsseldorfer Architekt Bruno Schmitz in den Jahren 1884 bis 1895 erbaut hatte, war jedoch inzwischen viel zu klein geworden. Bereits vier Tage vor Hitlers Besuch hatte der Direktor der Einrichtung, Theodor Kerschner, eine umfangreiche Denkschrift verfasst. In ihr regte er einen umfassenden Ausbau der Sammlungen an und schlug einen Erweiterungsbau vor. Hitler ließ sich von dem Direktor durch das Museum führen, um sich selbst ein Bild von der Situation zu machen. Bei diesem Besuch versicherte er dem Direktor, »große Pläne über die Ausgestaltung« des Hauses zu haben. Mit den räumlichen Verhältnissen des Gebäudes war er sehr unzufrieden. Es war zu klein für seine weitreichenden Vorhaben. »Ich will eine Gemäldegalerie ankaufen und hierher bringen«, verkündete er. Der zweite Stock mit seinen Oberlichtsälen war in seinen Augen noch nicht einmal dafür geeignet, alle im Haus vorhandenen Gemälde aufzunehmen, wenn sie entsprechend gehängt werden sollten.[5] Hitler forderte den Direktor auf, Grundrisse des Hauses an Speer zu senden.

Die Weisung Hitlers zeigt, dass der Diktator sich zu diesem frühen Zeitpunkt entschlossen hatte, die Planungen für Linz an die Behörde von Speer zu übergeben. Der »Generalbauinspektor für die Reichshauptstadt Berlin« sollte die zentrale Stelle sein, um Hitlers

Einwohner von Linz
jubeln am Abend des
12. März 1938 vor dem
Rathaus Hitler zu.

Hitler am 12. März 1938
auf dem Balkon des
Rathauses in Linz, links
von ihm der amtierende
österreichische Bundes-
kanzler Arthur Seyß-
Inquart.

Hitler mit Albert Speer
(rechts) auf dem
NSDAP-Parteitags-
gelände in Nürnberg,
vor 1937.

Wünsche für Linz umzusetzen. So erhielt Speer noch im gleichen Monat Luftbilder der Stadt, die vermutlich als Grundlage für die weiteren Planungen dienen sollten.[6]

Zu diesem Zeitpunkt gab es keinerlei gesetzliche Grundlage für die Planungshoheit des Berliner Architekten, die de facto aber bestand.[7] Ende Mai meldete der Magistrat von Linz, den bisherigen Baudirektor in den Ruhestand versetzt zu haben, und schlug den Architekten Anton Estermann als Nachfolger vor. Estermann – er hatte die örtliche Realschule zur gleichen Zeit wie Hitler besucht – war für diesen Posten bestens qualifiziert.[8] Hitlers Privatkanzlei leitete das Schreiben der Stadt an Speer »zur weiteren Bearbeitung« weiter, doch der reagierte überhaupt nicht auf diesen Vorschlag. Er traf vielmehr die Entscheidung, den Umbau der Stadt an seine eigene Behörde zu binden. So übertrug Speer die »Bearbeitung des Raumes Linz« innerhalb seiner Planungsstelle an den »Parteigenossen« Peter Koller, der auch die Stadt Wolfsburg um das Volkswagenwerk herum aufbaute. Koller machte am 10. Juni 1938 eine erste Erkundungsreise durch Linz, um die dortigen Verhältnisse kennenzulernen.[9]

Seit Mitte März 1938 regierte in der Stadt an der Donau offiziell der Gauleiter August Eigruber. Ihm unterstand in Oberösterreich nicht nur die Organisation der NSDAP, sondern ab 1940 als Reichsstatthalter auch die Regierung des Landes. Zu seinen ersten Handlungen gehörte es, die Bezeichnung »Oberösterreich« aus allen offiziellen Dokumenten zu entfernen und durch das Wort »Oberdonau« zu ersetzen.[10] Kein Begriff sollte mehr an die frühere Republik Österreich erinnern. In der folgenden Zeit baute Eigruber seine Machtstellung immer weiter aus. Ab 1942 bekleidete er auch das Amt des Reichsverteidigungskommissars für die Region. Parallel zu seiner politischen Entwicklung sollte er zum entscheidenden Machtfaktor bei der Umgestaltung von Linz werden.

Seit dem 14. April 1938 galt das deutsche Recht für die Raumordnung auch in Österreich. Im Gau »Oberdonau« war hier die Landesstelle für Raumordnung die Behörde, die als übergeordnete Institution alle großen Umgestaltungen im Gau betreute. Sie unterstand Gauleiter Eigruber und wurde von dem Architekten August Schmöller geleitet. Speer reagierte auf diese neuen Machtverhältnisse. Er ließ dem Linzer Gauleiter schon im März 1938 mitteilen, dass er vom »Führer« die städtebauliche Betreuung der Stadt Linz übertragen bekommen habe, und markierte so seine eigenen Ansprüche in der Stadt.[11]

Am 13. Juni 1938 stellte sich dann Estermann in Berlin bei Speer vor und nannte seine Bedingungen für eine Übernahme des Linzer Bauamtes. Hierzu gehörte vor allem eine entsprechende materielle und personelle Ausstattung. Zudem wünschte er, das »bautechnische Wollen des Führers« ausreichend kennenzulernen. Speer hatte keine Einwände und stimmte zu, Estermann das Amt zu übertragen, eine weitere Unterstützung Estermanns lehnte er aber ab.[12] Dieser Eingriff aus Berlin in Personalfragen der Stadt Linz sollte kein Einzelfall bleiben: Im Oktober 1939 bestätigte die Reichskanzlei Sepp Wolkerstorfer als stellvertretenden Bürgermeister der Stadt. Im Februar 1940 gab Hitler seine Zustimmung zur Ernennung von Dr. Leo Sturma als Oberbürgermeister von Linz. Eigruber hatte ihn bereits im Mai 1939 als Stadtoberhaupt vorgeschlagen. Sturma war zuvor 1938/1939 Bürgermeister von Wels gewesen. Im Juni 1940 wurde er dann offiziell zum Oberbürgermeister von Linz ernannt.[13]

Neben der Erweiterung des örtlichen Museums war in der Stadt nach dem Anschluss die Frage des Neubaus einer Brücke über die Donau noch viel drängender. Hier gab es seit 1872 eine alte Eisenbrücke, die für den Verkehr zwischen den beiden Teilen von Linz schon lange nicht mehr ausreichte. Speers Behörde nahm sich dieses Problems nun als Erstes an: Am 18. Juni forderte der Architekt von der obersten Bauleitung der Reichsautobahn alle Planungsunterlagen für die neue Donaubrücke an.[14] Vermutlich war der Leiter dieser Behörde, Generalbauinspektor Todt, nicht bereit, dieses Prestigeprojekt an Speer abzutreten. So stellte er Hitler seine Pläne für die Überquerung der Donau am 21. Mai 1938 selbst vor. Am 30. Juni unterrichtete er dann den Kollegen Speer, dass Hitler mit seinem Projekt einverstanden sei, jedoch »städtebauliche Maßnahmen«, also Abriss und

Von 1938 bis 1945 war August Eigruber Gauleiter des Gaues »Oberdonau«, die Aufnahme entstand zwischen 1938 und 1942.

Neubau von Häusern an den Zufahrten der neuen Brücken, notwendig seien.[15]

Neben dem Brückenprojekt stieß die Speer'sche Baubehörde noch weitere Vorhaben an. So sandte die Stadt Linz die Pläne für einen Hafenausbau an Koller. Zudem meldete sich der Reichsverband der Deutschen Jugendherbergen bei Speer und erkundigte sich nach einem Bauplatz für eine neue Herberge in Linz.[16] Dies waren aber nur Kleinigkeiten im Vergleich zu Hitlers Vision, Linz zum »deutschen Budapest« zu machen und eine repräsentative Architekturlandschaft auf beiden Seiten der Donau zu errichten. Damit war gleichzeitig eine Kritik an den Stadtplanern Wiens verbunden, die »falsch orientiert« seien und nur die »Rückseite« der Stadt zur Donau zeigten. Speer wusste, dass Hitler die gesamten Donauufer der Stadt mit einer neuen architektonischen Form versehen wollte. Er ermahnte daher einen Ministerialbeamten, der dort für die Gestaltung eines neuen »Generalkommandos« zuständig war, die Fassade zur Donau »großzügig« zu gestalten.[17] Daneben gab der Architekt auch den Startschuss für den Bau von 200 neuen Wohnungen in der Stadt »zur Entsiedelung von Elendsvierteln«, wie es Bürgermeister Wolkerstorfer formuliert hatte.[18]

Brückenkopf, Generalkommando, neues Museum und Wohnungsbau waren somit die ersten Projekte, die sich im Spätsommer 1938 als Aufgaben für die Umgestaltung in Linz abzeichneten. Ende Juli 1938 legte Estermann einen »Schematischen Raumverteilungsplan von Linz« vor, in dem die noch ungenauen Vorstellungen Hitlers für die Stadt in einer ersten Fassung niedergelegt waren. Das Linzer Stadtbauamt war zu diesem Zeitpunkt die maßgebliche Planungsstelle und griff bei seiner Arbeit auf einen Stadtentwicklungsplan von 1934 zurück.[19] Koller war mit der Aufgabe, die Planungen für Linz zu leiten, jedoch überfordert. So beschwerte sich das Oberkommando des Heeres bei Speer im Oktober desselben Jahres, dass das zugewiesene Grundstück, auf dem das »Wehrdienstgebäude«, also das geplante Generalkommando, errichtet werden sollte, zu groß sei. Eine Rücksprache mit Koller sei zudem nicht möglich.[20] Am 7. November musste Speer einen Notruf an den Staats-

minister Hans-Heinrich Lammers in der Reichskanzlei richten. Speer schilderte, dass die »Linzer Planung« nicht schnell genug vorangehe. Als Grund nannte er fehlendes Geld, um zusätzlich freischaffende Architekten einzubinden. Zugleich übersandte er Lammers die Bitte Hitlers, die Kosten für die aufzustellenden Vorentwürfe aus Hitlers »Kulturfonds« zu begleichen, den der Staatsminister verwaltete. Lammers konnte dann Anfang Dezember vermelden, 30 000 Reichsmark für die »Linzer Planung« bereitstellen zu können.[21]

Am 7. November informierte Speer auch den angereisten Stadtbaudirektor Estermann über Hitlers Entscheidungen zu den geplanten Brückenkopfbauten, die auf der Linzer Stadtseite an der neuen Donaubrücke entstehen sollten. In den westlichen Bau sollte die Finanzdirektion einziehen, in den östlichen eine Dienststelle der Reichsbank. Für ein Hotel wählte Hitler einen Bauplatz aus, den Estermann für eine neue Zolldirektion vorgesehen hatte. Hitler griff tief in die Planung ein und setzte eigene Entscheidungen durch: Der Diktator verfügte, wie Speer dem Stadtbaudirektor mitteilte, dass die Brückenkopfbauten von Prof. Roderich Fick aus München entworfen werden sollten. Das geplante Hotel am Ufer der Donau wäre dagegen ein Auftrag für den Architekten Cäsar Pinnau. Estermann war damit an keinem Bau des Brückenkopfes beteiligt. Auch die Auftragsvergabe wurde ihm abgenommen. »Der Führer nimmt selbst Verbindung mit Fick auf«, ließ Speer ihn wissen.[22]

Das geschah vermutlich in den folgenden Tagen. Der Münchner Architekt war für den Diktator kein Unbekannter. Hitler lernte ihn am 3. November 1935 in München persönlich kennen, als in der Brienner Straße, also in der Nachbarschaft des »Braunen Hauses«, das Haus der Ärzteschaft eröffnet wurde. Fick hatte es im neobarocken Stil erbaut. Im folgenden Jahr erhielt der Architekt dann den Auftrag, den sogenannten Platterhof auf dem Obersalzberg bei Berchtesgaden in eine SS-Kaserne umzubauen. Weitere Bauten im Umfeld von Hitlers Berghof folgten, so dass Fick hier zum bestimmenden Gestalter des »Führeranwesens« wurde.[23] Am 11. November 1938 unterrichtete Martin Bormann,

Wirtschaftsplan
für Linz vom Dezember
1938. Die weißen
Flächen (Mitte rechts)
stellen die geplanten
Eisenbahntrassen und
Hafenanlagen dar.

Roderich Fick (links) und Albert Speer (hinten rechts) sowie Reichsverkehrsminister Julius Dorpmüller (2. v. l.) diskutieren am 9. Mai 1939 auf dem Obersalzberg mit Hitler über Pläne für den neuen Hauptbahnhof in Linz.

Stabsleiter bei Rudolf Heß, Speer darüber, dass sich Fick bei ihm wegen der Bauten in Linz melden werde. »Über die Aussicht, in Linz größere Bauten zu bekommen, war Prof. Fick sehr erfreut«, so Bormann.[24]

An dieser Stelle drängt sich die Frage auf, wie Speer zur Berufung des Münchner Kollegen stand. Der Berliner Architekt schien keine große Lust gehabt zu haben, neben seinen Aufgaben in der Reichshauptstadt und dem Bau des Reichsparteitagsgeländes in Nürnberg noch eine weitere Großbaustelle zu übernehmen. Bei einer internen Besprechung in seiner Behörde erklärte er sein teilweises Desinteresse: Er sei in Linz nur an den »wichtigsten Straßenzügen interessiert, an denen große monumentale Gebäude stehen sollen«. Alles, was darüber hinausgehe, werde von der Stadt Linz geplant.[25] Speer schien die Entwicklungen in Linz nur im Rahmen seiner parteiamtlichen Funktion als »Beauftragter für Bauwesen im Stab ›Stellvertreter des Führers‹« verfolgen zu wollen, der die Aufgabe hatte, auch die Planungen in anderen Gaustädten des Reiches zu beaufsichtigen. Innerhalb der nächsten Tage informierte Bormann Speer über zwei neue »Führerentscheidungen« zu Linz: Fick solle nun auch das Donauhotel entwerfen; außerdem habe Hitler beschlossen, der Stadt eine neue Technische Hochschule zu schenken, die in die Gesamtplanung eingepasst werden müsse.[26] Speer kam kaum nach: Kaum hatte er Fick zusammen mit Estermann in die bisherigen Planungen für die Donaubrücke eingewiesen, da stellt der Architekt Herbert Rimpl schon das nächste Projekt für Linz vor.

Bereits im Mai 1938 hatte Hermann Göring als »Beauftragter für den Vierjahresplan« in Linz den Grundstein für ein neues Hütten- und Stahlwerk gelegt, das am östlichen Stadtrand errichtet werden sollte. Und diese sogenannte Reichswerke AG Hermann Göring benötigte für Linz einen zentralen Verwaltungsbau, für den Rimpl einen Entwurf angefertigt hatte. Nachdem er dessen Zeichnungen studiert hatte, forderte Speer den Kollegen auf, den Bau »noch kräftiger in den Verhältnissen und reicher in der Durchführung« zu behandeln.[27] Unterdessen einigten sich am 29. November 1938 Estermann und Fick über die Ausgestaltung der Büros im westlichen Brückenkopfbau, in dem die Oberfinanzdirektion residieren sollte: Sie entschieden, dass die Arbeitsräume keine Waschgelegenheiten bekommen sollten, sondern besondere Waschräume für die Beamten eingerichtet werden müssten.[28]

Anfang Januar 1939 legte Fick dann bei Speer seine ersten Entwürfe für die beiden Bauten am Kopf der neuen Donaubrücke und das benachbarte Hotel vor. Sie folgten im Kern den Entwürfen, die schon Baudirektor Estermann in Linz ausgearbeitet hatte. Der Generalbauinspektor bat den Münchner Architekten am 12. Januar jedoch, seine Entwürfe direkt »dem Führer selbst zu unterbreiten«. Zugleich wies er das Hochbauamt der Stadt Linz an, erste Pläne für die Bebauung der restlichen Strecken des Donauufers und einer »Durchbruchstraße« durch die Altstadt nicht an Hitler auf dem Obersalzberg, sondern direkt an »Prof. Fick« zu leiten. Denn es bestehe die Absicht, Fick »mit der Gesamt-Planung von Linz zu beauftragen«.[29] Speers Bemühungen, sich die Kleinarbeit vom Leibe zu halten, schienen Erfolg zu haben.

Noch musste er aber neben seinen übrigen Aufgaben die Hauptlast für die Koordinierung der Pläne für die Stadt an der Donau tragen. Am 19. Januar übermittelte er der Stadt, dass Hitler eine eigene Entscheidung über die Standorte des Generalkommandos und des Arbeitsamts – gegenüber einem neuen Bahnhof – getroffen habe.[30] Erst am 23. Januar konnte Speer dem »Liebe[n] Herr[n] Fick« mitteilen: »Der Führer wünscht, daß Sie sich sämtlicher wichtiger Bauvorhaben in der Stadt Linz annehmen.« Fick sollte zu den Vorschlägen der Stadt Linz »Gegenvorschläge« ausarbeiten und dazu die Erlaubnis erhalten, weitere Architekten für die Arbeit heranzuziehen. Zudem forderte ihn Speer auf, alle Fragen zu dem Auftrag mit Hitler direkt zu klären.[31] Mit dieser Entscheidung hatte Speer sein Ziel erreicht: Hitler hatte nun Fick als Hauptplaner für den Umbau von Linz eingesetzt.

Am 7. Februar 1939 fand eine erste Besprechung zwischen Hitler und seinem neuen Chefplaner für Linz statt, an der auch Speer teilnahm. Bei dieser Besprechung entschied der Diktator, Fick mit weitreichenden materiellen und rechtlichen Mitteln auszustatten. Wie im Falle Gieslers, der den Umbau von München leitete, wurde nun auch Ficks Tätigkeit mit einem »Führererlass« bestätigt.[32] Gänzlich wollte Speer jedoch nicht auf den Einfluss auf das Linzer Projekt verzichten und versuchte, sich eine Hintertür offen zu halten, um jederzeit in die Tätigkeit von Fick eingreifen zu können. Speer veranlasste die Beamten in der Reichskanzlei, eine entsprechende Klausel in den Erlass einzufügen.[33]

Er hatte jedoch die Rechnung ohne den »Führer« gemacht: Hitler lehnte am 28. Februar eine generelle Beteiligung Speers ab. Dieser sollte nur in »Einzelfällen« unmittelbar von ihm herangezogen werden.[34] Die Bedeutung von Fick unterstrich er, indem er ihm am 25. März 1939 den Titel »Reichsbaurat« verlieh und ihn mit umfassenden Vollmachten ausstattete.[35] Angesichts dessen blieb für Speer zunächst kein Platz mehr.

Speers Einflussbereich beschränkte sich auf die Versorgung der Linzer Baustellen mit Materialien. Als Generalbauinspektor für die Reichshauptstadt konnte er Richtlinien für die Reihenfolge und Vergabe von sogenannten Baustoffkontingenten für die »Neugestaltung deutscher Städte« bestimmen. Für Berlin, München, Nürnberg, Hamburg und Linz erließ er am 3. Mai 1939 eine entsprechende Verordnung. Demnach sollten »Monumentalbauten« vor Wohnungsbauten, Gebäuden der Reichsbahn und Neubauten der Stadtverwaltungen stehen. In Zweifelsfällen behielt er sich dabei das Recht vor, ein Bauvorhaben in eine entsprechende Gruppe einzuordnen.[36] Mit Speer musste also auch in Linz weiter gerechnet werden.

Die Periode Fick

Nach seiner Ernennung bemühte sich Fick im Frühjahr 1939 um ausreichend Arbeitsmittel, um die weitreichenden Pläne für Linz in Angriff nehmen zu können. Das größte Problem war dabei, ein geeignetes Atelier zu finden, in dem seine Pläne gezeichnet werden konnten. »Auf Wunsch des Führers« erwarb die Berliner Reichskanzlei für 160 000 Reichsmark ein Haus in der Münchner Maria-Theresia-Straße 16, in dem Fick arbeiten sollte. Dessen Umbauwünsche dort wurden von Speer »infolge der inzwischen eingetretenen Verhältnisse«, womit wohl der Kriegsbeginn gemeint war, abschlägig beschieden.[37] Fick musste sich in der Situation einrichten und begann von München aus, Linz zu planen.

Auch auf dem Gebiet der Besoldung gab es Einschränkungen, so dass Fick vermehrt um größere finanzielle Zuwendungen bat. So musste Lammers im Jahr 1940 insgesamt fast 170 000 Reichsmark an persönlichen und sachlichen Ausgaben für den Reichsbaurat anfordern. In einem Schreiben begründete er dies mit der Weisung Hitlers, Ficks Dienststelle auszubauen. Zudem wünschte der Diktator »ausdrücklich häufige und sehr umfangreiche Bildberichte« über die Baustelle in Linz sowie »die Anfertigung zahlreicher und großer Modelle«. Auch waren für Fick viele Dienstreisen nach Linz nötig, die zusätzliche Kosten verursachten.[38]

Im Jahr 1941 erhöhte das Reich noch einmal Ficks Budget, auf nun über 380 000 Reichsmark. Die Reichskanzlei begründete dies mit der »Ausweitung der Planung« beim Stadtumbau. Um die Wünsche Hitlers zu erfüllen, errichtete Fick im selben Jahr auf dem Obersalzberg ein Haus, in dem nur die zahlreichen Architekturmodelle eingelagert wurden.[39] Die Hauptarbeit der Entwürfe für Linz überließ Fick allerdings seinem Architekten Walter Schetelig, der einmal im Monat nach Linz fuhr. Dort gab es als Verbindungsstelle das »Amt des Reichsbaurates«, das Oberbaurat Heinrich Zierl, ein Schwager Ficks, führte.[40]

Die Reichskanzlei konnte die gestiegenen finanziellen Anforderungen leicht erfüllen. Seit Sommer 1939

Roderich Fick (2. v. l.)
und Hitler (Mitte)
besprechen auf dem
Berghof am
9. Mai 1939 Modelle
der neuen Linzer
Brücke sowie der dazu-
gehörenden Brücken-
kopfbauten.

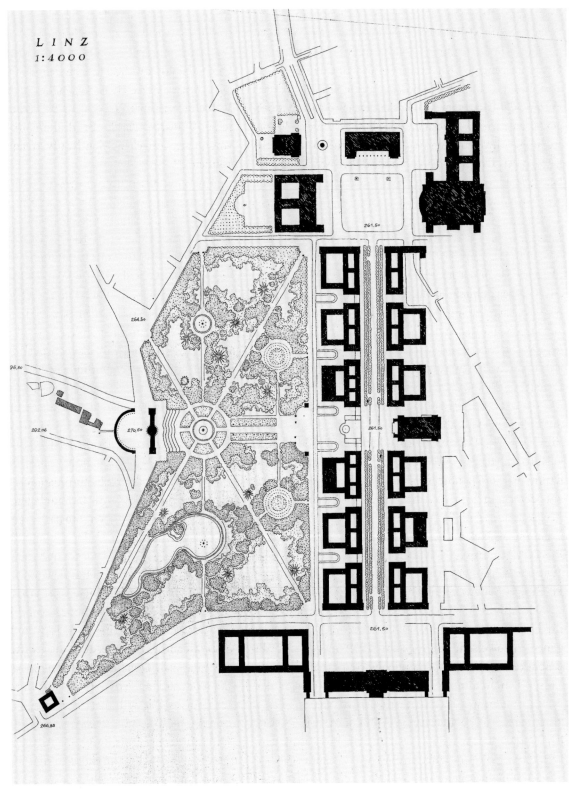

Lageplan für die Straße
»In den Lauben«
in Linz, 1944/1945;
oben der geplante
Kulturplatz, unten der
neue Bahnhof.

LINZ
1:4000

bestand ein Rahmenkredit für die Umbauten in Linz in Höhe von 100 Millionen Reichsmark. Das Reichsinnenministerium hatte dieses Geld der Stadt Linz für die Neugestaltung in den kommenden fünf Jahren zugesagt. Dies geschah auch auf den ausdrücklichen Wunsch Hitlers, der bereits im Mai desselben Jahres darauf hingewiesen hatte, dass ihm an der »beschleunigten Fertigstellung« sämtlicher Bauten in Linz »außerordentlich« gelegen sei. Die Stadt Linz erhielt daher am 2. November 1939 bereits eine erste Zahlung von drei Millionen Reichsmark.[41]

Während Fick im Laufe der Zeit seine materiellen Belange durchsetzen konnte, musste er jedoch im fachlichen Bereich Einschränkungen hinnehmen: So hatte Hitler den Bau der neuen Oper dem von ihm bevorzugten Theaterarchitekten Baumgarten übertragen. Dieser hatte bereits Anfang August 1939 die ersten Fassadenzeichnungen fertiggestellt. Mitten in der August-Krise – dem von Deutschland forcierten Streit über eine Autobahn durch die Pufferzone zwischen Polen und dem Deutschen Reich, dem sogenannten Polnischen Korridor –, die am 1. September mit dem deutschen Überfall auf Polen endete, nahm Hitler sich am 15. August noch die Zeit, diese Entwürfe zu studieren und Änderungen zu fordern. Baumgarten legte die überarbeiteten Pläne dann am 1. November 1939 erneut vor. Hitler war nun zufrieden und forderte, die Arbeit fortzusetzen.[42] Die Korrespondenz mit Baumgarten lief über Speers Schreibtisch und an Fick vorbei. Obwohl Fick als Reichsbaurat für Linz verantwortlich war, erhielt Speer im Januar 1940 so noch einmal 30 000 Reichsmark für »allgemeine Planungsarbeiten« in Linz.[43]

Seit Anfang 1939 begann Hitler, das Bauprogramm für Linz auszudehnen und damit Fick noch mehr Aufgaben zuzuweisen: Im Februar 1939 forderte er die Reichskanzlei auf, das Gelände der Reichsbahn um den Linzer Hauptbahnhof zu kaufen. Sein Plan war, den Personenbahnhof und das Ausbesserungswerk abreißen zu lassen. Das freigewordene Areal sollte als Stiftung der Stadt Linz übergeben werden, um hier einen Park anzulegen. Die gesamte Größe des Geländes betrug 513 000 Quadratmeter und sollte 1,2 bis 1,3 Millionen

Reichsmark kosten. Das Reichsverkehrsministerium war aber nicht bereit, das Gelände für einen so niedrigen Preis abzugeben. Bei einem Gespräch auf dem Obersalzberg im Mai 1939, an dem auch Speer und Fick teilnahmen, setzte Hitler gegenüber dem Staatssekretär Wilhelm Kleinmann vom Reichsverkehrsministerium seine Wünsche durch. Er drängte das Ministerium, »möglichst umgehend den Kaufvertrag abschließen zu können«.[44]

Kurz vor Kriegsbeginn entschied Hitler, dieses Gelände noch auszuweiten. Anfang 1940 rechneten die Beamten der Reichskanzlei inzwischen einen Betrag von acht bis neun Millionen Reichsmark aus, der an die Reichsbahn und andere Eigentümer hätte gezahlt werden müssen. Grund dafür waren Entschädigungen für Wohnungsbauten, die nach Hitlers Willen ebenfalls abgerissen werden sollten. Der Bauherr entschied sich am 7. Februar 1940 für den Ankauf in vollem Umfang. Er wollte sich »persönlich«, also vermutlich mit seinem eigenen Fonds, mit vier Millionen Reichsmark beteiligen; der Rest sollte im Zuge der Neugestaltung aus anderen Mitteln bestritten werden. Mit dieser Entscheidung eröffnete Hitler in Linz ein weiteres Baufeld: Neben der Umgestaltung des Donauufers und dem Umbau der Altstadt sollte im Süden der Stadt, ganz nach dem Vorbild der Pläne für Berlin und München, ein neues Stadtviertel durch den Abriss von Bahnanlagen entstehen. Am 18. April lag dann nach langen Verhandlungen der Kaufvertrag zwischen Hitler und der Reichsbahn vor. Das gesamte Gelände wurde anschließend zum Neubaubereich erklärt, der unter die Kontrolle Ficks fiel.[45]

Im März 1940 zeichnete sich ein erster Streit ab: Grund dafür war der Wohnungsbau in Linz. Hitler hatte im März 1939, am selben Tag, an dem er Fick zum Generalbaurat ernannte, auch die »Stiftung Wohnungsbau Linz a. d. Donau« gegründet. In seltener Umsicht und Vorausschau verlangte er, dass in seiner alten Heimatstadt sehr schnell neue Wohnungen gebaut werden sollten. Die Unterkünfte waren vor allem für die Menschen vorgesehen, die durch die Abrisspläne obdachlos werden würden. Zudem mussten die Arbeiter der vielen neuen Baustellen untergebracht werden.[46]

Der Stiftungsrat der Wohnungsbaustiftung setzte sich aus Reichsbaurat Fick, Gauleiter Eigruber und Bürgermeister Wolkerstorfer zusammen. Bormann hatte seinen Mitarbeiter Helmut von Hummel als Geschäftsführer eingesetzt. Dieser hatte bereits im März 1939 »auf Anordnung des Führers« an Gesprächen in der Reichskanzlei über die Umgestaltung von Linz teilgenommen. Zuvor war er in der »Verwaltung Obersalzberg« mit Bauten für Hitler betraut worden. In Linz unterstand ihm u. a. die Versorgung der Baustellen mit Materialien. Er kümmerte sich darum, dass unter allen Umständen im »beschleunigten Tempo« die Wohnbauten errichtet wurden. So sollten im Frühjahr 1940 die ersten 100 Wohnungen fertiggestellt sein.[47] Der Diktator erhöhte unterdessen seine Anforderungen an die Bauverwaltungen. Er gab am 25. Juni 1940 nach dem Sieg über Frankreich eine Weisung für die Umbauten der »Führerstädte« aus. Danach sollten diese »wichtigste[n] Bauaufgabe[n] des Reiches« bis zum Jahr 1950 vollendet werden.[48]

In diesem Sinne wies Speer Reichsbaurat Fick im Juli 1940 an, durchzukalkulieren, mit welchem Aufwand nach einem Friedensschluss in Linz weiter gebaut werden müsste. Er sollte den dafür notwendigen Bedarf an Arbeitern, Baumaterialien, Lastwagen und Treibstoffen melden. Fick kam diesem Wunsch nach und gab an, »für das erste Jahr nach Kriegsschluss« monatlich bis zu 18 000 Arbeiter und 350 Lastkraftwagen zu benötigen. Zudem verlangte er 120 000 Tonnen Eisen und 400 000 Kubikmeter Holz, um das Bauprogramm in Linz dann vorantreiben zu können.[49] Doch das war noch Zukunftsmusik. Im Sommer 1940 ruhten in Linz aufgrund eines allgemeinen Bauverbotes, das Göring bereits am 4. August 1939 wegen des bevorstehenden Krieges erlassen hatte, die Arbeiten. Im September 1940

musste Speer erfahren, dass Hitler den Beginn »von Baumaßnahmen für die Neugestaltung Berlins und Münchens« abgelehnt hatte. Linz war hiervon jedoch nicht betroffen. Hier liefen die Planungen und die Arbeiten an den Wohnbauten weiter, weil sie als »kriegswichtig« galten.[50]

Innerhalb des Stiftungsrates für die »Führerwohnungen« gab es Zwist und Kompetenzgerangel zwischen Fick und von Hummel. Der Reichsbaurat wollte nicht nur die architektonische Kontrolle, sondern auch die Aufsicht über die Verwaltung der Stiftung. Von Hummel lehnte dies als zu »schwerfällig« ab.[51] Von Hummel wollte zudem nicht als Angehöriger der Parteikanzlei irgendwelche Weisungen vom Reichsbaurat entgegennehmen.[52]

Bormann griff ein: In einem Schreiben an Speer beklagte er sich über den eifersüchtigen Reichsbaurat, »der tüchtige Leute um sich nicht duldet, sondern abschiebt«. Da Bormann »sich nicht der Gefahr aussetzen« wollte, dass sich Fick bei Hitler über von Hummel beschwert, beschloss er, diesen aus der Arbeit für Linz »zurückzuziehen«. Speer war klar, was das bedeutete: Ohne diesen tüchtigen Organisator würde sich der Fortschritt der Bauten in Linz verzögern. Zugleich lehnte es der Berliner Architekt erneut ab, die volle Verantwortung für Linz zu übernehmen, so wie es Fick wünschte. Er musste »nochmals betonen«, dass er sich der Linzer Angelegenheiten nicht annehmen werde, weil er mit anderen Aufgaben für Hitler genügend ausgelastet sei.[53]

Im Oktober 1940 stellte dann von Hummel sein Amt als Geschäftsführer der Linzer Wohnungsbaustiftung zur Verfügung. Gauleiter Eigruber präsentierte daraufhin den Ingenieur Konrad Presetschnik als Nachfolgekandidat, den der Stiftungsausschuss am 16. November 1940 bestätigte.[54] Eigruber schlug vor, um künftige Konflikte zwischen der Stiftung und dem Reichsbaurat auszuschließen, dass beide Organisationen selbst verantwortlich für die Materialversorgung ihrer jeweiligen Baustellen seien. Unter den Bedingungen der Kriegswirtschaft waren diese Materialien nicht einfach auf dem Markt zu kaufen, sondern mussten mühevoll beantragt und zugeteilt werden. Es drohten immer Engpässe. Aus dem naheliegenden Motiv, den Fortschritt bei seinen eigenen Baustellen nicht zu gefährden, lehnte Fick den Vorschlag des Gauleiters ab und verlangte, dass die Verteilung aller Baumaterialien für Linz in seinen Händen liegen müsse. Mit dieser Forderung konnte er sich schließlich durchsetzen. Im November 1940 erhielt er die Kontrolle über die Kontingente für die »Führersiedlung« und im März 1941 für alle Linzer Baustellen.[55]

Hintergrund für die Ablehnung Speers, die Verwaltung für Fick zu übernehmen, war keinesfalls seine Arbeitsüberlastung. Speer stand in dieser Zeit dem Ansinnen Hitlers kritisch gegenüber, trotz des Krieges die Arbeit in insgesamt 27 Städten fortzusetzen. Angesichts der knappen Mittel im Krieg befürchtete Speer, durch diese parallelen Bauten mit den eigenen Terminen für die Fertigstellung in Verzug zu kommen. Er versuchte daher, wie schon im Februar 1939, durch einen Erlass Hitlers die Verfügungsgewalt über alle Bauplanungen des Reiches zu erhalten. Sein Ziel war es, eine neue Dienststelle zu gründen, welche die künstlerische Kontrolle über das Bauschaffen im Reich auch in der Zeit nach dem Krieg erhalten sollte. Als er damit aber wieder scheiterte, erklärte er Hitler schließlich am 17. Januar 1941, dass er nur noch für Berlin und Nürnberg tätig sein wolle. Er legte sein Parteiamt als »Beauftragter für Bauwesen« nieder und schickte Bormann einen Abschlussbericht.[56]

Fick bemühte sich unterdessen, seine Kompetenzen noch weiter auszudehnen: Einem Erlass vom 9. April 1941 zufolge behielt er sich die Einflussnahme auf die äußere Gestaltung aller Neubauten in Linz vor.[57] Nicht nur beanspruchte er ein Vetorecht, sondern schon in der Planungsphase wollte er gegebenenfalls eingreifen. Die ganze Stadt sollte so seinem Baustil unterworfen werden. Speer änderte unterdessen seine Strategie. Er versuchte im Frühjahr 1941 wieder, Einfluss auf das Baugeschehen in der Stadt an der Donau zu gewinnen. Dabei band er zahlreiche andere Architekten in seine Strategie mit ein: So übergab er Hitler an dessen Geburtstag am 20. April 1941 eine prachtvolle Urkunde, in der neben ihm noch weitere führende Baumeister des »Dritten Reichs« wünschten, in Linz »in edlem Wettstreit mitwirken zu dürfen«.[58] Hinter dem salbungsvollen Text stand wohl kaum mehr als die Absicht, den Einfluss Ficks zu mindern. Der Plan ging jedoch nicht auf. Hitler hielt an Fick fest – für Speer eine klare Niederlage.[59]

Der deutsche Überfall auf die Sowjetunion vom 22. Juni 1941 hatte massive Auswirkungen auf die Bauwirtschaft. Das Deutsche Reich befand sich nun in einem Zweifrontenkrieg, der zu einer weiteren Verknappung der Ressourcen führte. Im Juli 1941 unternahm Reichsinnenminister Wilhelm Frick einen ersten Versuch, die noch immer weiterlaufenden Planungen für die Umgestaltung deutscher Städte zu beschränken. Obwohl mit dem Ausbruch des Krieges viele Baustellen geschlossen wurden, gingen in den Verwaltungen der betroffenen Städte die Arbeiten an den Plänen weiter. In einem Brief an Lammers rügte der Minister, dass diese Planungsstäbe noch immer zu groß und die Befugnisse der Gauleiter auf diesem Gebiet nicht genügend gegenüber denen des Reiches abgegrenzt seien. Der Reichskanzleiminister nahm diesen Faden auf und lud für

Mitte September 1941 die zuständigen Fachministerien zu einer Konferenz ein. Vorab schlug das Reichsinnenministerium Lammers vor, durch einen »Führerentscheid« die Pläne für Bauvorhaben einzuschränken. Generalbauinspektor Speer nahm diese Vorlage dankbar auf, sah er doch selbst einen kriegsbedingten Mangel an Technikern, der solche Einschränkungen nötig machte. Zudem wäre die »Überplanung« neben den vom »Führer« angeregten Neubauten in den Städten Berlin, Hamburg, Nürnberg, München und Linz »städtebaulich bedenklich«. Die Aktivitäten sollten mit Ausnahme der »Führerstädte« und des Wohnungsbaus in allen anderen Orten grundsätzlich eingeschränkt werden.[60] Unverhofft bot sich Speer die Möglichkeit, die aus seiner Sicht unkontrollierbare Bautätigkeit der Gauleiter zu unterbinden.

Die Besprechung am 16. September 1941 in der Reichskanzlei endete mit einer Übereinkunft aller Beteiligten: Reichsinnenministerium, Reichsfinanzministerium, Reichsarbeitsministerium, Rüstungsministerium und der Generalbauinspektor sprachen sich einhellig dafür aus, einen entsprechenden »Führerentscheid« herbeizuführen – eine heikle Angelegenheit. Es war unsicher, ob Hitler bei seiner Vorliebe für Architektur einer solchen Einschränkung zustimmen würde. So hatte er im Juni 1940 enge zeitliche Fristen für die Verwirklichung des Neubauprogramms gesetzt. Reichskanzleiminister Lammers hielt sich deshalb in dieser Frage bedeckt.[61]

Wenig später hatte sich die Lage auf dem Bausektor durch eine Entscheidung Hitlers wieder vollkommen verändert: Am 9. Februar 1942 ernannte er seinen Architekten Speer zum Nachfolger des tödlich verunglückten Rüstungsministers Todt. In die Zuständigkeit des neuen Ministers fiel als »Generalbevollmächtigter für die Regelung der Bauwirtschaft« auch die Kontrolle des Baumaterials für Neubauten. Speer hatte diesen Bereich von Göring als »Beauftragter für den Vierjahresplan« mit dem neuen Amt übernommen und befand sich damit auf einmal in der Position, durch die Materialversorgung die gesamte Bautätigkeit des Reiches in seinem Sinne beeinflussen zu können.

In einem Erlass hatte Hitler bereits am 25. Januar verfügt, dass grundsätzlich alle Planungen für Friedensaufgaben zurückgestellt würden. Am 19. Februar schlug ihm Speer dann vor, grundsätzlich alle Friedensplanungen für das Reich einzustellen. Die Weisung sollte von den Gauleitern überwacht werden, die so alle kriegsunwichtigen Baustellen stillzulegen und Verstöße mit »strengsten« Strafen zu ahnden hatten. Hitler nahm den Vorschlag an, Anfang April 1942 wurden die Gauleiter darüber in Kenntnis gesetzt. Im März 1942 wurde dann der entsprechende Erlass unterzeichnet.[62] Reichskanzleiminister Lammers machte ausdrücklich darauf aufmerksam, dass unter dieses Planungsverbot auch die »Führerstädte« fielen. Aus diesem Grunde ließ er Fick mitteilen, dass die Arbeiten für die Umgestaltung von Linz »wesentlich eingeschränkt« würden. Fick musste daraufhin im Mai 1942 auf die Planstelle für einen Architekten verzichten.[63] Für Linz machte Hitler jedoch eine Ausnahme: Er forderte im Frühjahr 1942, dass »in spätestens zehn Jahren die neue Weltstadt an der Donau« stehen müsse. Zudem kam auf den Reichsbaurat noch mehr Arbeit zu: Im Juli 1942 unterrichtete Fick Minister Lammers, dass Hitler nun auch die Sanierung der Linzer Altstadt übernehmen wolle. Dazu gehörte die Planung einer großen Magistrale, die in Nord-Süd-Richtung durch die Altstadt gebrochen werden sollte. Für die Sanierungsarbeiten und die Planung der Durchbruchstraße bat er die Reichskanzlei neben den ersten bewilligten 115 000 Reichsmark um weitere 122 000 Reichsmark.[64]

Obwohl Fick über umfassende Vollmachten und mehr Aufgaben verfügte, hörten die Streitereien nicht auf. Ende 1941 geriet er in einen Konflikt mit dem Reichswohnungskommissar Robert Ley. Hitler hatte den Reichsorganisationsleiter und Chef der Gewerkschaft »Deutsche Arbeitsfont« am 15. November 1940 mit einem Erlass zum Reichswohnungskommissar ernannt. Zugleich hatte er ihn beauftragt, den Wohnungsbau für die Zeit nach dem Krieg vorzubereiten. Ley wurde so neben Speer zu einem Sonderbeauftragten auf dem Bausektor. Seine Mitarbeiter beschäftigten sich in der folgenden Zeit mit Fragen der Normierung

Trauerfeierlichkeiten
in der Neuen Reichs-
kanzlei in Berlin für den
bei einem Flugzeug-
absturz ums Leben ge-
kommenen Rüstungs-
minister Fritz Todt,
1942.

Todts Nachfolger
Albert Speer inspiziert
im November 1942
eine Großbaustelle an
der Atlantikküste.

und Typisierung von zukünftigen Wohnungsbauten. Zudem entwarfen sie industriell hergestellte Notunterkünfte für ausgebombte Bürger und entwickelten so die von Hitler geforderte »Schnellbauweise« weiter.[65] In Linz wurde Ley durch einen sogenannten Gauwohnungskommissar vertreten. Ende 1941 stellte sich die Frage, ob die neu entstandenen Wohnungen in Linz diesem Kommissar unterstünden oder ob die Gemeinde als sogenannte Neugestaltungsstadt davon ausgenommen war. Allerdings wollte der Gauwohnungskommissar angesichts der dramatischen Wohnungsnot in der Stadt bei der Vergabe der neuen Unterkünfte gern mitentscheiden. Fick verlor den sich anschließenden Machtkampf um die Hoheit über die Wohnungen. Er musste sich damit begnügen, vom Reichskanzleiminister im Januar 1942 nur eine schriftliche Bestätigung seiner bisherigen Vollmachten zu erhalten.[66]

Ficks Position war zu diesem Zeitpunkt schon sehr geschwächt: Ende 1941 war es wegen der Bauten auf dem Obersalzberg bereits zu einem Streit mit Bormann gekommen. Dieser war nach dem Flug von Rudolf Heß nach England inzwischen zum mächtigen Reichsleiter der NSDAP aufgestiegen und gewann immer mehr Einfluss auf Hitler. Bormann warf Fick vor, als Architekt für explodierende Kosten an der Kaserne auf dem Obersalzberg, dem »Platterhof«, verantwortlich zu sein. Fick musste daraufhin seine Tätigkeit in Berchtesgaden beenden. Giesler übernahm anschließend dort dessen Arbeit.[67]

Nach seiner Ernennung zum Rüstungsminister hatte Speer neben dem allgemeinen Planungsverbot noch einen weiteren Schritt unternommen, der darauf abzielte, die Position Ficks zu schwächen: Er setzte 1942 den Leiter der Linzer »Landesstelle für Raumordnung« Schmöller als Untergebietsbeauftragten des »Generalbevollmächtigten für die Regelung der Bauwirtschaft« ein. Schmöller erhielt die Vollmacht, Kontingente von Bau-

material für wichtige Kriegsbauten freizugeben. Seit März 1941 hatte Fick aber das Recht, über den Einsatz von Baustoffen in Linz allein zu bestimmen.[68] Zusätzlicher Streit zwischen dem Reichsbaurat und der Linzer Gauverwaltung entstand auch über der Frage, wer seine Mitarbeiter »u. k.« (unabkömmlich) stellen und sie damit vor dem Einzug zur Wehrmacht bewahren konnte. Die Situation in Linz wurde für Fick immer schwieriger.

In den folgenden Monaten eskalierte die Lage in Ficks Büro und auf seinen Baustellen, wie ein Bericht vom Juni 1942 festhielt. Inzwischen sei es so weit gekommen, dass »mit dem Namen des Führers Schindluder« getrieben werde. So drohte beispielsweise ein Polier, der nicht genug Baustoffe erhalten hatte, diese Angelegenheit an den »Führer« »heranzubringen«. Fick besitze auf seinen Baustellen keine Autorität und könne sich nicht durchsetzen, hieß es.[69]

Anfang Oktober 1942 kam es zu einer Besprechung über Linzer Baufragen, an der Hitler, Speer und Eigruber teilnahmen. Speer erklärte Hitler, dass Fick den Aufgaben in Linz nicht gewachsen sei. Gauleiter Eigruber legte an mehreren Beispielen ebenfalls die »fachliche Unzulänglichkeit« des Reichsbaurats dar. Er schlug vor, Ficks Tätigkeit auf die Sanierung der Linzer Altstadt zu beschränken. Mitte November 1942 legte Eigruber noch einmal nach und schlug vor, dem Gauleiter oder Reichsstatthalter von »Oberdonau«, also ihm selbst, die Organisation des Umbaus von Linz zu übertragen. Zugleich bekräftigte er seine Kritik an Fick: Dessen Fähigkeiten als Organisator stünden in einem absoluten Missverhältnis zu den gestellten Aufgaben. Aber nicht nur das: »Auch die künstlerischen Leistungen« des Architekten seien »völlig unzureichend«.[70] Eigruber konnte es sich leisten, an einem Beauftragten Hitlers solch massive Kritik zu üben. Denn es stand schon jemand bereit, der Linz an Stelle von Fick maßgeblich neu gestalten sollte: der Architekt Hermann Giesler.

Die Periode Giesler

Der Aufstieg Hermann Gieslers zum bevorzugten Architekten Hitlers vollzog sich langsam. Durch die Planungen für München gehörte er schon vor dem Ausbruch des Krieges zum engeren Kreis des Diktators. Neben den Arbeiten in Weimar und Augsburg hatte er sich in Hitlers Augen besonders durch den Bau der Ordensburg in Sonthofen und durch einen Entwurf für eine Parteihochschule am Chiemsee qualifiziert. Aus enger Verbundenheit lud ihn Hitler im Juni 1940 nach dem Sieg über Frankreich neben Albert Speer und dem Bildhauer Arno Breker als künstlerischen Berater zu einer Besichtigungsfahrt nach Paris ein. Hier verblüffte der Diktator seine Mitreisenden durch sein angelesenes Wissen über die Architektur der französischen Hauptstadt. Die Reise fand ihren Höhepunkt in einem Besuch der Garnier-Oper, in der sich Hitler angeblich besser auskannte als der zuständige Logenschließer. An der Seine zeigte sich Hitler besonders beeindruckt von der Fassade des Louvre und der gleichmäßig gebauten Rue de Rivoli, die sich auf einer Länge von fast einem Kilometer in sich immer wiederholenden Bogengängen erstreckt.[71]

In der folgenden Zeit suchte Giesler zunehmend die Nähe des Diktators und wusste sie zu nutzen: Es ist nicht bekannt, wann genau Hitler ihn mit der ersten Aufgabe in Linz betreute. Giesler gab nach dem Krieg an, seit Herbst 1940 für den Diktator in Linz gearbeitet zu haben. Vermutlich bezog er dies auf eine Montagehalle, die er für das nahegelegene Nibelungen-Werk, die bedeutendste Panzerfabrik des Deutschen Reichs, in St. Valentin entwarf und die er im Mai 1941 fertigstellte.[72] Arbeiten von Giesler in der Stadt Linz sind da-

Nach der Besetzung
Frankreichs
besucht Hitler Paris.
In vorderster Reihe
v. l. n. r.: Hermann
Giesler, Albert Speer,
Hitler und Arno Breker,
23. Juni 1940.

gegen erst ab 1941 nachweisbar. So notierte Speer im Februar 1941, dass Giesler das neue Rathaus in Linz bauen werde. Ende Mai 1942 erwähnte Gauleiter Eigruber den Münchner Stadtplaner als verantwortlichen Architekten für das linke (der Stadt gegenüberliegende) Donauufer.[73] Das alles hatte Giesler der Gunst Hitlers zu verdanken, um die der Architekt beständig buhlte.

Im Frühjahr 1942 hielt Hitler im »Führerhauptquartier« Winniza (heute Ukraine) einen seiner lange andauernden Monologe über die von ihm geschätzte sogenannte Welteislehre des Ingenieurs Hanns Hörbiger (1860–1931). Nach Hörbiger erklärte sich die Existenz des Weltalls und der Erde aus einem einfachen Mechanismus von Feuer und Eis. Der Diktator bekundete bei der Gelegenheit seinen Willen, auf dem Pöstlingberg bei Linz ein Institut mit einem Observatorium bauen zu lassen, in dem eine Ausstellung Hörbigers Lehre erklären sollte. Giesler, dem bekannt war, dass in diesem Bereich von Linz auch die neue Technische Hochschule vorgesehen war, mischte sich in die Arbeit von Fick ein, weil er den Standort für die Hochschule für »unmöglich« hielt.[74]

Am 12. November 1942 führte er Hitler ein Übersichtsmodell von Linz vor, in dem der von Fick vorgesehene Standort und Plan für die neue Universität eingearbeitet war. Anhand des Modells konnte Giesler seine Kritik an den Plänen schlüssig untermauern. Hitler forderte daraufhin, die Akademie kleiner zu bauen und besser dem Gelände anzupassen. Er schien mit der Arbeit von Giesler so zufrieden gewesen zu sein, dass er in der gleichen Sitzung angab, den Architekten in die »gesamte Planung« von Linz »stärker« einbinden zu wollen. Seit Anfang Oktober war auch schon in der Berliner Reichskanzlei die zukünftige Rolle von Giesler bekannt. Bormann hatte Reichsminister Lammers bereits zu diesem Zeitpunkt mitgeteilt, dass Hitler dem Architekten einen großen Teil der Neubauten in Linz übertragen wolle.[75]

Noch war Fick aber Reichsbaurat. Giesler bemühte sich, bezeichnenderweise mit Gauleiter Eigruber und nicht mit dem Kollegen Fick, die Zuständigkeiten in Linz zu klären. Doch schien dies vorerst keine Lösung zu bringen. So kam es zunächst zu einem prekären Nebeneinanderherarbeiten von Fick und Giesler: Mit Giesler besprach Hitler die einzelnen Bauprojekte, die er ihm übertragen hatte. Mit Fick diskutierte er dagegen nur Aspekte der Gesamtplanung.[76]

Die Klagen über den Reichsbaurat, der mit der Stadtverwaltung Linz nicht über seine geplanten Baumaßnahmen sprach, hielten unterdessen weiter an.[77] Fick seinerseits hatte die Zeichen der Zeit nicht erkannt und glaubte sich noch immer in der ungeteilten Gunst Hitlers. Bei einem Gespräch in der Berliner Reichskanzlei Mitte Januar 1943 bat er sogar darum, seine Kompetenzen auszuweiten und denen Gieslers in München anzugleichen und begründete dies auch mit der Verkehrsplanung, die über die Grenze der Stadt Linz hinausgehe.[78] Fick verlangte – ohne Erfolg –, die Stadt Linz einschließlich eines Umkreises von 10 bis 15 Kilometern zu einem Neugestaltungsbereich zu erklären, der ihm unterstehen solle und damit der Planungshoheit der örtlichen Behörden entzogen würde.[79] Den vollen Zorn des Gauleiters Eigruber erregte Fick im Januar 1943, als er sich in die Wirtschaftsplanung der Stadt Linz einmischte. Eigruber warf dem Reichsbaurat in diesem Zusammenhang vor, »Führerentscheidungen« zu verbreiten, die nie gefällt worden waren.[80]

Im Februar 1943 kam es noch einmal zu einer Baubesprechung zwischen Hitler und Fick. Im selben Monat legte dieser seinen Flächenwidmungsplan vor, den die Stadtverwaltung allerdings heftig kritisierte. Estermann hatte Fick bereits im November 1942 vorgeworfen, keinen Gesamtplan zu erstellen, sondern nur »einzelne Baugebiete als Inseln« zu entwerfen.[81] Die Mitarbeiter der Reichskanzlei mussten allerdings einsehen, dass der Reichsbaurat formal gesehen im Recht war. Er unterstand nicht den Zuständigkeiten der Gauleitung und der Stadtverwaltung. Zugleich rügten die Beamten Fick jedoch: Dieser habe nicht Recht mit der Auffassung, den Gauleiter und die Oberbürgermeister bei seinen Plänen »links liegen zu lassen«.[82]

In den folgenden Monaten spitzte sich die Situation zu. Zusätzlichen Streit gab es noch über die Verteilung von Baustoffen auf den Linzer Baustellen, über die Fick alleine bestimmen wollte.[83] In dieser Situation ergriff Lammers die Initiative und lud alle Beteiligten zu einer Aussprache ein. Am 29. März 1943 fand in der Außenstelle der Reichskanzlei in Berchtesgaden eine Konferenz zwischen Fick, Eigruber, Bormann, Speer und Vertretern der Reichskanzlei statt. Der Reichskanzleiminister schlug dabei eine Abmachung über die Linzer Bauprobleme vor. Durch dieses Abkommen sollte Reichsstatthalter Eigruber das Recht erhalten, die Reihenfolge der Neubauten zu bestimmen, um so beispielsweise Härten abzumildern, die sich für die Bevölkerung aus zu voreiligen Abrissen ergeben könnten. Damit hätte Eigruber ein Mitspracherecht beim Flächenwidmungsplan gehabt. Zudem sollte Fick Kompetenzen bei der Kontrolle der Baumaterialien abgeben.[84] Die streitenden Parteien nahmen diesen Vorschlag zunächst nur zur Kenntnis.

Später einigten sich alle Beteiligten auf ein Protokoll. Dieses bekräftigte, dass der Reichsbaurat die künstlerische Hoheit über die Neubauten innehatte, und verpflichtete darüber hinaus beide Seiten zur Zusammenarbeit bei der Flächenplanung. Nach wie vor war offen, wer über die Kontingente an Baumaterial und die u. k.-Stellungen zu entscheiden hatte. Der Rüstungsminister sprach sich – geleitet von Eigeninteressen – dafür aus, beide Kompetenzen dem Gauleiter zu überlassen. »Meines Erachtens sollte man den Baukünstler Fick nicht mit solchen Verwaltungsaufgaben belasten«, schob er nach.[85]

Doch damit war der Konflikt noch nicht beendet. Eine Zuständigkeit des Gauleiters für die Baustoffe war ganz in seinem Sinne. War doch der zuständige Leiter in der Linzer Gauleitung für Baufragen und Leiter der Landesstelle für Raumordnung, Schmöller, gleichzeitig Speers Vertreter in der Funktion als »Generalbevollmächtigter« für die Bauwirtschaft und garantierte somit Einflussmöglichkeiten auf die dortigen Baustellen. Gauleiter Eigruber und das Reichsfinanzministerium sprachen sich natürlich gegenüber Lammers in gleicher Weise dafür aus, seine Kompetenzen auf dem Bausektor zu erweitern. Das Reichsfinanzministerium war im Juni 1943 in einer Stellungnahme ebenfalls dafür, dem Gau-

leiter das Entscheidungsrecht darüber zuzubilligen, welche Bauvorhaben zusammengehörten und durchgeführt werden konnten. Ficks Befugnisse sollten auf den »baukünstlerischen Teil der Aufgabe« beschränkt werden.[86]

Mitte Juli 1943 hielt Lammers mit Bormann Rücksprache wegen der Kompetenzen für Fick. Bormann war mit allen Vorschlägen zur Entmachtung Ficks einverstanden. Hitler billigte dies am 28. Oktober. Entscheidungen über Baumaterial sollten in die Zuständigkeit des Gauleiters fallen. Über u. k.-Stellungen habe Eigruber als Reichsstatthalter zu bestimmen. Lediglich bei seinen engsten Mitarbeiten sollte Fick über die Einberufung zur Wehrmacht entscheiden können.[87] Fick verlor somit wesentliche Zuständigkeiten und wurde auf die reine Entwurfsarbeit zurückgedrängt. Zugleich entzog Hitler am 5. November 1943 dem Stadtbauamt jedes Selbstbestimmungsrecht bei den anstehenden Planungen.[88] Gauleiter Eigruber erhielt dagegen die verwaltungsmäßige Oberaufsicht über den Linzer Stadtumbau und damit auch die Kontrolle über den Flächennutzungsplan.[89]

Aber nicht nur bei den Kompetenzen auf dem Gebiet der Verwaltung, sondern auch in seinem Kerngeschäft, der Entwurfsarbeit für Linz, musste Fick nun Einschränkungen hinnehmen: Mitten im Streit um die Kompetenzen des Reichsbaurates kam es Anfang April 1943 zu dem Besuch Hitlers in Linz, an dem neben Fick und Giesler auch Speer teilnahm. Schon wenige Tage vorher hatte Bormann die Reichskanzlei wissen lassen, dass Hitler Giesler mit der Bebauung der Urfahrer Seite, nördlich des Donauufers, und Gall mit der Gestaltung der neuen Bibliothek beauftragt habe. Damit plante den »größten Teil der Neugestaltung« nicht Fick, »sondern der Führer selbst«, ohne dass die übrigen Architekten dem Reichsbaurat unterstanden, wie Bormann unterstrich.[90] Es schien so, als würde Fick nur noch die Altstadt von Linz als Planungsbereich behalten, für den er allein verantwortlich war. Bei dem Besuch Hitlers in Linz präsentierte Giesler nun seine eigenen Vorstellungen über die städtebauliche Gesamtplanung: Er führte ein Übersichtsmodell vor, bei dem

V. l. n. r.:
Hermann Giesler, Hitler,
Roderich Fick und
August Eigruber vor
einem Modell der
Linzer Uferbebauung,
links das geplante
Gauforum in Urfahr,
1943.

die geplante Technische Hochschule am Ufer der Donau (Stadtseite) lag. Hitler stimmte dieser Idee spontan zu. Fick machte bei dieser Besprechung dagegen den Fehler, eine andere Meinung als Hitler zu vertreten.[91] Er konnte sich mit seinen Einwänden nicht durchsetzen.

Fick versuchte noch, den Konkurrenten Giesler zu beschädigen, indem er sich etwa weigerte, Pläne seiner Bauten herauszugeben, die Giesler auf Wunsch von Hitler in das Übersichtsmodell einarbeiten sollte. Der Diktator ließ dies aber nicht zu und kümmerte sich selbst darum, dass Giesler das Planmaterial erhielt.[92] Bormann teilte dem Reichsbaurat Anfang Juni 1943 außerdem mit, dass Hitler sich das Recht vorbehalte, einzelne Aufgaben in Linz an andere Architekten zu übertragen. Zudem wurde Fick angewiesen, alle Unterlagen, die Giesler benötigte, an diesen abzugeben.[93] Damit verlor der Reichsbaurat endgültig die alleinige Planung für Linz.

Giesler seinerseits konnte nun ein vollständiges Übersichtsmodell erstellen, das Hitler am 11. Dezember 1943 besichtigte. Er bestätigte erneut den Standort der Hochschule am Ufer der Donau, den Giesler vorgeschlagen hatte. Zugleich übertrug er dem Münchner Stadtplaner die Aufgabe, auch die neue Straßenachse im Süden von Linz zu planen. Ende Januar 1944 unterrichtete Bormann Reichskanzleiminister Lammers, dass Giesler für das neue Rathaus, die Reichsstatthalterei, für Bahnhofsanlagen und neue Straßenzüge in Linz zuständig sei. Im Jahr 1943 wurde der Architekt zudem Mitglied des Berliner Reichstages.[94]

Am 6. März 1944 informierte Giesler Minister Lammers dann selbst darüber, dass ihm Hitler nun die Planung der Straße »In den Lauben« übertragen habe, die vom Bahnhof zum Kulturzentrum mit dem neuen Museum führen sollte. Er gab an, damit »ungewollt« in

die Aufgaben von Fick eingegriffen zu haben. Zudem gestand er ein: »Es hat auch bereits aus einer gewissen Unklarheit heraus zu einer persönlichen Differenz zwischen Herrn Fick und mir geführt.« Er bat deshalb, nicht aus den Mitteln des Reichsbaurates bezahlt zu werden. Lammers kam diesem Anliegen nach, vermutlich, um weiteren Streit zu vermeiden.[95]

Mit der Entscheidung Hitlers hatte Fick endgültig alle wichtigen Arbeiten bis auf die Sanierung der Altstadt an Giesler verloren. Obwohl er formal gesehen noch Reichsbaurat war, besaß er nicht mehr die Kompetenzen, die einst mit dem Amt verbunden waren. Hitler war vermutlich nicht nur wegen seiner Schwächen als Organisator, sondern auch wegen stilistischer Mängel von ihm abgerückt: Ficks neobarocker Stil, der Linz mit einer rückwärtsgewandten architektonischen Zuckerschicht überzogen hätte, passte nicht zu seinem Drang nach archaischer Monumentalität. So lehnte Hitler mehrfach die Fassade eines Hotels ab, die Fick entworfen hatte.[96] Es war daher vermutlich das Kalkül Hitlers, den feinsinnigen und detailbesessenen Fick auch weiterhin für den Umbau der sensiblen Bausubstanz in der Altstadt wirken zu lassen. Während Fick den Bauherrn zunächst durch perfekt gezeichnete Pläne beeindrucken konnte, arbeitete Giesler mit ausgearbeiteten Modellen und vermochte es so, seine Vorschläge noch anschaulicher zu machen. Er konnte wie kein anderer die architektonischen Ideen Hitlers nachempfinden und in konkrete Entwürfe ummünzen. Deshalb wurde er dafür auserwählt, die anspruchsvollen Bauten zu übernehmen, die Hitlers Ideal in der Architekturtradition des klassischen Griechenlands folgten.[97]

Giesler machte sich an die Arbeit und entwarf die Gebäude für drei große Baukomplexe in der Stadt: die Neubauten auf der Urfahrer Seite der Donau, der Linzer

Flussseite und der Straße im Süden auf dem bisherigen Bahngelände, die vom Kulturzentrum (mit neuem Museum) bis zum neuen Bahnhof führen sollte. Zwischen März 1942 und Sommer 1944 arbeitete er an den Plänen. In diesem Zeitraum hielt er sich in der Nähe von Pskow (deutsch Pleskau) im nördlichen Russland auf, da er dort zusätzlich eine Baugruppe der »Organisation Todt«, die im besetzten Ostgebiet für die Wehrmacht Gebäude instand setzte, leitete. Im Osten wie später auch im Reich wurden für seine Arbeiten Kriegsgefangene und KZ-Häftlinge eingesetzt. In der Abgeschiedenheit des Ostens konnte er die notwendigen Arbeiten in Ruhe mit einem kleinen Stab von Mitarbeitern ausführen.[98]

Hitler konzentrierte sich bereits auf andere, zukünftige Bauaufgaben. Angesichts der sich abzeichnenden Niederlage in Stalingrad aber ließ er die Zuteilung von Rohstoffen strikter handhaben. Ein Erlass vom 13. Januar 1943 sah im Zuge des »totalen Kriegs« wesentliche Einschränkungen für die zivile Wirtschaft des Reiches vor. Speer nutzte diese Entscheidung als Vorlage, um zwei Tage später festzulegen, dass nur noch bereits begonnene Neubauvorhaben fertiggestellt werden durften.[99] Der zunehmende Bombenkrieg, der immer mehr deutsche Städte zerstörte, zwang Hitler, sich mit dem Thema Wiederaufbau auseinanderzusetzen. Bereits im März 1943 erhielt Speer von Hitler die Zusage, in einigen bereits stark von Bomben zerstörten Städten mit den Planungen für einen Wiederaufbau zu beginnen. Im Oktober 1943 gab die Reichskanzlei dann einen entsprechenden Erlass über die »Vorbereitung des Wiederaufbaus bombengeschädigter Städte« heraus. Dieser ermächtigte Speer, die Reihenfolge festzulegen, mit der in den einzelnen Städten mit den Planungen begonnen werden durfte. Der Minister baute sich in der folgenden Zeit neben seiner Aufgabe für die gegenwärtige Kriegsrüstung ein zweites Standbein für die Nachkriegszeit auf: Ende 1943 gründete er mit den Mitarbeitern, die bisher für den Umbau von Berlin verantwortlich waren, den »Arbeitsstab Wiederaufbauplanungen zerstörter Städte«. Mitarbeiter dieser Organisation entwickelten bis 1945 Grundsätze für eine Schadensstatistik, entwarfen Behelfsheime für Bombengeschädigte und planten den Wiederaufbau der Innenstädte.[100]

Hitler selbst reagierte auf die immer stärker werdenden Zerstörungen nur noch mit Zynismus: »Was hat das alles schon zu sagen, Speer!«, kommentierte er im November 1944 die Wirkung der alliierten Bombenangriffe. Sie waren für ihn nur noch ein Vorwand, um sich in die Vision der Rekonstruktion deutscher Städte hineinzusteigern.[101] Mit Giesler besprach er mit »leidenschaftliche[r] Intensität« den Wiederaufbau bis in die kleinsten Einzelheiten. Er schilderte den Mitarbeitern seine Vorstellungen von den »schönsten Städten der Welt« mit breiten Straßen und den höchsten Türmen der Erde. Dabei forderte er ein »Rivalisieren der Städte« um den »schönsten Wiederaufbau«, der in »Schnellbauweise« erfolgen solle, einem »völlig neuen Baustil«.[102] Dafür sollten »Milliardenbeträge« bereitgestellt werden.[103]

Während Speer sich eine Machtbasis für die Zeit nach dem Krieg schuf, stieg Giesler zum Verwalter des architektonischen Willens Hitlers auf: Seit Herbst 1942, als es zu einem Zerwürfnis zwischen Hitler und der militärischen Führung über die weitere Fortsetzung des Krieges kam, rief der Diktator ihn immer wieder zu sich, um bei den Gesprächen über die Bauplanungen zu entspannen. Auch nach dem gescheiterten Attentat vom 20. Juli 1944 beorderte Bormann Giesler ins »Führerhauptquartier«, damit dieser mit seinen Linzer Plänen Hitler Zerstreuung verschaffe.[104]

Hitler betrachtet in
Berlin, möglicherweise
im »Führerbunker«,
das Architekturmodell
für die Neugestaltung
von Linz; rechts
neben ihm Architekt
Hermann Giesler,
Februar/März 1945.

Bis in das Jahr 1943 hinein entwarf Hitler auch noch selbst. So versetzte er im April 1943 seine persönliche Umgebung in Erstaunen, als er einen Sechs-Mann-Bunker für die Wehrmacht entwarf. Dieser Bunker hatte eine Stellung für ein Maschinengewehr, ein Panzerabwehrgeschütz und einen Flammenwerfer. Hitler glaubte, so den Atlantikwall in Frankreich und eines Tages auch die »endgültige Ostgrenze« in Russland absichern zu können. »Sehen Sie, ich muß alles selber machen. Keiner ist auf diese Idee gekommen«, schimpfte er und erging sich in weiteren Tiraden gegen seine Generäle.[105] Dieser Entwurf war typisch für die Arbeitsweise des Diktators. Es war nur eine Idee, die weiter zu verfolgen er aber nicht die Disziplin hatte. Im Juni 1944 baute Speer in seinem Auftrag noch mit rund 28 000 Arbeitern an den Bunkern des »Führerhauptquartiers« im ostpreußischen Rastenburg (das heutige Kętrzyn in Polen), an einem weiteren »Führerhauptquartier« im schlesischen Schloss Fürstenstein und an einer Bunkeranlage in Pullach. Im Juli 1944 plante Hitler auch noch eine mit Bunkern befestigte Linie bei Diedenhofen (das heutige Thionville) in Lothringen, mit der er hoffte, den alliierten Vormarsch aufhalten zu können.[106]

Der zunehmende Bombenkrieg hatte auch Auswirkungen auf die Linzer Planungen. Am 6. Dezember 1943 bekam Giesler noch die zusätzliche Aufgabe zugewiesen, Luftschutzräume in der Stadt zu bauen. Er erhielt dazu den Titel des »Obersten Leiters der baulichen Luftschutzmaßnahmen in Linz«. Die Kosten dafür wollte Hitler aus seinem persönlichen Fonds übernehmen, den Reichskanzleiminister Lammers in Berlin verwaltete.[107] Reichsbaurat Fick verlegte 1944 wegen der zunehmenden Zerstörungen durch Luftangriffe sein Büro von München nach Schloss Tillysburg in der Nähe von Linz.[108]

Giesler erfüllte seine Aufgabe bis zum Ende des »Dritten Reichs«: In der Nacht vom 7. auf den 8. Februar 1945 brachte er ein neues Modell von Linz in den Bunker der Reichskanzlei. Hierhin hatte sich Hitler am 15. Januar 1945 nach der gescheiterten Offensive in den Ardennen zurückgezogen, mit der er vergeblich gehofft hatte, den Vormarsch der alliierten Truppen im Westen stoppen zu können.[109] In dem neuen Modell waren alle Entwürfe eingearbeitet worden, die Giesler in den vergangenen drei Jahren für die Bebauung der beiden Linzer Donauufer entwickelt hatte. Mit Hitler stellte er die Beleuchtung der geplanten Bauten durch die morgendliche Sonne mit Hilfe von Scheinwerfern nach. In den folgenden Tagen begleitete der Architekt Hitler zweimal täglich zu dem Muster im Keller. Der »Bauherr« führte die Miniatur auch anderen Besuchern wie Propagandaminister Joseph Goebbels und dem Chef der Sicherheitspolizei und des Sicherheitsdienstes Ernst Kaltenbrunner vor und erklärte dabei stundenlang die Einzelheiten.[110]

Zu diesem Zeitpunkt dachte Hitler »mit erstaunlicher Konsequenz« nur noch daran, welche Rolle er in den Geschichtsbüchern einnehmen werde.[111] Vor dem Hintergrund dieser Selbstinszenierung müssen auch die bis zum Schluss fanatisch vorangetriebenen Bauplanungen für Linz gesehen werden. Der Diktator flüchtete bei seinen langen Betrachtungen von Gieslers Modell keineswegs nur in eine Scheinwelt: Zunächst verschaffte ihm die Beschäftigung mit der Architektur in den Stunden des »Endkampfes« eine gewisse Entspannung.[112] Als Kenner der Architekturgeschichte war ihm dabei aber vermutlich bewusst, dass auch nicht ausgeführte Baupläne wie die Entwürfe für Opernhäuser von Gottfried Semper oder den kaiserlichen Palast in Orianda auf der Krim von Karl Friedrich Schinkel ihr Eigenleben in der Welt der Architektur entwickelten.

Sein Ende fand der architekturbesessene Diktator auf einer Baustelle: Seit 1943 ließ er an einem weiteren Bunker unter der Reichskanzlei bauen, der eine Erweiterung des ersten Bunkers unter dem Festsaal im Garten war. Am 23. Oktober 1944 wurde der unterirdische Fluchtraum fertiggestellt. Hier harrte Hitler in den letzten Tagen des Krieges aus und wartete auf eine Wende des Geschehens. Sein Ziel war es, nur noch Zeit zu gewinnen und auf einen Zerfall der Koalition der Alliierten hinzuarbeiten. Er wollte mit einer Strategie der Ermüdung des Gegners, wie sie seiner Ansicht nach schon Friedrich II. von Preußen angewandt hatte, zum Erfolg kommen. Besonders nach dem Tod des amerikanischen Präsidenten Franklin Roosevelt am 12. April 1945 hoffte er noch einmal auf einen Bruch der alliierten Koalition. Zu dieser Zeit wurde noch immer am »Führerbunker« gewerkelt. Ein Turm für die Ansaugung der Luft im Bunker stand nur im Rohbau.

Nach Hitlers Selbstmord am 30. April 1945 verbrannten seine Gefolgsleute den Leichnam inmitten der Baustelle vor dem Eingang zum »Führerbunker«. Der Garten der Reichskanzlei stand zu diesem Zeitpunkt schon unter dem Beschuss der sowjetischen Artillerie. Die Geschosse zerstörten die letzten Reste der Reichskanzlei. Noch in seinen letzten Stunden kreiste Hitlers Denken um die Stadt Linz. Einen Tag vor seinem Tod hatte er sein persönliches Testament aufsetzen lassen. In diesem vermachte er dem Gau »Oberdonau« seine Sammlung von Kunstwerken, die im neuen Linzer Museum ausgestellt werden sollte.[113]

Nach dem Krieg
wurden die über-
irdischen Bauten des
»Führerbunkers«
gesprengt, Aufnahme
von 1947.

»DIE SCHÖNSTE STADT AN DER DONAU« – PLÄNE FÜR DAS LINZER FLUSSUFER

Das erste Brückenprojekt

Am 22. November 1941 offenbarte Hitler seinem Propagandaminister Joseph Goebbels die Ziele, die er in Linz verfolgte: Die Stadt wolle er so ausbauen, dass sie noch »vor Budapest die schönste Stadt an der Donau ist«.[1] Hitlers Vision, Linz nach dem Vorbild der prachtvollen ungarischen Hauptstadt auszubauen, hatte zunächst einen ganz pragmatischen Ansatz: Seiner Meinung nach waren die Donauufer beiderseits bisher architektonisch minderwertig. Sein Ziel war es, zukünftige Fahrten auf der Donau zu einem »eindrucksvollen Erlebnis« zu machen.[2]

In der Tat waren die beiden Ufer auf der Stadt- und der gegenüberliegenden Urfahrer Seite bis 1938 von wirtschaftlichen Erfordernissen geprägt: Hier gab es unter anderem Hafenanlagen, Gewerbebetriebe, einen Friedhof, jedoch keine einheitliche architektonische Gestaltung.[3] Die geografische Situation setzte einer geordneten, streng durchdachten Entwicklung dieser Bereiche aber enge Grenzen: Auf der Urfahrer Seite steigt das Gelände nach einem schmalen, bebauten Uferstreifen in einem Prallhang steil an und bildet mit dem Pöstlingberg einen landschaftlichen Höhepunkt. Eine solche beherrschende Anhöhe gibt es auch auf der Stadtseite mit dem Schlossberg. Die übrige Fläche der Stadt bildet dagegen einen sehr sanften Gleithang und war schon 1938 dicht besiedelt. Die Erneuerungen, die Hitler vorschwebten, bedeuteten hier immer zugleich auch Abriss und Zerstörung der gewachsenen Struktur.

Das erste Projekt, das Hitler im Bereich der Uferbebauung in Angriff nehmen ließ, war der Neubau einer Brücke über die Donau. Am 4. April 1938 kam es zu einer ersten Besprechung bei Reichsstatthalter und Gauleiter Eigruber, an der neben Vertretern der Stadt auch der Generalbauinspektor Todt teilnahm. Hier wurde schnell vereinbart, dass die reichsdeutschen Ingenieure Friedrich Tamms und Karl Schaechterle die neue Brücke nach Vorgaben aus Berlin als »geschweißte Rostträgerbrücke« entwerfen sollten. Die Stadtverwaltung war für den Anschluss des Bauwerkes an die Straßen der

Stadt zuständig. Generalbauinspektor Todt und Ingenieur Werner Sarlay vom Linzer Brückenamt stellten am 21. Mai 1938 das Projekt auf dem Obersalzberg vor. Hitler entschied dabei, die gemauerten Brückenbögen für die Zufahrten von 22 auf 28 Meter zu verbreitern, und lieferte zudem noch eigene Skizzen für die Profile der Pfeiler im Strom. Am 27. Juni genehmigte er schließlich die überarbeiteten Pläne für die neue Brücke.[4]

Schon in der Besprechung vom 21. Mai 1938 deutete Hitler gegenüber den anwesenden Ingenieuren an, das gesamte Donauufer der Stadt neu gestalten zu wollen. Im Juni 1938 veröffentlichte das Gaupresseamt in Linz Hitlers Umbaupläne. Am 1. Juli 1938 verkündete Todt den Baubeginn für die Brücke, wofür er eine eigene Behörde gründete: das Brückenbauamt Linz, zu dessen Leiter Todt kurz darauf den österreichischen Ingenieur Werner Sarlay ernannte.[5] Der wenig später zum Stadtbaudirektor berufene Estermann begann, erste Pläne für die Gebäude zu entwerfen, die an der Linzer Stadtseite rund um die neue, nun »Nibelungenbrücke« genannte Flussüberquerung stehen sollten.[6] Nach der Berufung von Fick zum Reichsbaurat übernahm dieser den Entwurf der beiden Bauten.

Die Notwendigkeit, einen neuen Brückenkopf bauen zu müssen, ergab sich dadurch, dass der Neubau 3,50 Meter über dem Niveau der alten Brücke lag. Dadurch waren Rampen notwendig, die den Verkehr auf beiden Seiten auf diese Höhe brächten. Im Bereich der Altstadt von Linz verlangte Hitler, dass diese Rampe zwischen zwei neu zu bauenden Häusern stehen solle und so die Fahrbahn, gleichsam unbemerkt, auf die neue Höhe brächte. Fick entwarf also zwei Gebäude, die links und rechts der Zufahrt zur Brücke stehen sollten. Beide Bauten besaßen eine kubische Form, die auf einer Grundfläche von 78 mal 20 Metern rund 21 Meter in die Höhe ragten. Sie sollten Standorte der Finanzverwaltung werden und unterirdisch unter der Brückenrampe miteinander verbunden sein.

Nach Ficks Plan nahmen die beiden Gebäude der Finanzverwaltung den Bürgersteig als Arkadengänge in sich auf. Dadurch verengte sich die Baulücke, in der die Brückenrampe ihren Weg fand. Mit dieser Maßnahme

Die Nibelungenbrücke
in der Bauphase, 1939.

Rechts die im Bau
befindliche neue Nibe-
lungenbrücke, links
die alte Brücke, die
parallel genutzt werden
konnte; Blick von
Urfahr aus, März 1940.

Für den Bau der
Brückenkopfgebäude
mussten alte Häuser,
hier auf der Linzer
Seite des Donauufers,
weichen und
wurden gesprengt,
30. Mai 1939.

sollte gleichzeitig der geschlossene Raumeindruck des stadtseitig gelegenen Adolf-Hitler-Platzes mit der alten Pestsäule erhalten bleiben. In beiden Bauteilen der Finanzbehörde gab es einen Innenhof, der an die Nachbarbauten grenzte. Die Eingangsbereiche der beiden Gebäude sollten mit einem aufwendigen Marmorboden versehen werden. Die Fassade der Gebäude selbst wurde im Erdgeschossbereich mit hellem »böhmischen Granit« verziert und in den oberen Etagen als verputztes Mauerwerk gestaltet. Ebenfalls aus Granit waren die Gesimse und Fensterwandungen. Mit weiteren Eingriffen in die Bauten der Umgebung gelang es Fick, eine einheitliche architektonische Linie um den Adolf-Hitler-Platz zu erzeugen, indem er die wuchtigen Körper der Neubauten behutsam einpasste und einen Einklang zwischen den barocken Bauten der Altstadt sowie der neuen Brücke herstellte.[7]

Nördlich des Brückenkopfs baute Fick, etwas zurückgesetzt vom Ufer, das Wasserstraßenamt (heute: Heinrich-Gleißner-Haus), das in seinem Stil den Gebäuden der Finanzbehörde folgte. Fick entwarf hier einen fünfgeschossigen Bau. Er versah diesen mit horizontal gliedernden Gesimsen, einem Attikageschoss und geschweiftem Kegeldach; das Wasserstraßenamt sollte architektonisch zu den bestehenden Bauten der Altstadt überleiten. Hitler war mit den Entwürfen für das gesamte Ensemble zufrieden.[8]

Die beiden Gebäude des stadtseitigen Brückenkopfes konnten nicht auf einem leeren Bauplatz errichtet werden. Für sie mussten acht alte Häuser abgerissen werden, die Fick als architektonisch »wertlos« einstufte.[9] Damit verschwanden zwei ganze Gassen und zugleich 274 Wohnungen in der unter großer Wohnungsnot leidenden Stadt Linz. Die Besitzer der Häuser wurden entschädigt. In einem Fall ging die Entschädigung so weit, dass der Besitzer für die Ausfälle eines langfristigen Mietvertrages für Gewerberäume eine Ausgleichszahlung erhielt. Trotzdem gab es auch Widerspruch gegen diese Geldleistungen. So beschwerte sich beispielsweise der Rittmeister a. D. Arthur Czernin am 17. April 1939 bei der Behörde des Generalbauinspektors für das deutsche Straßenwesen, das die Enteignun-

gen vorgenommen hatte, über eine zu geringe Entschädigung. Für sein Haus am Adolf-Hitler-Platz 9 sollte er rund 84 000 Reichsmark erhalten. Czernin wies bei dieser Gelegenheit darauf hin, dass er Schwager des ungarischen Reichsverwesers Admiral Miklós Horthy sei, und drohte damit, sich bei der Berliner Reichskanzlei zu beschweren.[10]

Nachforschungen seitens der Kreisleitung der NSDAP in Vöcklabrück, in deren Bezirk Czernin wohnte, ergaben ein deutliches Charakterbild des Beschwerdeführers: Er habe zwar vor 1938 die damals noch illegal agierenden österreichischen Nationalsozialisten finanziell unterstützt, sich aber nach dem »Anschluss« auffällig negativ über die Partei geäußert und würde daher nicht als »aufrechter Nationalsozialist« gelten. Im Juni wies die Behörde von Todt den Rittmeister zudem darauf hin, dass er das nun enteignete Haus erst vor zwei Jahren für gut 34 000 Reichsmark erworben und sein Kapital mit der zugebilligten Entschädigung in kurzer Zeit verdreifacht habe. Für die Partei erübrige sich somit eine weitere Erörterung dieser Angelegenheit. Da er keine höhere Entschädigung erhielt, forderte Czernin schließlich die Rückgabe seines Hauses. Anfang August 1939 teilte ihm Ingenieur Sarlay vom Linzer Brückenamt jedoch mit, dass die »vom Führer angeordnet[en]« Abbrucharbeiten schon so weit fortgeschritten seien, dass dies nicht mehr möglich sei.[11] Hitlers Gestaltungswille nahm auf die Wünsche eines Rittmeisters keine Rücksicht.

Im Februar 1939 begannen die eigentlichen Arbeiten an der Brücke. Zunächst wurde die neue Fahrbahn errichtet. Während dieser Arbeiten blieb die alte Brücke noch weiter in Betrieb. Zufahrt und Brücke wurden Ende 1940 teilweise dem Verkehr übergeben. Noch im Frühjahr 1940 besuchte Hitler die Baustelle, um die Arbeiten persönlich zu kontrollieren, und ließ sich dabei von der Wochenschau filmen. Über den Fortgang der Bauarbeiten bekam er eine umfangreiche fotografische Dokumentation geschenkt.[12] Das neue Bauwerk sollte Figurenschmuck erhalten, der seinen Namen »Nibelungenbrücke« unterstrich. Hitler hatte hierfür den jungen Bildhauer Bernhard Graf von Plettenberg

Der erste Schritt für die Planung des Figuren-schmucks auf der Brücke: Modelle der Nibelungenbrücke mit Blick auf die Linzer Seite. Die Nibelungen-Modelle zeigen auf der Linzer Seite Siegfried und Kriemhild, auf der Urfahrer Seite Gunther und Brunhild.

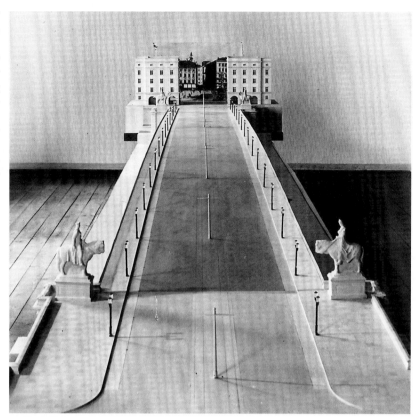

Als zweiter Schritt
für die Einpassung der
Skulpturen auf
der Nibelungenbrücke
wurden noch in
der Bauphase des
Tragwerks übergroße,
auf Holz aufgezogene
Fotos aufgestellt,
um die Wirkung der
Figuren zu erproben.

ausgesucht, der auch schon in der Berliner Reichskanzlei gearbeitet hatte. Vermutlich hatte der Diktator schon 1939 bei ihm vier monumentale Statuen mit den Figuren Gunther, Brunhild, Siegfried und Kriemhild aus der Nibelungensage in Auftrag gegeben, die in Granit angefertigt werden sollten.[13]

Im April 1940 präsentierte Plettenberg Hitler erste Modelle der vier Figuren. Sie fanden »den vollen Beifall« des »Führers«, der sie stolz Minister Goebbels vorführte. Der Bildhauer erhielt daraufhin eine Abschlagszahlung von 40 000 Reichsmark. Anschließend fertigte Sarlay vom Linzer Brückenamt Fotomontagen mit den Figuren auf der Brücke an. Plettenberg setzte sich bei dieser Gelegenheit dafür ein, die Statuen einen Meter kleiner zu machen, als es sein Auftraggeber ursprünglich geplant hatte. In einem zweiten Versuchsschritt erprobte der Bildhauer mit maßstabsgetreuen Fotografien von Modellen der geplanten Figuren, die er auf Leinwand aufgezogen hatte, deren Wirkung auf der Brücke. Im Jahr 1943 gelang es Plettenberg schließlich, von zwei der vier Figuren (Siegfried und Kriemhild) ein Gipsmodell zu erstellen. Hitler besichtigte diese bei seinem Besuch im April 1943 und war begeistert.[14]

Die Planungen für das Urfahrer Ufer

Das letzte Modell der Stadt, das Giesler im Februar 1945 in die Reichskanzlei brachte, sah für die Uferbereiche monumentale Gebäude vor: Wären diese verwirklicht worden, hätte sich einem Reisenden, der die Donau flussabwärts fuhr, die Stadt Linz auf der Urfahrer Seite schon von weitem angekündigt: Auf den Berghöhen des linken Donauufers sollte sich der Bau einer Adolf-Hitler-Schule erheben. Giesler entwarf dafür eine Anlage, bestehend aus vier Flügeln mit jeweils vier Stockwerken und seriellen Fensteröffnungen, die sich um einen kleinen Innenhof gruppierten und mit einem doppelt so großen Vorhof an der Seite versehen waren, die vom Flussufer abgewandt war. Die Mauern der Schule

reichten bis an die steil herabfallenden Wände der Urfahrer Berge, bildeten einen Blickfang am Ufer und orientierten sich so an der barocken Anlage des Stiftes Melk, das ebenfalls an einer sehr prominenten Stelle im Donautal angelegt worden war.[15]

Wenig weiter flussabwärts begannen dann auf der Urfahrer Seite die Neubauten, die Giesler geplant hatte. Zunächst waren da die sogenannten Gästehäuser der Industrie, die als Wohnungsbauten in Blöcken direkt am Ufer standen. Hierauf folgte der Komplex der politischen Bauten, die auf beiden Seiten der Nibelungenbrücke stehen sollten. Fick hatte für diesen Bereich bereits im Herbst 1940 erste Planungen unternommen, nachdem er von Hitler eine entsprechende Skizze erhalten hatte. Ab 1941 begann jedoch Giesler hier zu arbeiten.[16]

Zu den Gebäuden, die am Urfahrer Brückenkopf der Nibelungenbrücke vorgesehen waren, gehörte das neue Rathaus. Hitler zeichnete für dieses Gebäude einen eigenen Entwurf, der ein Haus im historistischen Stil der Neorenaissance mit einem spitzen Turm vorsah. Giesler entwarf dagegen zwei sehr viel nüchternere Gebäude: ein »technisches Rathaus«, das den gesamten Verwaltungsapparat beherbergen sollte, als vierstöckigen Bau mit einer Front von 200 Metern Länge, die durch Risalite gegliedert wurde. Das eigentliche Rathaus sollte hingegen ein quadratischer Bau aus Ziegeln und Werksteinen sein, der sich auf einer Grundfläche von 90 mal 100 Metern erhob und einen Arkadenhof umschloss. Im Erdgeschoss war ein »Remter« (Saal) vorgesehen, in dem Waffen und Geschütze ausgestellt werden sollten. Es war damit für rein repräsentative Aufgaben vorgesehen.[17]

Auch für die Innenarchitektur fertigte Hitler Skizzen an, die Giesler getreu umsetzte. Kernstück des Rathauses war ein großer Saal, der nach dem Vorbild des »Goldenen Saales« im Augsburger Rathaus gestaltet werden sollte. Hitler konzipierte den repräsentativen Ratssaal als Beratungszimmer mit prachtvollen Portalen, Gobelins an den Wänden und einem riesigen Tisch, um den sich die Sitze der Stadträte gruppierten. Für die innere Ausgestaltung beauftragte Hitler die Berliner Goldschmiede Lettré. Die Fassade folgte dagegen eher

Kriemhild-Modell
auf der Linzer Stadt-
seite der Brücke. Speer
bespöttelte den
»balkonartigen Busen«
der Figur.

Die fertige Nibelungen-
brücke; in einem
dritten Schritt erfolgte
die Aufstellung von
Gips-Kopien im Maß-
stab 1:1.

Hitler mit Giesler (links)
vor einem Architektur-
modell von Linz;
rechts Martin Bormann,
November 1942.
Hitler zeigt auf den
Bereich des Urfahrer
Ufers, in dem Aus-
stellungshallen gebaut
werden sollten.

dem Vorbild der Wiener Oper und war durch einen vorspringenden zweigeschossigen Loggientrakt geprägt.[18]

Für den Bereich, in dem die Nibelungenbrücke das Urfahrer Ufer erreichte, war ein weiteres politisches Gebäude vorgesehen – die Kreisleitung der NSDAP. Giesler entwarf hierfür einen 85 Meter hohen Turm mit 14 Geschossen. Das Gebäude war außen streng symmetrisch gegliedert und betonte die Horizontale durch Gesimse und Natursteinverkleidungen. Besondere Akzente setzte der Architekt mit fünf Rundbögen in der Mittelachse, die sich jeweils über zwei Geschosse erhoben. Diese hatten aber keine tragende Funktion, sondern sollten nur dazu dienen, die Fassade aufzulockern. In gleicher Weise hatte einige Jahre zuvor Mussolini in Rom im neuen Stadtzentrum Esposizione Universale di Roma (EUR) mit in Beton gegossenen Bögen an den Stil der klassischen Antike anzuschließen versucht. Das Linzer Parteigebäude sollte seinen Abschluss in einem Galeriegeschoss finden, auf das Giesler noch einen tempelartigen Aufbau setzte.[19]

Weiter donauabwärts folgte das neue politische Zentrum von Linz. Nach dem Vorbild von Budapest und London, in denen das nationale Parlament eine architektonisch bedeutende Stellung am Ufer einnimmt, sollte auch in Linz das neue Gauforum an der Donau die Silhouette des Urfahrer Ufers bestimmen. Hitler hatte sich erst 1940 entschieden, hier eine komplett neue Gauanlage bauen zu lassen. In Gieslers Plänen fanden sich alle Bestandteile eines Gauforums wieder, wie sie auch für Weimar, Augsburg, Bayreuth und Dresden geplant waren: Aufmarschplatz, Gauhalle, Gebäude für die Gauleitung und Glockenturm. In Linz kam zu diesem Standardensemble noch das Gebäude des Reichsstatthalters hinzu, ein blockartiger Baukörper, den der Architekt als »vergröberten Renaissance-Palazzo« entwarf. Das Haus folgte stilistisch der neuen italienischen Botschaft in Berlin-Tiergarten, die 1939 fertig geworden war.[20]

Östlich hinter dem Reichsstatthalter-Haus sollte sich ein trapezförmiger Platz anschließen, der 100 000 Menschen fassen konnte. Dieser Platz nutzte die natürliche Biegung der Donau geschickt aus, wobei die längere

Seite am Fluss und die kürzere Seite landeinwärts lag und so ein Scharnier zu den anschließenden Bauten bildete. Zurückgesetzt hinter dem Platz lag das schlichte, langgestreckte Gebäude der Gauleitung. Den Aufmarschplatz begrenzte wiederum weiter flussabwärts die Gauhalle, die Giesler als eine Art nationalsozialistische Basilika auf einer Grundfläche von 110 mal 200 Metern konzipierte. Ihre Stirnseite sollte quer zum Ufer stehen. Mehr als 30 000 Menschen hätten in ihr Platz gefunden. Gleich dem Kolosseum in Rom plante Giesler für diese Halle zweistöckige Arkadenumgänge an den Längsseiten. Im ersten Stock sollten Figuren unter den Gewölbebögen stehen. Zudem schlug er vor, dass unterhalb des Kranzgesimses ein Fries das Gebäude umrahmen könnte. Direkt neben der Gauhalle, wo sie ans Ufer stieß, sollte der Glockenturm stehen. Giesler entwarf diesen nach dem Modell des Augsburger Turms als schlichten Schaft, den ein Laternengeschoss abschloss. Der Architekt setzte zudem alle Gebäude am Gauforum auf einen Sockel, um sie vor einem Hochwasser der Donau zu schützen.[21]

Hitler beschäftigte sich intensiv mit diesem Turm. Er bestimmte seinen Standort am 16. November 1942 mit den Worten, hier einen »dominierenden Platz« gefunden zu haben. Zudem legte er Wert darauf, dass der Turm mit seiner geplanten Höhe von rund 160 Metern unter der des Ulmer Münsters blieb. Auch die Musik, die von dem Bauwerk erschallen sollte, bestimmte der Diktator: So sollte von der Spitze durch ein »Fernorgelwerk« die Fanfare aus »Les Préludes« von Franz Liszt ertönen, die von der Goebbel'schen Propaganda als musikalische Untermalung für die Berichterstattung vom Russlandfeldzug genutzt wurde. In einer weiteren Variante war als Glockenspiel eine Melodie aus der 4. Sinfonie von Anton Bruckner vorgesehen. In das Sockelgeschoss des Turms wollte Hitler das Grab seiner Eltern integrieren, die außerhalb der Stadt auf einem Friedhof in Leonding beerdigt worden waren.[22]

Die Pläne für die Linzer Gauanlage stellten alles in den Schatten, was an Vergleichbarem im Deutschen Reich vorgesehen beziehungsweise schon gebaut worden war. Einen ähnlich großen Aufmarschplatz sollte es nur in Augsburg geben, der mit 140 mal 180 Metern Fläche 80 000 Menschen fasste. Die geplante Gauhalle wurde nur von der für Dresden entworfenen übertroffen. Das dortige Bauwerk sollte auf einer Grundfläche von 200 mal 130 Metern 40 000 Menschen aufnehmen können. Der Linzer Turm wiederum war in seiner Höhe einzigartig: Lediglich das geplante Augsburger Glockenwerk kam ihm mit einer Höhe von 116 Metern nahe.[23]

Hinter der Linzer Gauhalle änderte sich die Bebauung, die Giesler für Hitler stromabwärts geplant hatte, schlagartig. Hier waren Ausstellungshallen vorgesehen, die sich über 600 Meter entlang der Donau erstrecken sollten. Die Gebäudefronten sprangen aber weit vom Ufer zurück. Sie gaben einer langen, regelmäßigen Gartenanlage Platz, die in niedrigen Terrassen zur Donau hin abfiel. Rasenflächen und Staudengewächse waren als Bepflanzung vorgesehen. Hitler hatte nach Angaben von Giesler auch für dieses Gelände den ersten Entwurf gezeichnet. Zudem waren hier ein Kinderspielplatz und eine »Prateranlage« mit Vergnügungspark geplant. Dieser Bereich war bis 1938 auch der traditionelle Standort des Urfahraner Jahrmarkts, der so erhalten bleiben sollte. Den Abschluss dieses Uferabschnitts bildete wiederum eine Halle für Sportveranstaltungen. Vermutlich stand hinter diesem Ensemble die Absicht Hitlers, den Besuchern von politischen Veranstaltungen im neuen Gauforum am Ufer anschließend eine nahe gelegene Möglichkeit zur Entspannung zu bieten.[24] Im Herbst 1942 wollte Hitler Ley beziehungsweise dessen NS-Einheitsgewerkschaft »Deutsche Arbeitsfront« (DAF) mit der Ausführung der Ausstellungshallen und der Prateranlage betrauen. Aber auch dieser Bereich fiel schließlich unter die Hoheit Gieslers.[25]

An diese Zone für Vergnügungen schlossen sich wieder »profane« Bauten an. Weiter flussabwärts plante Giesler mehrere blockartige Verwaltungsgebäude, in denen die Bank für internationalen Zahlungsverkehr, das Generalkommando (Wehrkreiskommando) und eine Pionierschule der Wehrmacht einziehen sollten. Für die beiden letzteren Bauten entwickelte der Architekt Oswald Bieber neoklassizistische Fassaden. Auf diese Verwaltungsbauten folgte eine weitere zu füllende Bebauungslücke, die für den Brückenkopf einer zweiten Brücke, der sogenannten Bismarckbrücke, vorgesehen war. Östlich davon sollten ein Heeresmuseum und ein monumentales Denkmal für Otto von Bismarck dieses Ensemble abschließen.[26]

Das Denkmal hatte der Architekt Wilhelm Kreis 1912 im Rahmen eines Wettbewerbs entworfen; es war ursprünglich für Bingen am Rhein vorgesehen. Hitler schätzte den betagten Architekten, der auch verschiedene Totenburgen für die Gefallenen der Kriege Hitlers entworfen hatte.[27] Gleich dem Grabmal von Ravenna für den Ostgotenkönig Theoderich bildete es einen geschlossenen Rundbau mit römischer Flachkuppel, der auf 50 Meter Durchmesser ausgedehnt wurde. Vor dem eigentlichen Denkmal war ein Ehrenhof vorgesehen, der von zwei flachen Gebäuderiegeln eingerahmt wurde.[28]

Der Bau eines solchen Denkmals für den Gründer des Deutschen Reiches erschien auf den ersten Blick in Linz recht widersinnig. Bismarck hatte das Kaiserreich Österreich bekämpft und 1871 aus dem Verbund des neuen deutschen Staates herausgehalten. Hier kam jedoch Hitlers mehrfach geäußerter Wille zum Ausdruck, in Linz das zu fördern, was er »Reichsgedanken« nannte.[29] Der Diktator glaubte mit einem solchen Denkmal des kleindeutschen Staatsgründers die Verbreitung der Idee des »Großdeutschen Reiches« unterstützen zu können. Im gleichen Sinne ist auch die Überlegung Hitlers zu verstehen, in Linz ein Denkmal für den König Friedrich II. von Preußen aufzustellen. Dieses hatte der Bildhauer Josef Thorak 1943 angefertigt. Hitler sah in dem Monarchen ein Vorbild für äußerst risikobereite und gewaltsame Außenpolitik. Aus rein historischen Gründen war ein solches Bildwerk des preußischen Königs, der viele Jahre lang ebenfalls gegen die Habsburger Monarchie gekämpft hatte, in Linz jedoch nicht zu rechtfertigen.[30]

Die städtebauliche Planung am Ende der Neubauzone auf der Urfahrer Seite war lange ungewiss. Die von Giesler vorgeschlagene Lösung mit Verwaltungsbauten, Bismarckdenkmal und Brücke hatte zur Folge, dass eine alte Eisenbahnbrücke abgerissen werden musste.

Nach langen Überlegungen setzte sich der Architekt mit einer radikalen Lösung durch. Er entwarf nicht nur die Bismarckbrücke als fünfjochigen Steinbogenbau für den Straßenverkehr, sondern auch eine neue Eisenbahn-brücke, die er 300 bis 600 Meter weiter stromabwärts bauen wollte.[31] Zwischen der Nibelungenbrücke und der Bismarckbrücke sollte noch ein Brückenbauwerk die Donau überspannen: eine gigantische Hängebrücke, die die Urfahrer Seite auf der Höhe des Ausstellungsge-ländes mit der Stadtseite verband. Entworfen von Bau-ingenieur Paul Bonatz, sollte diese Brücke in ihrem mittleren Teil eine Spannweite von 250 Metern haben. Das Bauwerk glich in seiner Erscheinungsform der Hängebrücke, die wenige Jahre zuvor die Reichsauto-bahnverwaltung im Süden von Köln über den Rhein gebaut hatte.[32]

Modellaufnahme der
Eingangshalle des
Donauhotels, undatiert.

Die Linzer Stadtseite

Auch für die Linzer Stadtseite hatte Giesler in dem Modell vom Februar 1945 schon recht genaue Pläne entwickelt. Die neue Bebauung sollte am rechten Donauufer auf dem Schlossberg beginnen und sich dann bis zur dritten neuen Donaubrücke, der Bismarckbrücke, erstrecken. Prägend für das Stadtufer wäre das »Haus des Führers« geworden.

Der Alterssitz von Hitler sollte auf dem Schlossberg gebaut werden, wo sich eine Schlossanlage mit vier Flügeln aus dem Jahr 1600, die in der Zeit der Habsburger Monarchie als Kaserne genutzt worden war, befand und heute noch befindet. Gieslers Plan sah hier eine radikale Lösung vor: Das alte Schloss sollte komplett abgerissen und an seiner Statt ein 70 Meter langer rechteckiger Bau errichtet werden, an dessen Ecken jeweils ein kleiner Rundturm vorgesehen war. Hitler selbst zeichnete im Mai 1942 seinen Ruhesitz als einen unübersichtlichen Bau mit einer Ansammlung von verschiedenen Elementen der Architekturgeschichte. Giesler reduzierte dieses Programm dann auf einen klaren dreigeschossigen Baukörper im »historisierenden Baustil« mit Renaissance-Anklängen.[33]

Der Diktator stimmte im April 1943 dem Entwurf zu, konnte sich dafür aber bei der inneren Gestaltung durchsetzen: Nach seinen Wünschen konstruierte Giesler eine verdeckte Zufahrt, durch die der Besucher dann gleichsam »blind« in eine große Halle geführt wurde, die einen Ausblick auf das Donautal geben sollte. Vorbild für diese Anordnung war vermutlich der Berghof auf dem Obersalzberg, bei dem ebenfalls der Zugang seitlich erfolgte und dann in der großen Halle mit Blick auf den Watzmann endete. Dieses Detail veranschaulicht das Kalkül Hitlers, Architektur als psychologisches Mittel einzusetzen: Der Ausblick auf das Donautal sollte als »große Überraschung« auf den Besucher wirken. Neben der großen Halle waren für das Haus auch ein »Philosophenzimmer« nach dem Vorbild des Goldkabinetts im Wiener Belvedere vorgesehen und für den ersten Stock die privaten Räume (u. a. Arbeitszim-

mer und Archiv), in denen der Bauherr mit seiner Geliebten Eva Braun seinen Lebensabend verbringen wollte.[34]

Auf den Schlossberg folgten dann die drei Bauten des Brückenkopfes der Nibelungenbrücke, die Fick entworfen hatte. Südlich davon war mit einer Grundfläche von 60 mal 80 Metern das Donauhotel vorgesehen, für das ebenfalls der Reichsbaurat verantwortlich war. Es war das erste Gebäude, das Fick für Hitler in Linz entwarf, und eines der aufwendigsten. Zwei Innenhöfe enthielt das Modell in einer Mischung aus Barock und Renaissance. Künstler sollten die Gesellschaftsräume des Hotels mit 268 Gästezimmern und 337 Betten prachtvoll ausgestalten.[35]

Auf Wunsch Hitlers sollte der Donauhof fast direkt am Ufer stehen und sich über eine große Freitreppe zum Fluss hin öffnen. Da auf der gegenüberliegenden Seite aber das Gauforum ebenfalls direkt bis an die Donau reichen sollte, wäre hier ein gefährlicher Engpass entstanden, der flussaufwärts zu einem Wasserstau und bei Hochwasser zu immensen Überschwemmungen hätte führen können. Hitler nahm jedoch auf die Gesetze der Natur ebenso wenig Rücksicht wie auf die alte Bausubstanz, wenn es galt, seinen architektonischen Willen durchzusetzen. So sollte für das neue Hotel auch eine alte Herberge an gleicher Stelle verschwinden und der bisherige Hafen verlegt werden.[36]

Auf das Hotel folgte weiter stromabwärts auf einer Länge von 400 bis 500 Metern ein flaches, langgestrecktes Einkaufszentrum, dem Giesler die Bezeichnung »Bazar« gab. Er wollte die Fassade des Gebäudes trotz seines profanen Zweckes ebenfalls aufwendig gestalten und mit einem Attikageschoss sowie Skulpturenschmuck versehen. Neben das Einkaufszentrum sollte wiederum ein – deutlich einfacheres – Hotel gebaut werden: Dieses Hotel sollte von der nationalsozialistischen Ferienorganisation »Kraft durch Freude« (KdF) betrieben werden. Laut Gieslers Notiz verlangte Hitler im November 1942, dass die Zimmer »so klein und knapp wie möglich« bemessen sein sollten und mit einer Normalbelegung von 800 bis 2500 Betten im Massenbetrieb geplant würde. Das Hotel sollte Ausgangspunkt für

Flussreisen auf der Donau sein und eine billige Unterkunft für Reisende bieten, welche die Stadt Linz mit den von Hitler errichteten Sehenswürdigkeiten besuchten.[37]

Giesler entwarf für diese Massenunterkunft einen blockartigen Hochhausturm, der sich wie ein riesiger Backstein 80 Meter aus dem Boden erheben sollte. Negative Risalite, also sich nach innen auswölbende Nischen, sollten den wuchtigen Eindruck des Gebäudes auflockern und Platz für die zum Teil offenen Treppenhäuser schaffen. Den Sockelbereich verschönerte er durch Gesimse und rechteckige Lochfenster. Das Hochhaus sollte so das herausragende Gebäude auf der Stadtseite sein und gleichsam ein vertikales Gegenstück zum Turm der NSDAP-Kreisleitung auf dem Urfahrer Ufer bilden.[38]

Nach einer Bebauungslücke, in der sich die neue Hängebrücke über die Donau spannen sollte, folgte weiter flussabwärts der Verwaltungsbau der »Reichswerke AG ›Hermann Göring‹«. Hitler bestimmte schon im September 1938, nachdem sich Gauleiter Eigruber persönlich bei ihm dafür eingesetzt hatte, die Verwaltung des Industriebetriebs von Wien nach Linz zu verlegen. Fick hatte für die Generaldirektion ein Gebäude mit einer Fassade entworfen, die sich an einem barocken Schloss orientierte. Giesler verwarf diesen Plan und modellierte einen quadratischen Block mit 125 Metern Seitenlänge, der vier Innenhöfe umschloss und dessen Front streng symmetrisch gegliedert war. Den Eingang auf der Flussseite betonte er mit einem mächtigen Risalit, der hinter die Fassade zurücktrat und von mächtigen Säulen gerahmt war.[39]

Anschließend folgte bis zur geplanten Bismarckbrücke der Neubau der Technischen Universität. Giesler konnte Hitler davon überzeugen, sie hierhin zu verlegen, weil sich so eine gute Anbindung an die Stadt und die Hallen der Reichswerke »Hermann Göring« gegeben war. Der Diktator glaubte, dass so die Studenten besser mit der Stadt und deren kulturellem Leben verbunden wären. Fick erhob bei dem Besuch Hitlers am 4. April 1943 Einwände. Er wies darauf hin, dass für diesen neuen Standort ein von Peter Behrens 1930 gebautes Lagerhaus für Tabak und der alte Schlachthof abgerissen werden müssten. Diese »wurden vom Führer nicht beachtet«, wie Giesler notierte. Der Generalbaurat und sein Bauherr waren sich auch darin einig, für die Neugestaltung von Linz radikal alte Bausubstanz zu beseitigen. Die Lage am Strom sollte den monumentalen Charakter der neuen Universität betonen.[40]

Nachdem sich Giesler mit seinen Argumenten durchgesetzt hatte, entwarf er einen Komplex für 800 Studenten auf einer Fläche von 500 mal 200 Metern, in dessen Mitte ein quadratisches Auditorium mit jeweils 60 Metern Länge und einer Höhe von 34 Metern stand. Dieses zentrale Hörsaalgebäude versah er mit einer Fassade von 14 kolossalen Rechteckpfeilern. Sie hob sich von den übrigen beiden Zwillingsbauten, die rechts und links davon standen und wesentlich nüchterner gehalten waren, deutlich ab. Diese verfügten über eine Seitenlänge von jeweils 150 Metern, die sich am Ufer entlangzogen.[41] Den Abschluss der neuen Bauten auf dem Linzer Stadtufer sollte dann die Bismarckbrücke bilden.

Die Pläne für die Bebauung des Linzer Ufers waren bis zum Schluss von vielen Veränderungen und Umstellungen gekennzeichnet. Bis zum Februar 1945 waren viele Fragen, beispielsweise die endgültige Lage der Bismarckbrücke und eines Viaduktes für die Eisenbahn, der für diese neue Brücke verschoben werden musste, noch nicht geklärt. Das Modell der Bebauung der beiden Donauufer, das Giesler Anfang 1945 in die Reichskanzlei brachte, war daher nicht mehr als ein Zwischenstand. Die vorhandenen Bauten setzten den Stadtplanern gewisse Grenzen, auch wenn Giesler und Hitler versuchten, sich über diese hinwegzusetzen. In anderen Bereichen gab es nicht so viele Beschränkungen. Hier konnte der Bauherr aus dem Vollen schöpfen und seiner Phantasie freien Lauf lassen.

Ausschnitt des Modells der Donauuferbebauung nach den Plänen von Hermann Giesler. Im Vordergrund die als Hängebrücke geplante Mittelbrücke zwischen der heutigen Gruberstraße und der Peuerbachstraße sowie der Turm des geplanten »KdF«-Hotels, Februar 1945.

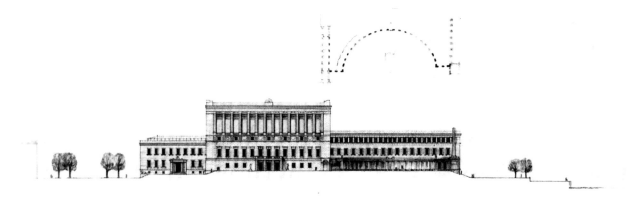

Ost- und Westansicht der Technischen Hochschule, entworfen von Heinz Tillmanns, 1943.

DAS »KULTURELLE SCHWERGEWICHT«

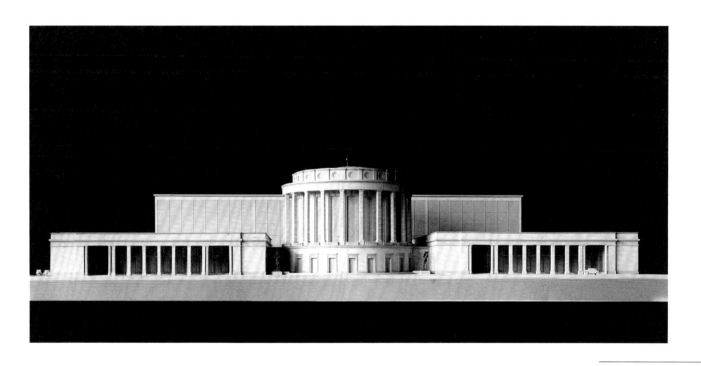

Modell des geplanten
neuen Bahnhofs
am Fuß des Harter
Plateaus. Standort des
Bahnhofs sollte
das südliche Ende der
Prachtstraße »In den
Lauben« sein.

Kulturabbau in der Altstadt

Die neuen Brücken, die nach Hitlers Willen die Donau überspannen sollten, zwangen die Stadtplaner, sich auch mit der Gestalt der Altstadt von Linz auseinanderzusetzen. Die neuen Flussüberquerungen brauchten Anschlüsse, um den Verkehr, den sie anzogen, weiterleiten zu können. Das Konzept, das Baudirektor Estermann für die Stadt Linz 1938/1939 verfolgte, sah vor, den Verkehr östlich und westlich über neue Straßen um die Altstadt herumzuführen. Giesler schlug dagegen einen Tunnel unter dem Römerberg vor, der in einer Ringstraße südlich der Altstadt münden sollte. Vorbild war hier vermutlich die Wiener Ringstraße.[1] Offen war jedoch, was mit dem Verkehr passieren sollte, der über die neue Nibelungenbrücke in die Stadt strömte.

In den Unterlagen der Linzer Bauverantwortlichen taucht immer wieder das Projekt einer »Durchbruch-Straße« auf. Es beinhaltete eine großzügige Verkehrsführung von der Nibelungenbrücke über den »Adolf-Hitler-Platz« (heute Hauptplatz) und die Schmidttorstraße sowie Landstraße quer durch die Altstadt. Es lief auf eine Verbreiterung der »Landstraße« hinaus, die mit ihren 15 bis 16 Metern Breite schon 1938 für den Durchgangsverkehr zu schmal war. So sollte durch die historische Bausubstanz eine Schneise geschlagen werden. In der gleichen Weise hatte im 19. Jahrhundert der Architekt Georges-Eugène Haussmann die Boulevards in Paris geschaffen. Hitler hatte einen solchen Plan auch schon einmal in Augsburg verfolgt. Der Diktator schreckte vor derartigen brutalen Eingriffen in die gewachsene Struktur nicht zurück. In Berlin beseitigte Speer mit Hitlers Zustimmung die historische Bebauung des Spreebogens, um die zentrale

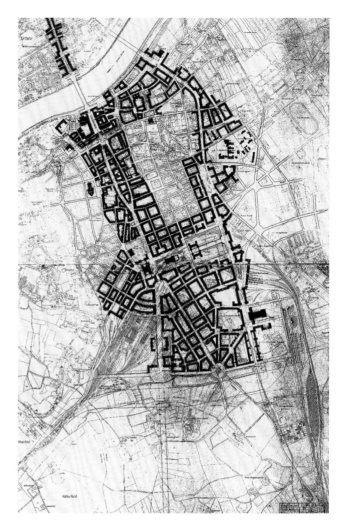

Umbauplan für die Innenstadt. Deutlich hervorgehoben sind die Straßenzüge, in denen Neubauten erfolgen sollten.

Achse schaffen zu können. Auch in Linz war Hitler beim Bau der Rampe für die Nibelungenbrücke skrupellos gewesen: Das historische »Landhaus« musste auf seinen Wunsch hin weichen und wurde nur in seiner Fassade wieder rekonstruiert. Weitere Eingriffe gab es an Gebäuden in den umliegenden Gassen.[2]

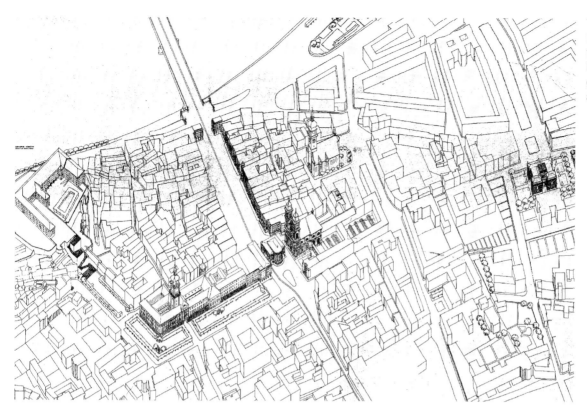

Plan und perspektivische Ansicht der Innenstadt für die geplanten Sanierungsarbeiten.

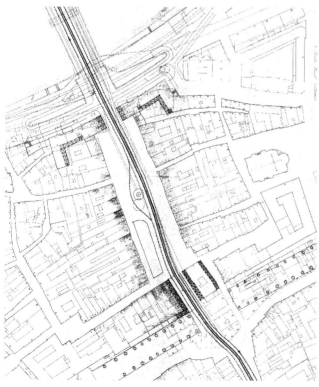

Für die Verkehrsführung quer durch die Altstadt legte die Stadtverwaltung bereits 1938 zwei Varianten vor: entweder Verbreiterung der Landstraße durch den Abriss einer Straßenfront oder Bau einer ganz neuen Durchbruchstraße westlich der Landstraße. Hitler zögerte sehr lange und konnte sich nicht zu einer Entscheidung durchringen. Stattdessen beschäftigte er sich mit dem Detail der Beleuchtung des Adolf-Hitler-Platzes und legte fest, dass es in der Stadt keine Oberleitungsbusse, sondern nur Straßenbahnen geben solle.[3] Erst im November 1943 überbrachte Giesler dem Kollegen Fick die Nachricht, dass sich Hitler entschlossen habe, die Landstraße durch den Abriss der westlichen Häuserfronten verbreitern zu lassen.[4] Er selbst entwarf ein neues Stadttor, das anstelle des alten Schmidttores gebaut werden sollte und breiter war, um so den Verkehr durchleiten zu können.

Die Verlegung der Bahnanlagen nach Süden, die Hitler durchgesetzt hatte, schuf Raum für Veränderungen auch in der Altstadt: Die Blumauerstraße sollte nach Hitlers Wunsch zu einer breiten Allee ausgebaut werden. An ihren Seiten verlangte Hitler den Neubau des Polizeipräsidiums sowie zweier repräsentativer Invalidenhäuser für die SS und SA. Neben diesen Zentren der bewaffneten Organe sollte die Stadt auch eine Waffensammlung für Heer, Marine und Luftwaffe erhalten. Für das Marinemuseum hatte Hitler, wie Gauleiter Eigruber im April 1942 berichtete, bereits »eine Unzahl von Modelle[n]« gekauft. Diese Waffensammlungen sollten vermutlich in der Nähe des geplanten Bismarck-Denkmals an dem Ufer in Urfahr ausgestellt werden.[5]

Musentempel am Opernplatz

Schon bei seinem ersten Besuch in Linz nach dem »Anschluss« Österreichs hatte sich Hitler mit der Umgestaltung des örtlichen Museums beschäftigt und sich dazu mit dem Leiter des Linzer Landesmuseums beraten. Die erste Idee vom April 1938, in Linz eine Gemäldegalerie zu bauen, verfestigte sich im Laufe der Zeit. Zu dem neuen Museum sollten auf dem ehemaligen Bahngelände im Süden der Altstadt noch eine Bibliothek, eine neue Oper und eine neue Musikhalle kommen. Der »Raumverteilungsplan« von Stadtbaudirektor Estermann sah bereits im Juli 1938 eine 60 Meter breite und rund 1300 Meter lange Straße vor, die diesen Platz (Opernplatz) mit dem neuen Bahnhof verbinden sollte. Die neue Linzer Achse stand ganz in der Tradition der Pläne, die der Diktator für Berlin, Augsburg und München ausarbeiten ließ. Der neue Kulturplatz nahm dabei jedoch eine besondere Stellung ein: Hier traf Hitlers architektonischer Gestaltungswille auf sein politisches Ziel, »kulturelle Wunderwerke« zu stiften. Es verband sich mit seinen übrigen musischen Interessen und verdichtete sich zu dem Bestreben, ein vollständiges Kulturzentrum zu schaffen.[6] Pläne für neue Opernhäuser und

neue Museen gab es beispielsweise auch für München und Berlin. Aber nur in Linz waren diese Institutionen so zahlreich und so eng auf einem Raum vorgesehen, dass sie ein eigenes Zentrum bildeten.

Hitler verfolgte mit dem Ausbau des Linzer Kulturzentrums nicht nur architektonische oder kulturelle Ziele. Gegenüber seinem Propagandaminister Goebbels gab er an, durch den Ausbau von Linz der Stadt Wien »eine mächtige Konkurrenz« an die Seite zu stellen. Das »kulturelle Schwergewicht« sollte von der österreichischen Hauptstadt wegverlagert werden.[7] Die alte Kapitale war ihm aus der Zeit zutiefst verhasst, als er dort vor dem Ersten Weltkrieg vergeblich versucht hatte, eine künstlerische Karriere zu beginnen. Hitler verfolgte generell die Idee einer Konkurrenz der Städte untereinander, wie zum Beispiel zwischen Augsburg und München. Dabei trat deutlich der grundsätzliche Hass des sich unterlegen fühlenden Provinzlers auf die Metropolen zutage.

Erster Schwerpunkt des neuen Linzer Kulturzentrums war der Bau eines neuen Museums. Im Herbst 1938 zeichnete der Diktator erste Skizzen von dem Gebäude.[8] Gleichzeitig intensivierte er seine Bemühungen, die Sammlung von Gemälden zu vergrößern, die er bereits im Laufe der vergangenen Jahre angeschafft hatte und die in einem Keller des Münchner Parteizentrums lagerten. Mit dem »Anschluss« von Österreich konnte er aber zusätzlich noch auf eine große Menge von Kunstwerken zugreifen. Kurz nach der gewaltsamen Einverleibung des Landes beschlagnahmten Kommandos der SS in großem Umfang jüdischen Kunstbesitz. Zudem stellten die österreichischen Denkmalbehörden weitere Kunstwerke sicher, um deren Verbringung ins Ausland zu verhindern. Die beschlagnahmten Kunstwerke gelangten in die Neue Hofburg in Wien und wurden anschließend inventarisiert. Hitler sicherte sich durch einen sogenannten Führervorbehalt bereits 1938 das letzte Verfügungsrecht über die rund 10 000 Kunstwerke.

Im Frühjahr 1939 versuchten Mitarbeiter der österreichischen Museen und Kulturverwaltung jedoch, die besten dieser entzogenen Kunstwerke für die Wiener

Frühes Modell der
geplanten Oper (rechts)
sowie des »Führer-
museums«. Der erste
Opernentwurf wurde
später durch ein
Gebäude mit gewölbter
Fassade ersetzt.

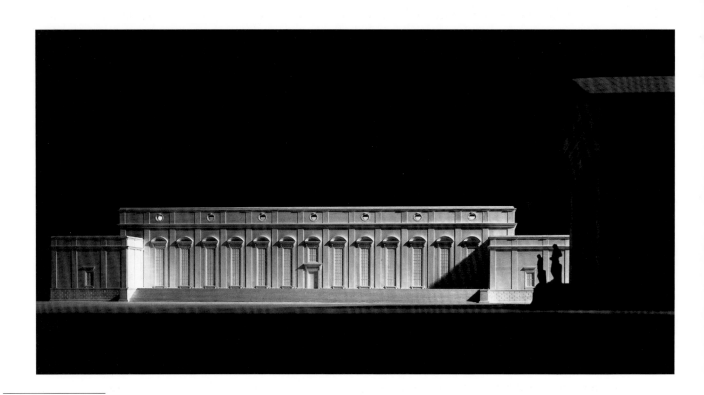

Modell des »Führer-
museums« nach
einem Entwurf von
Roderich Fick.

Sammlungen zu retten. Dieses Manöver verärgerte Hitler so sehr, dass er beschloss, die Verteilung dieser Werke selbst in die Hand zu nehmen. Am 21. Juni 1939 beauftragte er den Leiter der Dresdener Gemäldegalerie, Hans Posse, mit den österreichischen Beschlagnahmungen in Linz ein neues Kunstmuseum aufzubauen und die übrigen Werke an die österreichischen Landesmuseen zu verteilen.[9]

Bis Dezember 1942 sammelte Posse insgesamt fast 2000 Werke für das neue Linzer Museum. Dabei griff er auch auf Käufe Hitlers aus der Zeit vor 1939 zurück. Hinzu kamen Beschlagnahmungen aus Österreich und Frankreich sowie Objekte, die er im In- und Ausland erwarb. Nach Posses frühem Tod folgte ihm der Leiter des Wiesbadener Landesmuseums, Hermann Voss, in den Ämtern als »Sonderbeauftragter« und als Leiter der Dresdener Gemäldegalerie nach. Er erweiterte die Sammlung auf über 4700 Gegenstände, zu denen nicht nur Gemälde, sondern auch Skulpturen, Möbel, Wandteppiche und Kunsthandwerk zählten. Hitler entschied im Juli 1942 auf Posses Anregung, zusätzlich eine Münzsammlung für Linz einzurichten. Auch eine besondere Waffensammlung sollte das Museum erhalten.[10] Trotz mehrfacher Versuche gelang es Hitlers Sonderbeauftragtem nicht, auch einen Zugriff auf die über 80 000 Kunstobjekte zu erhalten, die der Reichsminister Alfred Rosenberg mit seinen Einsatzstäben in den westlichen und östlichen Besatzungsgebieten beschlagnahmen ließ. Rosenberg konnte bis zum Ende des Krieges seine alleinige Zuständigkeit für die Verwaltung dieser Bestände verteidigen.[11]

Das Gebäude des neuen Museums sollte ursprünglich wohl Albert Speer entwerfen, von dem jedoch keine Pläne hierfür überliefert sind. Fick war es dann überlassen, zwischen 1939 und 1941 einen ersten Entwurf nach Hitlers Ideen anzufertigen. Er konzipierte einen langgestreckten, zweigeschossigen Bau mit niedrigen, eingeschossigen, vorspringenden Seitenflügeln auf einer Grundfläche von 142 mal 127 Metern. Das so erdachte Haus sollte im Kern zwei Sammlungen beherbergen: Im Vorderhaus sollte das Museum für Altertümer, kunsthandwerkliche Gegenstände und Münzen unter-

gebracht werden. Das hohe Kellergeschoss war für die naturkundliche Ausstellung vorgesehen. In den hinteren Teil des Gebäudes sollte die Galerie mit der Gemäldesammlung einziehen. Beide Gebäudeteile waren durch einen tiefergelegenen Innenhof miteinander verbunden, der über zwei Eingänge an den beiden Seiten verfügte. Die Galerie bildete in ihrer Grundfläche einen Winkel, dessen kurze Seite sich an einer Straße hinter dem Museum entlangstreckte. Der Entwurf folgte im Kern einer alten Idee von Hitler, der bereits 1925 einen sehr ähnlichen Plan für ein Museum gezeichnet hatte.[12]

Der vordere Museumsbau hatte eine stark repräsentative Funktion und verfügte über eine Eingangshalle, die sich, gleich dem Eingangsbereich des Alten Museums in Berlin, über zwei Etagen erstrecken sollte. Die Fassade des Museums gliederte sich in eine überbetonte, zehn Meter hohe Fensterfront, an der sich ein Attikageschoss anschloss. Fick entwarf die Außenfront mit einer Höhe von insgesamt 20 Metern und versah sie mit einer neobarocken Putzfassade. Die Galerie im hinteren Gebäudeteil plante er ebenfalls mit zwei Stockwerken. Giesler übernahm im Kern Ficks Entwurf für das Museum. Er überformte jedoch nach Hitlers Vorgaben vom November 1944 die Fassade des Hauses im neoklassischen Stil mit Natursteinen und bekrönte das Gebäude mit einer Figur der Pallas Athene. Die Freitreppe vor dem Museum sollte zudem von Arno Breker geschaffene Figuren von Zentauren, Amazonen und einer Ariadne erhalten. Hitler begründete diese Umgestaltung mit einer angeblichen »geistigen Verbindung mit der antiken Welt«, die bei einem Galeriegebäude »sinnvoll« sei.[13] Der Fassadenentwurf von Giesler »gefiel dem Führer sehr«, wie dieser noch im Februar 1945 notierte.[14]

Der Architekt hatte inzwischen an dem Objekt so viel Gefallen gefunden, dass er Hitler Ende 1944 vorschlug, das »Vorprojekt« für die Linzer Galerie durchzuplanen, um den Kulturplatz in eine einheitliche Form – auch mit den Bauten an der geplanten Achse – zu bringen. Für Speer wäre dann, wenn er sich noch entschlossen hätte, in das Projekt mit einzusteigen, nur noch die untergeordnete Arbeit der Ausführungsplanung geblieben.[15]

In der Gemäldegalerie waren für die einzelnen Künstler separate Räume vorgesehen, die zudem nach den Ideen des Berliner Museumsleiters Wilhelm von Bode eine stilgerechte Einrichtung zu den einzelnen Kunstepochen aufweisen sollten.[16] Hitler und sein Beauftragter Posse waren lange über die innere Gestaltung der Galerie unterschiedlicher Auffassung. Hitler favorisierte ein Museum, in dem die Malerei des 19. Jahrhunderts, die er über alle Maßen schätzte, einen Schwerpunkt bilden sollte. Kurz bevor er Posse berief, plante er noch, im ersten Stock des Museums nur Kunst des 19. Jahrhunderts zu zeigen.[17] Sein Kurator strebte dagegen eine Sammlung an, die alle wichtigen europäischen Malschulen von der Renaissance bis zum Ende des 19. Jahrhunderts in sich vereinigen sollte. Aus diesem Grunde bemühte er sich um Ankäufe französischer, niederländischer und italienischer Malschulen. Hitler folgte diesem Konzept jedoch nur halbherzig und plante für seine Lieblingskunst des 19. Jahrhunderts zusätzlich noch ein Museum in Berlin.[18] Trotzdem schien Hitler auch in Linz an dem Konzept des Schwerpunktes im 19. Jahrhundert festzuhalten. Im November 1942 verkündete Gauleiter Eigruber noch, dass Hitler in der Stadt eine »Gemäldegalerie, die die Malerei des 19. Jahrhunderts beherberge«, bauen werde.[19] Die für Hitler gesammelten Kunstwerke wurden 1944 in das Bergwerk von Altaussee gebracht, wo sie 1945 amerikanische Soldaten fanden. Bis 1945 hatte der Diktator über 100 Millionen Reichsmark für Ankäufe von Bildern ausgegeben.

Parallel zu den Planungen von Posse und Voss konzipierte der Leiter des Linzer Landesmuseums eine neue Ausrichtung seines Hauses als oberösterreichisches Volkstumsmuseum, das wie das Wiener Naturkundliche Museum auch über eine Tiersammlung und eine anthropologische Abteilung verfügen sollte. Im Sinne dieses Konzeptes richtete Direktor Kerschner das vorhandene Linzer Landesmuseum auf die Ideologie von »Blut und Boden« aus. Bereits im Jahr 1938 gründete er eine neue »Volkskundeabteilung« unter der Leitung von Franz Lipp. Zudem wies Kerschner im September 1939 seine Mitarbeiter an, das Museum regional zu gestalten. Die vorhandene kleine Gemäldesammlung konzentrierte sich nun auf Künstler des Gaues »Oberdonau«. Zugleich profitierte das Museum auch von den Beschlagnahmungen aus jüdischem Kunstbesitz. Es hielt trotz des Krieges den Besucherbetrieb bis Ende Dezember 1944 aufrecht.[20]

Gegenüber dem Museum sollte die neue Bibliothek gebaut werden. Bormann beauftragte im April 1940 Friedrich Wolffhardt mit dem Aufbau der Büchersammlung für das Haus. Hitler ernannte den Mitarbeiter Bormanns im Oktober 1941 offiziell zum Beauftragten für die Bibliothek. Parallel zu den Bemühungen Wolffhardts sammelte auch die Nationalbibliothek in Wien Bücher für die neue Einrichtung. Seit 1938 reservierte sie alle Doppelstücke unter den Werken, die sie als beschlagnahmte Bücher aus jüdischen Wiener Sammlungen erhalten hatte, für die Bibliothek in Linz. Dies geschah auf Hitlers ausdrücklichen Wunsch.[21]

Im Mai 1942 beauftragte Hitler dann den Münchner Architekten Gall mit der Ausführung des Baus. Mit Gall verband ihn eine alte Bekanntschaft, da der als Nachfolger von Troost das Münchner Parteizentrum fertiggestellt und auch in der Berliner Reichskanzlei gearbeitet hatte. Sein Entwurf für Linz sah einen »schönen, ruhigen Bau mit Säulengang« vor, der über mehrere Lesesäle und Räume für wissenschaftliche Vorträge verfügte. Hitler verlangte zudem, in einer großen Innenhalle Skulpturen von Immanuel Kant, Arthur Schopenhauer und Friedrich Nietzsche aufzustellen. Der Bau-

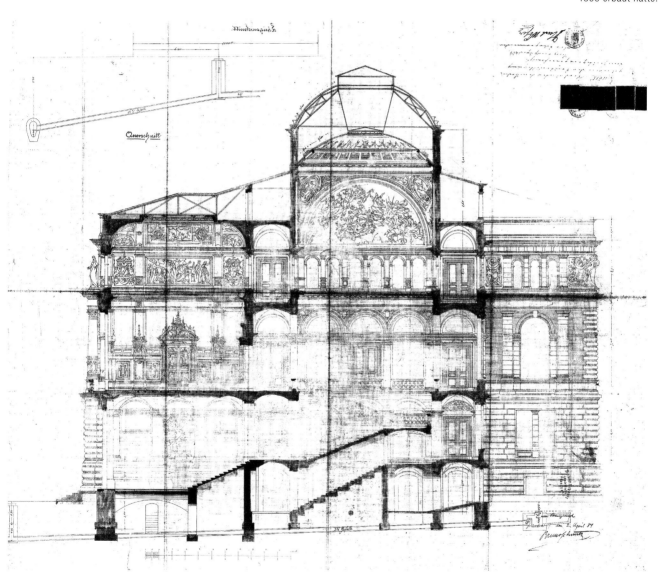

Querschnitt des
von Hitler bewunderten
oberösterreichischen
Landesmuseums,
das Bruno Schmitz
zwischen 1884 und
1895 erbaut hatte.

Plan des Kulturplatzes von Linz, vermutlich eine Handzeichnung eines deutschen Kriegsgefangenen. Deutlich ist am unteren rechten Rand der Zeichnung der winkelförmige Grundriss der Gemäldegalerie zu erkennen, die sich als Anbau an das geplante Museum anschließen sollte.

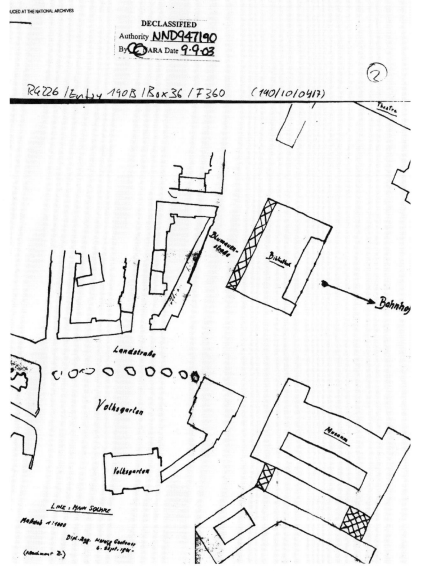

körper maß 120 mal 60 Meter, stand auf einem hohen Unterbau und öffnete sich zum Opernplatz hin in einer großen Freitreppe.[22] Hitler war von den Entwürfen des Architekten so angetan, dass er ihm 1944 ein besonderes Geldgeschenk von 50 000 Reichsmark zukommen ließ.[23]

Schwieriger als die äußere Gestaltung war aber die Frage, welche Art von Bibliothek hier entstehen sollte. Hitler war ein ausgesprochener Büchernarr. Er besaß in Berlin, München und auf dem Obersalzberg private Bibliotheken, die insgesamt vermutlich 16 300 Bände umfassten. In Berchtesgaden war seine Büchersammlung so groß, dass er dafür einen Anbau an den Berghof plante. Hitlers angelesenes Halbwissen stammte aus nächtelanger Lektüre. Mit einer besonderen Technik arbeitete er die Bücher besonders schnell durch und prägte sich deren Hauptaussagen ein, indem er diese laut wiederholte. Die von Zeitzeugen immer wieder beschriebenen stundenlangen Monologe, die er führte, waren oft nichts anderes als das Aufsagen von Fakten, die er kurz zuvor gelesen hatte.[24]

Offen war jedoch, welche Ausrichtung das neue Bücherinstitut haben sollte. Hier gab es zwei Möglichkeiten: Entweder konnte die Sammlung als wissenschaftliches Institut oder als eine »Volksbibliothek« geplant werden. Wolffhardt sprach sich in einem Zwischenbericht vom Juli 1943 dafür aus, auf dieser Grundlage eine »universale repräsentative Landesbibliothek« mit einer Million Büchern aufzubauen, die beiden Anforderungen gerecht werden sollte. Neben einer Jugendabteilung, einem Lautarchiv, einer Blindenbücherei und einer Sachbuchbibliothek sollten hier auch kostbare Drucke und Handschriften zusammengetragen werden und die Bibliothek damit »ein unmittelbarer Bildungsfaktor« sein. Vermutlich wollte Hitler für diese Sammlung auch eigene Handschriften bereitstellen. Er selbst besaß beispielsweise einige wertvolle Autographen von Richard Wagner oder einen sogenannten Verbundbrief aus dem mittelalterlichen Köln.[25]

Das Programm der Bibliothek wurde abgerundet durch eine Kollektion deutscher Klassiker wie Goethe und Schiller sowie durch politische Schriften aus Hit-

lers Werk, »dazu das seiner Getreuen«. Ein Lesesaal sollte schließlich das »Bildungsgut« für die Volksgenossen bereitstellen. 30 Prozent aller Anschaffungen waren für diese Volksbibliothek vorgesehen. Die neue Linzer Bibliothek sollte so nach Hitlers Wunsch eine »Einheitsbibliothek« sein. Der Diktator hatte sich daher, wie Wolffhardt festhielt, dagegen ausgesprochen, die Volksbibliothek aus dem geplanten Haus auszugliedern.[26] Schwerpunkte der Sammlung sollten regionale und »völkische« Themen sein, also Bücher über den Raum Oberösterreich, das Donaugebiet, »Deutschtum« im Ausland, »Deutscher Einfluss im fremdsprachigen Raum der alten Monarchie«, »rassische kulturelle Anthropologie«, Pädagogik und die Künste.[27] Im August 1944 entschied der Diktator, dass die Bibliothek auch noch eine Musikabteilung mit einem »repräsentativen Musikraum« bekommen sollte. Wolffhardt musste dazu sechs Tasteninstrumente als Neubauten und drei weitere als historische Instrumente beschaffen.[28]

Noch bevor die Bibliothek geplant oder gebaut war, bescherte sie der Stadt Linz viel Arbeit: 1941 musste Gauleiter und Reichsstatthalter Eigruber in Berlin eine zusätzliche Stelle für die bereits bestehende Linzer »Studienbibliothek«, der Vorläuferin der heutigen Oberösterreichischen Landesbibliothek, beantragen. Nachdem sich herumgesprochen hatte, dass die Stadt eine neue Büchersammlung erhalten sollte, trafen aus Spenden und beschlagnahmten Bibliotheken so viele neue Bücher in Linz ein, dass sie mit den vorhandenen Kräften nicht mehr bearbeitet und gelagert werden konnten. Zudem musste die Linzer Bibliothek für die in der Stadt anwachsende Industrie wissenschaftliche Literatur und Normblätter bereitstellen und somit eine Aufgabe für die kommende Hochschule erfüllen, die noch über keine eigene Bibliothek verfügte.[29]

Bereits im Jahr 1942 begann eine intensive Zusammenarbeit zwischen den Mitarbeitern Wolffhardts und der Wiener Nationalbibliothek, um die bereits für Linz reservierten beschlagnahmten Bücher zu erfassen. Bis Juli 1943 hatte Wolffhardt schon 5538 Bände beisammen, von denen 355 »von anderer Seite«, also aus Beschlagnahmungen, kamen. Für die übrigen gab er bis zu diesem Zeitpunkt über 87 000 Reichsmark aus. Bis zum Oktober 1944 kostete der Aufbau der Büchersammlung insgesamt gut 540 000 Reichsmark, die von der Reichskanzlei bezahlt wurden.[30] Wolffhardt kaufte dabei umso hemmungsloser, da unter der Kriegswirtschaft Bücher ein seltenes Handelsgut waren und die Gelegenheit zum Ankauf von wertvollem Material »nicht ungenutzt bleiben dürfte«.[31]

Aus Sorge vor den Luftangriffen der Alliierten verlegte die Parteikanzlei ihre Arbeitsstelle im August 1943 an den Grundlsee im Ausseerland. Hier richtete Wolffhardt in der »Villa Castiglione«, die nun »Haus Grundlsee« hieß, ein Büro und ein zentrales Depot für Bücher ein. Im November 1943 wuchs die Sammlung nach seinem Bericht auf 20 000 Bände an. Wolffhardt bekam bis zu diesem Zeitpunkt die in Wien gehorteten Bücher nun nach Grundlsee geliefert. Zwischen Juli 1944 und Januar 1945 sorgte er dafür, dass der größte Teil der gesammelten Bücher in das unterirdische Depot im Salzberg von Altaussee gelangte. Im Februar 1945 brach er diese Tätigkeit allerdings ab, um sich freiwillig zur Front zu melden. Die Leitung der Bibliothek überließ er einer Stellvertreterin. Seine Sammlung fiel bei Kriegsende amerikanischen Truppen in die Hände. Die US Army brachte 1946 ungefähr 40 000 Bände, die für die geplante Bibliothek vorgesehen waren, zunächst in die Stadt Linz. Der größte Teil kam ein Jahr später nach München in den Central Collecting Point, die zentrale Sammelstelle für von den Nationalsozialisten geraubte Kunst. Ungefähr 30 000 bis 50 000 Bücher, die in Grundlsee geblieben waren, brachten die Amerikaner in das Offenbach Archive Center.[32]

Zwischen Museum und Bibliothek sollte, gleichsam als Krönung der Linzer Achse, die neue Oper stehen. Schon im Oktober 1938 beauftragte Hitler den Berliner Architekten Baumgarten mit dem Entwurf des Gebäudes. Hitler sah ihn dafür vor, in Augsburg und Posen die dortigen Theater zu erneuern. Auch in München sollte Baumgarten an der neuen Straßenachse ein Musiktheater errichten. Hitler hatte schon in den 1920er Jahren an eigenen Entwürfen für Opernhäuser gearbeitet. Den Plan für die Linzer Oper, die Baumgarten nun

bauen sollte, hatte er angeblich »persönlich [...] entworfen«. In der Oper sollten 2000 Menschen Platz finden.[33]

Im Juli 1939 legte Baumgarten einen ersten Grundriss vor und vollendete ein Jahr später den Bauplan. Er entwarf ein Haus mit den Abmessungen 120 mal 140 Meter. Das Gebäude verfügte über eine Eingangshalle mit sechs gewaltigen Pfeilern, die in gerader Front das Haus abschlossen. Der Bau stand ganz in der Tradition des Klassizismus Anfang des 19. Jahrhunderts, den Hitler beispielsweise bei Schinkel bewunderte. Vermutlich veränderte Baumgarten auf Wunsch Hitlers später die Fassade. Das Musiktheater erhielt nun eine gewölbte Front mit 18 Meter hohen und 1,80 Meter dicken Säulen, die denen der Berliner Volksbühne ähnelten. Das Haus galt als erstes modernes Theater in Berlin. Hitler legte nun auch in Linz großen Wert auf die gewölbte Fassade, die der Krümmung des Zuschauerraumes im Inneren folgte. Oft besprach er das Projekt mit Baumgarten und zeichnete selbst Details für die Gestaltung der Fassade. Seine Eingriffe waren so stark, dass Goebbels festhielt, dass die Linzer Theaterpläne »in der Hauptsache der Führer« mache, weil das »eine seiner Passionen« sei.[34] Dies war eine zutreffende Beobachtung. Schließlich war Hitler bereits als Heranwachsender dem Linzer Neubauverein für ein Theater beigetreten und konnte nun seine alten Ideen in die Wirklichkeit umsetzen.

Parallel zu den Bauplänen kümmerte sich Hitler auch um den Betrieb in der neuen Oper: So beauftragte er nach eigenen Angaben den Generalmusikdirektor und Intendanten der Münchner Oper, Clemens Krauss, für das neue Haus ein Gesangsensemble aufzubauen. Zudem sollte sich Krauss nach »einem wirklich guten Dirigenten« für die Linzer Oper umsehen.[35]

Hitler beließ es auf dem Gebiet der Musik aber nicht nur bei den Plänen. Schon vor der Errichtung des neuen Opernhauses griff er in das Bühnenleben der Stadt aktiv ein. Zunächst stimmte er nach dem »Anschluss« zu, dass das Linzer Landestheater zwischen 1939 und 1940 umgebaut und erneuert wurde. Diese Arbeiten wurden aufgrund seiner ausdrücklichen Weisung auch nach dem Ausbruch des Zweiten Weltkrieges weitergeführt,

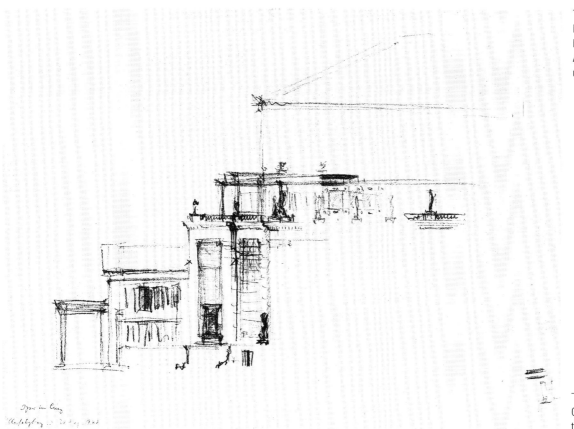

Handzeichnung von
Hitler: die Oper in Linz,
Aufriss, Seitenansicht
und Vorderansicht.

Grundriss des Landes-
theaters Linz.

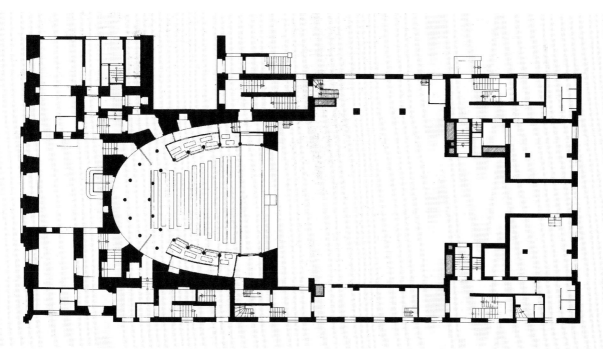

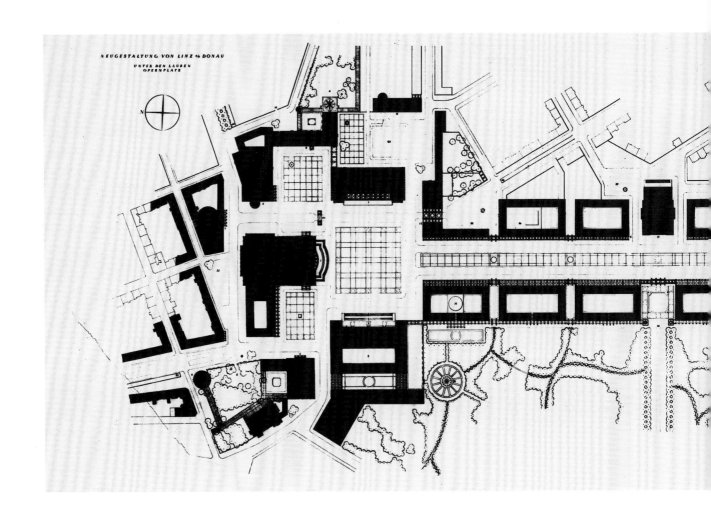

Grundriss des Opern-
platzes und der Straße
»In den Lauben«.
Deutlich ist die über-
arbeitete Form der
Oper nach dem zweiten
Entwurf von Baum-
garten mit einer
gewölbten Fassade
sichtbar. Gegenüber
dem Museum ist die
geplante Bibliothek zu
erkennen.

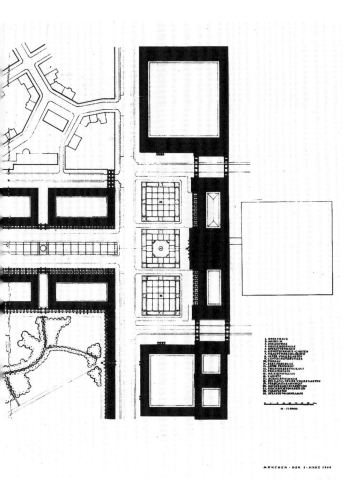

Auch auf das konkrete Geschehen auf der Bühne wirkte der Diktator ein. Sein Ziel war es, das Landestheater in die Reihe »der alten deutschen Kulturbühnen« aufsteigen zu lassen. Es sollte sich mit den namhaften Theatern des Altreiches messen können und eine Konkurrenz zu Wien darstellen.[38] Das Orchester am Landestheater wurde zum 1. April 1940 in ein »Sinfonieorchester« umgewandelt. Es erhielt in den Jahren von 1939 bis 1941 einen Zuschuss des Reiches von insgesamt 60 000 Reichsmark. Dem Schauspieler Franz Schmidt-Renner (1851–1942) gewährte Hitler aus den Mitteln der Reichskanzlei einen steuerfreien »Ehrensold« von 200 Reichsmark. Zusätzlich stiftete er zwischen 1941 und 1943 aus eigenen Mitteln die Ausstattung zu mehreren Aufführungen, u. a. zu den Opern »Tannhäuser« und »Die Meistersinger von Nurnberg« von Richard Wagner. Für die »Meistersinger« zahlte er 1941 beispielsweise mehr als 87 000 Reichsmark.[39] Hitler war auf die Ausstattung des »Tannhäuser«, die der berühmte Bühnenbildner Ludwig Sievert entworfen hatte, so stolz, dass er sie Goebbels in Modellen vorführte.[40] Kostüme, die er so aus eigenen Mitteln seiner Kulturfonds bezahlte, ließ er auch von »Reichsbühnenbildner« Benno von Arent entwerfen. Die Inszenierungen mit »Führerausstattung«, also finanziert von Hitler, hatte zuvor der Intendant des Landestheaters, Ignaz Brantner, dem Gauleiter vorgeschlagen.

Romantische Opern von Wagner waren aber während des Krieges eher die Ausnahme auf dem Spielplan. Intendant Brantner erkannte bald, dass im Krieg populäre Musik einen größeren Propagandawert für das Regime hatte als klassische Werke. Aus diesem Grunde ließ er nach 1939 besonders viele Werke von Johann Strauss oder Franz Lehár, also Operetten, spielen. Dabei konnte er sich des Wohlwollens Hitlers sicher sein, der gerade die Werke von Lehár besonders hochschätze. Lehárs jüdischer Librettist Fritz Löhner-Beda wurde freilich auf den Spielplänen in Linz totgeschwiegen. Nationalsozialisten hatten ihn bereits 1938 verhaftet und in das Konzentrationslager von Dachau gebracht. 1942 wurde er in Auschwitz ermordet.[41] Hitler unterstützte die Linzer Bühne bei leichten Produktionen wie dem

»da in der Kriegszeit der Theaterbesuch besonders notwendig« sei. Er betrachtete diese Bauarbeiten allerdings in Hinsicht auf seine weitreichenden Pläne nur als ein Provisorium, das fünf bis sechs Jahre bestehen sollte. Wesentlicher Bestandteil des Umbaus war eine neue Drehbühne. Das Haus verfügte außerdem über einen zusätzlichen Eingang an der Seite. Dieser bot die Möglichkeit, unbemerkt von der Öffentlichkeit in eine Loge auf der Orchesterseite zu gelangen.[36] Vermutlich konnte er auch Hitler dazu dienen, heimlich die Aufführungen des Hauses verfolgen zu können. Das Theater erhielt zudem direkte Beihilfen, die 1939 genau 400 000 Reichsmark betrugen und sich noch im letzten Kriegsjahr auf 170 000 Reichsmark belaufen sollten.[37]

»Zigeunerbaron« oder dem »Land des Lächelns«. Diese finanzielle Förderung setzte das Landestheater unter Druck, auch dementsprechende Produktionen auf die Beine zu stellen. Intendant Brantner musste daher im September 1941 das Reichspropagandaamt in Linz bitten, bei dem Erwerb von Stoffen zu helfen, nachdem Hitler die Ausstattung für »Das Land des Lächelns« gestiftet hatte. Das Berliner Propagandaministerium und das Wirtschaftsministerium billigten die Wünsche nur sehr widerwillig, da sie zuerst ausgebombte Theater unterstützen wollten. Dem »Führerauftrag« für die Ausstattung in Linz konnten sie sich aber nicht widersetzen.[42] Trotz des hochgestellten Finanziers kam es immer wieder zu Schwierigkeiten, da Dekorationsmaterialien im Krieg nicht leicht zu bekommen waren. Brantner setzte seine Wünsche gegenüber den Herstellern wiederholt durch, indem er androhte, die Reichskanzlei einzuschalten.

Die immensen Geldmittel, die Hitler für das Linzer Theater aufbrachte, schienen bald ihre Wirkung zu zeigen. In einem Rechenschaftsbericht lobte Intendant Brantner, dass die »besondere Gunst des Führers« zu einer »Verfeinerung der künstlerischen Arbeit« führe.[43] Tatsächlich verfügte das Landestheater aber kaum über herausragende Schauspieler und Sänger, mit denen Produktionen möglich waren, die in Konkurrenz mit den Bühnen in Wien hätten treten können. Die künstlerische Arbeit am Linzer Landestheater endete im August 1944. Zu diesem Zeitpunkt ließ Hitler aufgrund der Entwicklung des Krieges sämtliche Theater im Reich schließen.[44]

Neben dem Museum, der Oper und der Bibliothek sollte das Kulturzentrum am Opernplatz auch eine Konzerthalle für Orchesteraufführungen erhalten. Hierfür lag 1944 ein Entwurf von Fick vor, den Giesler vermutlich übernommen hatte. Fick entwarf die Konzerthalle als einen dreistöckigen Bau, in dessen erstem Obergeschoss der eigentliche 34 mal 24 Meter große Konzertsaal lag. Im zweiten Obergeschoss befand sich eine sogenannte Führerloge. Im November 1944 schien sich Hitler jedoch von diesem Konzept zu lösen. Er schlug Giesler vor, sich an einem Entwurf des Theaterarchitekten Max Littmann zu orientieren, den Hitler in einem Architekturbuch gesehen hatte.[45] Vor der Halle sollte ein Denkmal des Komponisten Anton Bruckner stehen, das Hitler 1942 persönlich entworfen hatte.[46] Bruckner war zwischen 1855 und 1868 Domorganist in Linz gewesen und hatte in der oberösterreichischen Region wesentliche Impulse für sein künstlerisches Schaffen erhalten. Hitler wollte das Werk des von ihm verehrten Komponisten – ganz nach dem Vorbild der Bayreuther Wagner-Festspiele – mit alljährlichen Konzertreihen würdigen.[47]

Obwohl Fick und Giesler lange an den Plänen für den Opernplatz gearbeitet hatten, waren bis 1945 noch nicht alle Fragen geklärt. Fick hatte im März 1944 den Standort von Oper und Bibliothek miteinander vertauscht. Das Musiktheater sollte nun wie die Pariser Avenue de l'Opéra den Abschluss der Prachtstraße bilden. Anfang 1945 änderte Giesler jedoch diesen Plan und folgte wieder der alten Idee Ficks, das Museum als Fluchtpunkt der neuen Achse zu setzen. Gleichzeitig blieben aber wichtige Fragen der Verkehrsführung am Opernplatz ungelöst, die dem ganzen Projekt bis 1945 den Charakter des Unfertigen und Provisorischen nicht nehmen konnten.[48]

Die Linzer Achse

Die schnurgerade Straße, die in exakter Nord-Süd-Richtung vom Opernplatz zum neuen Bahnhof führen sollte, war in ihrer wesentlichen Gestalt schon im Raumverteilungsplan 1938 festgelegt worden. Fick legte allerdings erst am 1. März 1944 ein ausgearbeitetes Konzept vor. Es sah insgesamt sechs Baublöcke vor, die auf einer Strecke von 1180 Metern an beiden Seiten der breiten Straße standen. Die Flucht der Bauten unterbrach eine Querachse auf der Hälfte der Strecke zwischen Opernplatz und Bahnhof. Hier befand sich an der östlichen Seite ein niedriger Pavillon, der einen Durchgang zum Volksgarten bot, welcher sich parallel zur Achse auf der östlichen Seite befand und 300 000 Quadratmeter groß sein sollte. Auf der anderen Seite durchbrach der Neubau eines Schauspielhauses die Front der Bebauung. Giesler übernahm im Kern diese Planung, als er im selben Jahr begann, auch die Bauten an der Achse zu gestalten. Allerdings ließ er erst im Februar 1945 genaue Zeichnungen der Blockbauten anfertigen.[49]

Mit 60 Metern Breite übertraf die Achse die Wiener Ringstraße. Ebenso wie diese war sie mit mehreren Baumreihen an den Seiten ausgestattet, die sich zwischen den 18 Meter breiten Fahrbahnen und den zehn Meter breiten Gehwegen erstreckten.[50] Die Baublöcke waren als Ziegelbauten mit fünf Geschossen auf einer Grundfläche von 103 mal 72 Metern konzipiert. Eine mächtige Attika aus Stein bekrönte jeden der insgesamt zwölf Baublöcke. Fick gab den Baublöcken zunächst eine neobarocke Putzfassade. Giesler überarbeitete diese gründlich, ebenso wie schon die Fassade des neuen Museums. Er gestaltete die Gebäude mit einer neoklassizistischen Front aus Naturstein.[51]

Die Gebäude an der Achse sollten im Erdgeschoss Geschäfte, Cafés, Restaurants und Markthallen beherbergen, in den drei oberen Geschossen waren Büros und Wohnungen vorgesehen. Zusätzlich sah die Planung vor, hier auch noch ein Kino und eine Varietébühne einzurichten. Im Erdgeschoss der Baublöcke überbrückten zehn Meter breite Arkadengänge den Bürgersteig. Gleich den Bauten in der Pariser Rue de Rivoli oder der Altstadt von Bern war es so möglich, die Strecke der Achse in überdachten Gängen abzulaufen. Unter diesen Bögen sollten Terrassen als Gastronomiezonen für Cafés und Restaurants möglich sein, die eine Breite von zwei bis drei Metern hatten. Hitler hatte diese Gestaltung nachdrücklich gefordert. Bereits 1942 legte er fest, dass die Achse wegen dieser überdachten Gänge den Namen »Zu den Lauben« oder »In den Lauben« erhalten solle.[52] Der Bauherr forderte dabei von seinen Architekten, die Arkadengänge so zu gestalten, dass hier der »idealste Bummel der Welt« möglich sei.[53]

Das geplante Schauspielhaus auf der Mitte der Strecke zwischen Opernplatz und neuem Bahnhof forderte wiederum Hitler in seiner besonderen Leidenschaft als Gestalter von Bühnenbauten heraus: Im März 1941 legte er fest, für das Schauspiel in Linz ein neues Haus zu bauen. Fick plante dafür zunächst am Opernplatz ein kleines Haus, das als Übergang dienen sollte, bis das größere neue Schauspielhaus an der Linzer Achse fertig war. In den weiteren Planungen tauchte dieses Provisorium dann als »Operettenhaus« auf. Bereits 1939 lagen schon erste Skizzen Hitlers für ein neues Schauspielhaus vor. Auch diesen Bau musste Giesler schließlich übernehmen und setzte ihn auf die Mitte der Linzer Achse. Er verwendete dafür die Entwürfe seines Bauherrn, in denen »vieles nur [...] flüchtiger Gedanke« war. Hitler verlangte einen Bau für fast 1600 Zuschauer.

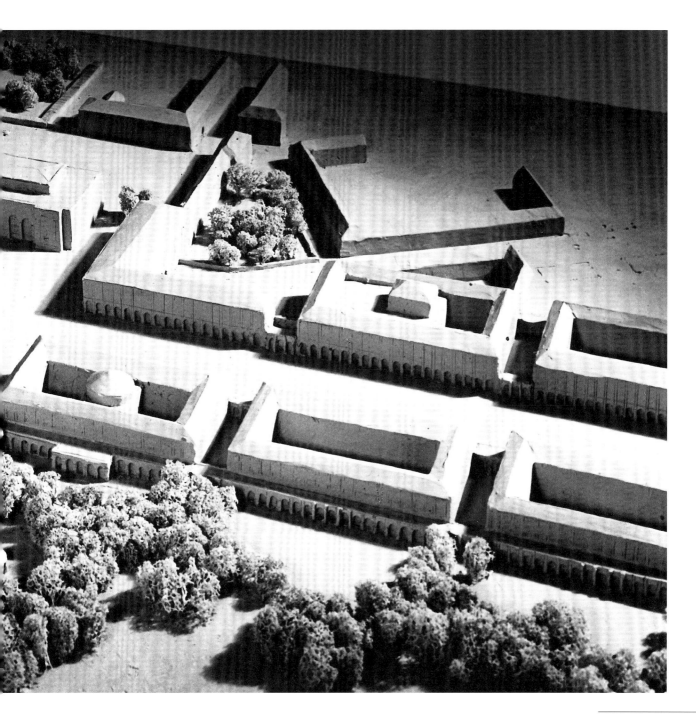

Modell des Kultur-
platzes mit Oper
und sich anschließen-
der Straße »In den
Lauben«.

Zudem forderte er eine für damalige Verhältnisse atemberaubende offene Eingangshalle von 40 Metern Länge und 10 Metern Tiefe, die von einer Kassettendecke aus Stahlbeton überspannt werden sollte. In der Halle waren Porträts von bedeutenden Dramatikern und Schauspielern vorgesehen. Auch im Inneren folgte das Konzept früheren Plänen mit einer luxuriösen Ausstattung der Gesellschaftsräume.[54] Noch bevor das Haus überhaupt gebaut wurde, machte sich Hitler auch schon Gedanken über die künstlerische Arbeit auf der Bühne. Rudolf Bockelmann war sein Wunschkandidat für den Intendantenposten. Er war ein bekannter Wagnersänger und hatte zugleich die Funktion eines Obmanns in der Reichstheaterkammer.[55]

Während Schauspielhaus und Opernplatz für Institutionen standen, welche die bürgerliche Hochkultur in sich vereinten, hatten die übrigen Einrichtungen der Linzer Achse eher die Funktion, der Zerstreuung und dem Amüsement zu dienen. Gleichzeitig beauftragte Hitler im April 1941 seinen Propagandaminister Goebbels damit, in Linz Filmateliers einzurichten. Der Minister bot sich an, nach »besten Kräften [zu] helfen, Linz kulturell auszubauen«. Er stimmte Hitler zu: Linz sollte Wien damit »etwas Konkurrenz machen«.[56] Der Propagandaminister machte sich an die Arbeit. Noch im selben Monat plante er in Linz für die Ateliers neue Bauten und hoffte auf ein »riesiges« Gelände für Außenaufnahmen. Einen Monat später musste er jedoch resignierend feststellen: »Linz kostet uns viel Geld.«[57] Doch der Diktator ermahnte seinen Minister im November 1941, die Filmstudios in Linz nicht an Wiener Produktionsstätten anzubinden, sondern in seiner Jugendstadt selbständige Tochtergesellschaften der UFA zu gründen.[58]

Westlich der neuen Prachtstraße sollte das alte Reichsbahngelände zu einem Park umgestaltet werden. Die Pläne von Giesler sahen vor, dass diese Grünanlagen bis zu den Hängen des Froschbergs reichen. Als Abschluss sollte auf den Höhen der Sophiengutstraße eine Orangerie angelegt werden, die das Gelände gleich der Gloriette im Park von Schloss Schönbrunn nach Westen abschloss.[59]

Als Abschluss der »Lauben«-Achse war der monumentale Neubau eines Bahnhofs vorgesehen. Dieser sollte ein reiner Personenbahnhof sein und eine Breite von insgesamt 150 Metern haben. Über die Linzer Station sollte auch die sogenannte Breitspurbahn laufen. Im Gegensatz zur Standardbreite der europäischen Eisenbahnen von 1435 Millimetern sollte dieses neue Verkehrsmittel eine Spurbreite von drei Metern haben und mit doppelstöckigen Fahrzeugen die riesigen Distanzen zwischen dem Reich und den zu erobernden Gebieten im Osten überbrücken. Als Fahrgeschwindigkeit waren 200 km/h vorgesehen. Auf dem Höhepunkt des deutschen Vormarsches in Russland beauftragte Hitler am 17. Oktober 1941 Rüstungsminister Todt, Pläne für eine solche transkontinentale Eisenbahn auszuarbeiten. Die Reichsbahn legte daraufhin im November 1942 eine umfassende Denkschrift mit allen technischen Parametern vor. Einen Monat zuvor hatte Hitler bei der Reichsbahn auch einen Entwurf für den neuen Bahnhof in Linz in Auftrag gegeben. Er verlangte für den neuen Bahnhof eine Anlage von 16 Gleisen mit den entsprechenden Bahnsteigen. Zudem sollte das Gebäude demonstrieren, dass es der Technik diene und kein »Mausoleum« sei.[60] Der Verkehr, der von Süden in die »Lauben« floss, sollte unter dem Bahnhof durchgeleitet werden.

Hitler hatte diese Verkehrsführung bereits im Mai 1939 bei einer ersten Besprechung mit der Reichsbahn gefordert. Für die innere Gestaltung der Station verlangte er auch schon damals u. a. einen Wartesaal ohne Bewirtschaftung und einen »Frauenraum«.[61] Die Reichsbahn legte daraufhin für den Bahnhof einen überarbeiteten Entwurf vor. Sie konzipierte eine dreiflügelige Anlage, die wie ein Spiegelbild die Form des von Fick geplanten Museums mit langen Fenstern und runden Lichteingängen in einem Attikageschoss aufgriff. Hitler lehnte diesen Plan ab. Er erschien ihm als zu wenig repräsentativ. Er sah sich schließlich veranlasst, Giesler auch noch mit dieser Aufgabe zu betrauen. Der Münchner Architekt griff dabei zunächst die Idee Ficks auf, am Ende der Straße »In den Lauben« ein zum Zentrum des Kulturplatzes spiegelbildliches Gebäude zu schaffen, das die Fassade des geplanten Opernhauses aufgriff. Da

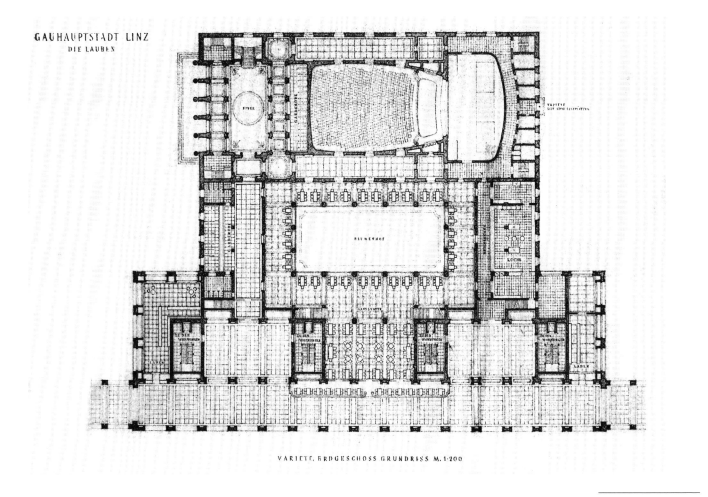

GAUHAUPTSTADT LINZ
DIE LAUBEN

VARIETE, ERDGESCHOSS GRUNDRISS M. 1:200

Grundriss des
geplanten Varietés,
1944.

Giesler Ende 1944 aber wieder einen quadratischen Museumsbau als Abschluss des Opernplatzes entwarf, musste er auch das Konzept für den Bahnhof entsprechend noch einmal überarbeiten.[62.]

Nach außen hin war dieser neue Bahnhof äußerst konventionell gestaltet. Giesler hatte im Frühjahr 1945 die Pläne hierzu noch nicht ganz abgeschlossen. Es wurde aus seinen Arbeiten aber deutlich, dass er einen repräsentativen, zentralen, erhöhten Eingangsbereich plante, an den sich links und rechts niedrigere zweigeschossige Flügel anschlossen. Als Überdachung der umfangreichen Gleisanlagen war eine 36 Meter hohe Halle aus Stahl und Glas vorgesehen. Die Bahnanlagen sollten sechs Meter über dem Straßenniveau liegen.[63] Gegenüber dem Bahnhof stellte der Architekt an den Vorplatz, gleichsam als Abschluss der Blöcke an den »Lauben«, weitere repräsentative Bauten, die für die Oberpostdirektion und die Verwaltung der Reichsbahn vorgesehen waren.[64] Die Gestaltung des Bahnhofs reichte aber von der reinen architektonischen Aufgabe weit in den Bereich der Verkehrsplanung und Infrastruktur der Stadt hinein.

AUF DEM WEG ZUR GROSSSTADT

Die Reichswerke »Hermann Göring«

Wenige Wochen nach dem »Anschluss« Österreichs reiste Hermann Göring Ende März 1938 in seiner Funktion als »Beauftragter für den Vierjahresplan« in die Alpenregion, um die wirtschaftliche Einverleibung des Landes in die Wege zu leiten. Bei einer Fahrt auf der Donau, in Begleitung der Spitzen der deutschen Industrie, wurde vereinbart, dass die österreichische Alpine Montan AG und die Lagerstätten von Eisenerz in der Steiermark dem reichseigenen Stahlkonzern Reichswerke AG zugeschlagen werden sollten. Diese Reichswerke bestanden seit 1937 unter dem vollständigen Namen »Reichswerke Aktiengesellschaft für Erzbergbau und Eisenhütten ›Hermann Göring‹«. Ihr Ziel war es, das Deutsche Reich von den schwedischen Erzeinfuhren durch die Ausbeutung heimischer Lagerstätten unabhängiger zu machen. Die Nationalsozialisten wollten so eine eigene Rohstoffbasis schaffen, damit die deutsche Rüstung weniger auf Einfuhren aus dem Ausland angewiesen war.[1]

Am 28. April 1938 entschied Hitler, dass ein neues Stahl- und Hüttenwerk im Linzer Stadtteil St. Peter errichtet werden sollte. Er setzte sich dabei über ein Votum des Stadtrates hinweg, der aus Gründen des Umweltschutzes und der Stadtplanung einen weiter entfernten Standort bevorzugte. Durch diese Entscheidung litt die Stadt Linz in der folgenden Zeit nachhaltig unter den Abgasen des Werkes und der Verschwendung von wichtigen Flächen an der Donau. Hitler setzte diesen Standort jedoch durch, da er das Werk als wirtschaftliches »Rückgrat« der Stadt ansah, das Geld in die Gemeinde spülen sollte. Die Errichtung der Hütte in Linz war für Hitler nur der erste Schritt von vielen, um die Stadt voranzubringen. Der gesamten Planung lag ein umfangreiches Gutachten zugrunde.[2]

Die Entscheidung, in Linz ein Hüttenwerk zu errichten, ergab sich aus den Bodenschätzen des Umlandes und dem Willen der nationalsozialistischen Führung, für die Aufrüstung eine nahegelegene Produktionsanlage aufzubauen und die Erze der nahegelegenen Steiermark zu verarbeiten. Die Organisation des Aufbaus wurde den »Reichswerken« in Berlin übertragen. Diese gründeten am 4. Mai 1938 in Linz die Tochtergesellschaft »Reichswerke AG für Erzbergbau und Eisenhütten ›Hermann Göring‹ Linz«, die das neue Werk bauen und betreiben sollte. Wenig später, am 13. Mai, wurde der Baubeginn der Linzer Hütte in Anwesenheit von Göring gefeiert.[3]

In den folgenden Jahren benutzte der Konzern das Werk in Linz als Basis, um es als Kernpunkt für einen ganzen Rüstungskomplex auszubauen. So leiteten die Reichswerke 1939 einen komplizierten Fusionsprozess ein, um den Konzern mit der österreichischen Alpine Montan AG zu verbinden, woraus die »Reichswerke AG Alpine Montan AG ›Hermann Göring‹« hervorging. So kam das Deutsche Reich zu den steirischen Erzlagern, die sich zuvor mehrheitlich im Besitz der Düsseldorfer »Vereinigten Stahlwerke« befunden hatten. Auf Hitlers direkten Befehl sollte die Zentrale des neuen Konzerns von Wien nach Linz verlegt werden. Aus diesem Grunde musste Giesler einen neuen Sitz des Unternehmens am Ufer der Donau entwerfen.[4]

Der Konzern gründete selbst weitere Tochtergesellschaften. Dazu gehörten neben einer Kokerei auch die »Eisenwerke Oberdonau GmbH« in Linz, in denen Bleche und Baugruppen für Panzer gefertigt wurden. Ein Stickstoffwerk sollte darüber hinaus aus den überschüssigen Koksgasen der Linzer Hütte Dünger und Schießpulver herstellen. Das entsprechende Unternehmen, die »Ostmärkischen Stickstoffwerke«, gründeten die Reichswerke zusammen mit der IG Farben im Juli 1939. Nach drei Jahren Bauzeit im Jahr 1942 startete dort die Produktion von Gas und Ammoniak.[5] Zudem gründeten die Reichswerke die »Schiffswerft Linz AG«, in der U-Boote zusammengebaut wurden, sowie die »Stahlbau Linz GmbH«. Daneben gab es weitere Eisen verarbeitende Betriebe in Österreich, an denen die Reichswerke beteiligt waren. Dem Hüttenwerk in Linz fiel die Aufgabe zu, Roheisen aus den steirischen Erzen herzustellen, das in den übrigen Betrieben weiter verarbeitet wurde. In der nächsten Nachbarschaft, in St. Va-

Ab 1943 eines
der größten deutschen
Panzerwerke:
Die »Eisenwerke
Oberdonau«.

Fundamentaushub für den Hochofen I der »Reichswerke Oberdonau«. Die Ortschaft St. Peter im Hintergrund fiel dem Hüttenwerk zum Opfer, August 1938.

Aufbau des Hochofenwerks, im Hintergrund der Hafen, Dezember 1938.

lentin, befanden sich zudem die »Nibelungen-Werke« der Steyr-Daimler-Puch AG, wo vor allem Panzer montiert wurden. Die Reichswerke und die Nibelungen-Werke bildeten neben dem Ruhrgebiet das größte Rüstungszentrum des Reiches, in dem schwere und schwerste Panzer wie »Panther«, »Tiger« und »Elefant« gebaut wurden.[6] Hitler nahm das Werk im Juni 1942 und im April 1943 selbst in Augenschein und ließ sich die Fließbandproduktion von Panzern in den 120 Meter langen Produktionshallen vorführen.[7]

In Linz mussten die notwendigen Anlagen aber erst aus dem Boden gestampft werden, bis es zu dieser Serienfertigung von Panzern kommen konnte. Nach einer Auflistung vom Juni 1939 veranschlagte das Reichsfinanzministerium Kosten in Höhe von über 456 Millionen Reichsmark, die der Aufbau der Hütte mit Kokerei, Hochofenwerk und Stahlwerk kosten würde. Ein Dreivierteljahr später stieg die Summe mit den Aufwendungen für Unterkünfte und Erschließung für den Verkehr auf über 755 Millionen Reichsmark an.[8] Um das Werk aufzubauen, erwarben die Reichswerke insgesamt 735 Hektar Land in den Linzer Ortschaften St. Peter und Zizlau. Der größte Teil davon wurde der Stadt Linz zu dem für die Hütte sehr ungünstigen Preis von einer Reichsmark pro Quadratmeter abgekauft. Die meisten dieser Ankäufe wickelte die Reichsstelle für Landbeschaffung ab, die eigentlich gegründet worden war, um Land für Truppenübungsplätze der Wehrmacht zu beschaffen. Sie beauftragte einen Gutachter, der den Verkehrswert der Grundstücke und Bauten schätzte.[9]

Dies war aus Sicht der Reichswerke immer noch ein Entgegenkommen. Seit 1938 verfügte der Industriebetrieb auch über die Möglichkeit, Land für seine Zwecke entschädigungslos zu enteignen. Hitler hatte jedoch ausdrücklich darauf bestanden, Bauern, die umgesiedelt werden mussten, »wohlwollend zu behandeln«. In St. Peter mussten 400 Familien ihre Häuser für das neue Werk aufgeben. Die insgesamt circa 4500 Menschen wurden teilweise nur 48 Stunden vor der Räumung darüber in Kenntnis gesetzt. Für viele von ihnen bedeutete dies die Obdachlosigkeit, denn es gab oft

noch nicht einmal Notunterkünfte. Die Reichswerke strengten insgesamt 106 Enteignungsverfahren an, um in den Besitz der nötigen Flächen zu gelangen.[10]

Der Aufbau der eigentlichen Hütte erfolgte zunächst zügig. Bis zum Ausbruch des Krieges plante das englische Ingenieurbüro Brassert, welches zuvor auch das Hüttenwerk in Salzgitter konzipiert hatte, das Werk. Aufgrund des Krieges verlangsamte sich das Tempo des Aufbaus. Das Werk erhielt in der Rüstungswirtschaft lange nur eine sehr niedrige Dringlichkeitsstufe und wurde daher nur sehr schleppend mit Material versorgt. Am 15. Oktober 1941 konnte der erste Hochofen abgestochen werden. Weitere Öfen folgten in den Jahren 1942 und 1943. Die Linzer Hütte erreichte im selben Jahr mit der Produktion von insgesamt 537 170 Tonnen Eisen ihren Höhepunkt. Sie verfügte zu diesem Zeitpunkt über sechs von insgesamt zwölf geplanten Schmelzanlagen. Von diesen wurden jedoch nur vier betrieben, da oft Koks zur Verhüttung fehlte. Im Jahr 1942 waren 5500 Arbeiter in dem Werk beschäftigt. Der Betrieb war allerdings immer sehr kostspielig, da die teure Kokskohle für die Verhüttung des Erzes aus dem »Altreich« nach Linz gebracht werden musste.[11]

Trotz hoher Summen, die das Reich investierte, war der Betrieb der Hütte in Linz kein gewinnbringendes Geschäft. Ein interner Untersuchungsbericht für die Reichskanzlei aus dem Februar 1942 zeigte deutliche Schwachstellen im Management: So wurde gemeldet, dass infolge »technischer Verfehlungen« bei den Hochöfen über viele Monate nicht die volle Auslastung des Werkes erreicht wurde. Misswirtschaft gab es auch im Lohnbüro. Besonders dramatisch war jedoch die Lage bei der Lebensmittelversorgung: Die Versorgungsbetriebe der Hütte wiesen einen Fehlbetrag von einer Million Reichsmark aus. Lebensmittelkarten wurden unterschlagen, gleichzeitig verdarben 250 000 Kilogramm Kartoffeln durch falsche Lagerung. Verantwortlich dafür war der ehemalige Linzer Bürgermeister Wolkerstorfer, der zwar nur bis Ende 1939 für die Stadt tätig gewesen war, dem nun aber die Verwaltung von Lebensmitteln oblag. Außerdem war ein leitender Beamter der Versorgungswerke bereits mehrfach vorbestraft.[12]

Die unhaltbaren Zustände waren schon länger bekannt. Berichte darüber gingen auch an Paul Pleiger, den Vorstandsvorsitzenden der Reichswerke, bei dem sie jedoch keine Beachtung fanden. Die Reichskanzlei aber handelte: In Zusammenarbeit mit der Gauleitung »Oberdonau« wurde ein Direktor der Reichswerke zum 1. April 1942 abgelöst und ein Bruder von Hans Kehrl, dem Abteilungsleiter für Industrie im Reichswirtschaftsministerium, zum Nachfolger berufen. Wolkerstorfer blieb aber als Prokurist des Unternehmens im Amt.[13]

Die hohen Kosten, die mit dem Aufbau und Betrieb der Hütte in Linz verbunden waren, ließen Direktor Pleiger schon früh nach Strategien suchen, um die wirtschaftlichen Erträge des Kombinats zu steigern. Aus diesem Grunde schlug er am 22. Juli 1942 dem Chef der SS, Heinrich Himmler, vor, ein gemeinsames Unternehmen zu gründen. Die Geschäftsidee bestand darin, Häftlinge der SS Schlackeabfälle der Linzer Hütte in Formsteine gießen zu lassen. In ersten Verhandlungen bot Pleiger der SS an, dass die Reichswerke die Vermarktung der so gewonnenen Steine übernehmen würden. Die SS sollte sich mit einem Gründungskapital von 100 000 Reichsmark an einer für dieses Geschäft zu gründenden Gesellschaft beteiligen. Die Reichswerke boten dafür eine Verzinsung von jährlich 6 Prozent.[14]

Himmler war nicht einverstanden. Die SS wollte den Reichswerken die Vermarktung der Schlackesteine nicht allein überlassen. Der Reichsführer forderte daher von Pleiger, dass für alle Unternehmen zwischen der SS und den Reichswerken »fifty-fifty das heilige Grundgesetz« sei. Auf dieser Basis kamen beide Seiten im Oktober 1942 zu einem Vertragsentwurf. Pleiger verwarf aber kurzfristig die Vereinbarung. Vermutlich befürchtete er, eine zu enge Verbindung mit der SS einzugehen. Diese sah in dem geplanten Vertrag denn auch einen ersten Schritt auf dem Weg zu einer direkten Beteiligung in der deutschen Industrie. Pleiger setzte schließlich durch, dass die »Hochofenschlackewerke Linz« als eine Tochter der Reichswerke ohne die direkte Beteiligung der SS gegründet wurden. Mit der »Stein und Erden GmbH« kam lediglich Anfang November 1942 ein Vertrag zustande. Die Linzer Hütte beschränkte sich darauf, alle Anlagen (Arbeitslager und Formungseinrichtung) zu bauen und das Arbeitsmaterial zu liefern. Die SS verpflichtete sich dagegen, die Unterkünfte zu pachten, Arbeitskräfte, also Häftlinge, zur Verfügung zu stellen und die Schlackesteine zu vertreiben. Für den Einsatz von Häftlingen sollte die SS Geld erhalten. Nachdem sich beide Seiten darauf geeinigt hatten, brachte die SS Gefangene aus dem nahegelegenen Konzentrationslager Mauthausen nach Linz. Am ersten Juli 1943 begann der Betrieb im Hochofenschlackewerk.[15]

Im Zeitraum von Juli 1944 bis März 1945 erfolgten insgesamt 16 Luftangriffe auf das Werk. Trotz der damit einhergehenden Zerstörungen konnte die Hütte den Betrieb lange aufrechterhalten. Bis zum April 1945 arbeiteten noch drei der vier aktiven Hochöfen. Die Stahlerzeugung bestand so bis zum Einmarsch der US-Truppen weiter.[16]

Die Nutzung von Abfallstoffen der Hütte war aber nur eine von vielen anderen Folgen, die sich aus dem Betrieb der Reichswerke in Linz ergaben. Pleiger konnte in diesem Bereich relativ schnell mit der SS eine Einigung finden. Sehr viel schwieriger gestaltete sich jedoch die Bewältigung von Problemen, die mit der Anbindung des Werkes an die Verkehrsadern der Stadt zusammenhingen. Hier war die Stadtplanung gefordert, Lösungen zu unterbreiten.

Die Wege in die Stadt

Mit dem Ausbau der Stadt Linz zum Industriestandort war auch eng die Frage verbunden, welchen Hafen die Gemeinde bekommen sollte. Durch den Ausbau des Donauufers fielen die alten hier noch vorhandenen Kaianlagen weg. Es ergab sich so die Notwendigkeit, Ersatz zu schaffen. Erste Überlegungen, einen neuen Hafen zu bauen, gab es schon im Juni 1938, und im Herbst desselben Jahres begannen die ersten Arbeiten.[17]

Auch hier war Hitler der maßgebliche Entscheider: Anfang 1939 gab er den Befehl, »innerhalb kürzester

Aushubarbeiten beim
Bau des Linzer Hafens,
1938.

Zeit« die alten Hafenanlagen zu beseitigen, um Platz für die Neubauten zu schaffen.[18] Der bereits vorhandene kleine »Winterhafen« der Stadt war zu diesem Zeitpunkt jedoch von der Kriegsmarine beschlagnahmt worden, die hier ihre Donauflottille stationiert hatte. Diese bestand aus insgesamt 200 Schiffen mit rund 8000 Mann Besatzung. So wurde verfügt, einen neuen Hafen im Osten der Stadt zu bauen. Ausführende Organe waren das Strombauamt Wien und die Reichsbahn. Im Oktober 1939 begannen die Arbeiten. Bauarbeiter baggerten drei neue Becken für den »Handelshafen« aus, die 90 Meter breit und zwischen 430 und 600 Meter lang waren. Hitler griff auch in diese Arbeiten ein. Er beauftragte das zuständige Ministerium für Landwirtschaft und Ernährung, im neuen Hafen Getreidespeicher zu bauen. Diese sollten über ein Volumen von 80 000 Tonnen verfügen. Kurz nach Beginn des Zweiten Weltkrieges legte Hitler zusätzlich fest, dass die Stadt einen »Großhafen« erhalten solle, um den nach dem Krieg zu erwartenden Güterverkehr meistern zu können. Das Projekt wurde als »kriegswichtig« eingeordnet.[19]

Die Idee eines solchen Großhafens war die natürliche Folge, betrachtet man Hitlers hochfahrende Pläne für den Großraum Linz. Der Ausbau der Stadt zum Industriestandort stand im Zusammenhang mit den Plänen, einen Main-Donau-Kanal zu bauen und so die Stadt an eine zentrale europäische Wasserstraße anzubinden. Zudem sollte die Stadt an überregionale Landverbindungen angeschlossen sein: Die Ost-West-Handelsroute zwischen Wien und Paris und die Linie zwischen der Nordsee und der Adria sollten sich hier treffen. Im Jahr 1940 war das alles jedoch lediglich eine Vision. Ein Bericht der Linzer Wirtschaftskammer vom November 1940 wies deutlich auf die gegenwärtigen Schwächen hin: Die Stadt Regensburg übte zu diesem Zeitpunkt für den Ost-West-Verkehr die Funktion als »Tor zum Balkan« aus. Hier wurden besonders viele Güter aus den sächsisch-thüringischen Industriegebieten auf die Schiffe gebracht. Der Handelsverkehr aus Böhmen und Mähren ging nach Wien. Für Linz gab es zu diesem Zeitpunkt daher nur geringe Frachtraten.

Zudem war die Stadt bei den Frachttarifen benachteiligt. Sie galt als »ostmärkischer« Hafen, obwohl sie weit im Westen von Österreich lag. Für Güter aus dem nahegelegenen »Altreich« war der Linzer Hafen damit teurer als die deutschen Häfen.[20]

Es gab noch einen kriegswichtigen Grund dafür, den Hafen in Linz auszubauen. So führte die »starke Erhöhung der Ölbezüge aus Rumänien« dazu, dass vermehrt Tankschiffe die Stadt anfuhren. Aufgrund des Krieges trat nun das Balkanland an die Stelle von überseeischen Öllieferanten. Das Reichsverkehrsministerium sah daher Ende 1940 die Notwendigkeit, den Hafen für Tankschiffe zu doppelter Größe auszubauen. Aus strategischen Gründen konnte hier eine »weitere Hinauszögerung des Baus nicht hingenommen werden«. Daher entschloss sich das Ministerium zusammen mit dem Finanzministerium, schnell Gelder zu bewilligen.[21]

Im Dezember 1941 bekräftigte Hitler noch einmal seinen Plan, schnell einen neuen Hafen für die Stadt zu bauen. Gauleiter August Eigruber und Oberbürgermeister Sturma legten daraufhin Anfang 1942 einen Plan für ein gigantisches Industriegelände östlich von Linz zwischen den Flüssen Traun und Enns vor. Dieser Plan sah auch einen Hafen mit insgesamt 6 Becken vor. Hitler verwarf diese Idee jedoch im Mai 1942. Er legte für den »Industriehafen« nur drei Becken fest. Zudem sollte das hügelige Gelände von St. Florian, das in dem geplanten Industriegebiet lag, nicht bebaut werden. Hitler wollte hier vermutlich die historische Anlage des Stiftes nicht beeinträchtigen. Im August 1943 entschied er zudem, dass die Kosten für den neuen Hafen vom Reich übernommen würden.[22] Von den von ihm geforderten drei Becken für den Industriehafen waren zu diesem Zeitpunkt nur zwei fertiggestellt. Ein weiteres war nur provisorisch ausgebaggert worden. Bis zum Ende des Krieges änderte sich an diesem Zustand nichts mehr.[23]

An den Projekten des Hafens und des Hüttenwerkes war auch die Reichsbahn beteiligt, da sie für den Güterverkehr zuständig war und beide Stellen an das übrige Netz der Eisenbahn anbinden musste. Darüber hinaus hatte sie die Aufgabe zu bewältigen, Betriebsanlagen zu verlegen, die der Neugestaltung der Stadt im Wege standen. Neben all diesen Tätigkeiten musste auch noch der Verkehr mit Gütern und Personen von und nach Linz gewährleistet werden. Die Verlegung von Anlagen betraf den bisherigen Hauptbahnhof, der erst 1936 erbaut worden war. Dieser sollte nur mit seinen Gleisen drei Kilometer weiter südlich angesiedelt werden. Die Planungen sahen vor, die Bahnstrecke nach Wien von hier aus weiter an ihrer ursprünglichen, der alten Stelle zu belassen. Das hatte zur Folge, dass die Trasse vom neuen Bahnhof aus in einer sehr scharfen Rechtskurve auf die alte Strecke mit der Brücke über die Traun führen sollte. Wichtiger als die Verlegung des Personenbahnhofs war für den Eisenbahnverkehr aber die Frage, wo das neue Betriebswerk stehen sollte, in dem Lokomotiven und Waggons gewartet wurden. Schon 1939 zeigte sich, dass die bestehenden Anlagen für den gegenwärtigen Verkehr zu klein waren. In einem Vermerk schlug das Reichsverkehrsministerium im April 1939 vor, zwei neue Betriebswerke einzurichten, die für den Personen- und Güterverkehr getrennt arbeiteten. Diese Pläne wurden aber ein halbes Jahr später wieder fallengelassen, und nun wurde ein gemeinsames Betriebswerk für beide Verkehrsarten entworfen.[24]

Im März 1940 lagen die endgültigen Pläne für das neue Betriebswerk vor. Dieses war östlich des alten, noch bestehenden Verschiebebahnhofs und westlich der Donau vorgesehen. Ein neuer Verschiebebahnhof sollte ebenfalls östlich des bestehenden Umsatzwerkes für Waggons errichtet werden.[25] Der Krieg ließ die Planer im Reichsverkehrsministerium jedoch daran zweifeln, ob sie dieses Vorhaben auch weiter würden ausführen können. Im April 1940 informierte Fick die Reichsbahndirektion Linz über den Willen Hitlers, dass auch während des Krieges die Planungen der Neugestaltungsmaßnahmen besonders gefördert werden sollten. Weitere Erkundigungen des Ministeriums bekräftigten diese Aussage: Die Planungsarbeiten für Linz waren mit »den zur Verfügung stehenden Kräften« fortzusetzen. So liefen im November 1940 die Erdarbeiten an einem neuen Verschiebebahnhof auf Hochtouren. Das Planfeststellungsverfahren für die Anlage wurde eingeleitet. Ebenso

hatten bereits die Arbeiten an dem neuen Bahnhof für den Güterumschlag im Hafen begonnen. Der erste Bauabschnitt sollte 20 Millionen Reichsmark kosten.[26]

Als es jedoch darum ging, die Pläne für ein neues Betriebswerk umzusetzen, fand der Wille zum Ausbau schnell seine Grenzen: Die Erde, die für das Gleisbett der neuen Anlagen benötigt wurde, konnte noch günstig aus dem Aushub vom Ausbau der Hafenbecken beschafft werden. Schwieriger sah es allerdings mit dem Eisen aus. Das Metall stand aufgrund des Krieges nur begrenzt zur Verfügung. In Linz war der Reichsbaurat für den Einsatz von Eisenbaustoffen zuständig. Hier war es wieder Fick, der sich der Reichsbahn mit verwaltungstechnischen Einsprüchen in den Weg stellte: Im März 1941 informierte er das Reichsverkehrsministerium, dass das von ihm verwaltete Kontingent von Eisen gemäß »Führererlass« nur für »Notmaßnahmen« zur Verfügung stand. Es sollte für den Wohnungsbau in der Stadt dienen. Fick wollte das Eisen für seine Bauten behalten. Das Reichsverkehrsministerium versuchte als Nächstes, auf die Wichtigkeit des Betriebswerkes gerade für den Güterverkehr beim Wohnungsbau, also für Ficks eigene Baustellen, hinzuweisen. Dies war jedoch vergeblich. Fick blieb stur und wollte kein Eisen abgeben.[27] Die Reichsbahn schaltete daraufhin Todt ein. Dieser bewilligte den Ausbau des Verschiebebahnhofs, der auch wegen der Produktion in den Reichswerken immer wichtiger wurde. Nun konnte sich Fick nicht länger verweigern. Er beantragte im August 1941 schließlich die benötigten Kontingente für die Reichsbahn, die der Rüstungsminister dann auch gewährte.[28]

Im April 1942 kam es jedoch zu einer Pause beim Ausbau der Bahnanlagen. In dieser Zeit ruhten auf Speers Betreiben die meisten Bauten in Linz. Davon waren auch die Bahnanlagen betroffen. Die Direktion der Reichsbahn setzte sich daraufhin bei der Linzer Gauleitung erfolgreich dafür ein, eine Sondergenehmigung zu erhalten, um das Betriebswerk in verkleinerter Form weiterbauen zu können. Bei einer Besprechung im Juni 1942 teilte das Reichsverkehrsministerium der Reichsbahndirektion Linz schließlich mit, dass auch das Bauvorhaben des neuen Verschiebebahnhofs in

Wohnungsbau auf dem
Spallerhof, 1942.

Linz zu den »Führerbauten« gehörte. Das bestehende Umsetzwerk für Waggons wäre schon überlastet, wenn die Reichswerke den vierten Hochofen in Betrieb nähmen. Es wurde daraufhin vereinbart, das neue Betriebswerk und den neuen Verschiebebahnhof bis Ende 1943 zu errichten. Dafür sollten 1000 Arbeiter zum Einsatz kommen. Unbeantwortet war die Frage, wie das Material zu beschaffen sei.[29]

In der zweiten Hälfte des Jahres 1942 wurden die vollkommen zum Erliegen gekommenen Baustellen an den Linzer Bahnanlagen reaktiviert. Anfang 1943 waren schon wieder 220 Arbeiter am Werk. Zusätzlicher Druck entstand für die Reichsbahn durch die Entscheidung des Rüstungsministeriums, in der Hütte in Linz ein weiteres Waffenprogramm aufzulegen, was zwangsläufig zu einem größeren Verkehrsaufkommen an Gütern führte. Die Reichsbahn ließ daher wieder fieberhaft an den Gleisen arbeiten. Am 12. Januar 1943 war endlich der neue Verschiebebahnhof fertig. Anschließend widmete sich die Reichsbahn dem Ausbau der Gleisanschlüsse für die Hütte. Bis zum März 1944, dem voraussichtlichen Erstabstich des sechsten Hochofens, sollte dann auch das Betriebswerk arbeitsfähig sein.[30]

Parallel zu den Arbeiten an den Gleisanlagen mit Normalspur arbeitete die Reichsbahn auch an der Trassenführung der Breitspurbahn in »Oberdonau«. Eine Strecke durch den Gau sollte von München über Wien und Budapest bis nach Varna am Schwarzen Meer führen. Staatssekretär Albert Ganzenmüller vom Reichsverkehrsministerium unterrichtete Hitler am 3. Oktober 1942 über die ersten Planungen der neuen Bahn im Raum Linz, die auch dort für die Geschwindigkeit von 200 Stundenkilometern ausgelegt war. Der Diktator äußerte dabei den Wunsch, diese Bahn auch direkt durch den neuen Linzer Hauptbahnhof fahren zu lassen. Allerdings stimmte er zu, die nötigen Gleise nur auf einer Seite zu bauen, um so zu verhindern, dass sich diese mit den Normalgleisen überschnitten. Die großen Kurvenradien, die mit dieser Bahn verbunden waren, machten es notwendig, die Trasse in Richtung Osten zunächst weiter geradeaus zu führen. Das bedeutete, dass die Strecke direkt durch das gerade erst errichtete Firmen-

gelände der Reichswerke gehen musste. Die Probleme der Trassenführung waren im Raum Linz insgesamt so groß, dass die Planung bis zum Ende des Krieges nicht abgeschlossen werden konnte.[31]

Zu den Verkehrswegen in Linz, die trotz des Krieges geplant und gebaut wurden, zählt auch die Autobahn, welche die Stadt mit dem Fernverkehrsnetz des Reiches verband. Der Ausbau der vierspurigen Fernstraßen war für Hitler eine »Herzenssache«.[32] Aus diesem Grunde war es nicht weiter verwunderlich, dass er schon kurz nach dem »Anschluss« den Bau einer Autobahn auf der Linie Salzburg–Linz–Wien befahl. Fritz Todt berief als Generalbauinspektor für das deutsche Straßenwesen daher schon am 20. März 1938 in Linz eine erste oberste Bauleitung für den Autobahnbau. Göring verkündete sechs Tage später bei einer Rede in Wien, dass zu einem Aufbauprogramm für Österreich auch der Bau von 1100 Kilometern Autobahn gehöre. In der Nähe von Linz sollte die Verbindung eine Trasse kreuzen, die nach Prag und Passau führte. Generalbauinspektor Todt eröffnete drei Tage später in Wien auch eine Ausstellung, in der er die Autobahnprojekte für Österreich unter dem Titel »Die Straßen des Führers« vorstellte.[33]

Am 7. April 1938 erfolgte dann der erste Spatenstich für die Strecke. Dies geschah somit vier Tage vor der Volksabstimmung, die erst die rechtliche Grundlage für die Vereinigung von Österreich und Deutschland schaffen konnte. Mit einem Festakt auf dem Walserberg bei Salzburg verkündete Hitler den Bau der neuen Trasse. Für diese Veranstaltung brachte die NS-Organisation »Kraft durch Freude« 30 000 »Volksgenossen« aus Bayern und Österreich zum Bauplatz, der acht Kilometer außerhalb der Stadt lag. Die Kosten für dieses Spektakel beliefen sich auf über 31 000 Reichsmark. Generalbauinspektor Todt begründete diesen Aufwand mit dem Hinweis, dass die »Örtlichkeit« eine solche »Beteiligung« erwarte. Für die Stelle des ersten Spatenstichs sollte der Bildhauer Josef Thorak ein 17 Meter hohes Denkmal schaffen, das vier nackte Titanen zeigt, die in primitiver Handarbeit einen Felsblock in die Höhe schieben. Ein Vorentwurf war bereits 1939 fertiggestellt worden.[34]

Einen Tag nach dem ersten Spatenstich wies Hitler Todt an, die neue Autobahn in einem flachen Bogen an Linz vorbeizuführen. Die Arbeiten an der neuen Strecke kamen zügig voran. Todt konnte hier auf heimliche Pläne zurückgreifen, die in Österreich im Sommer 1937, also noch vor dem »Anschluss«, angefertigt worden waren. Die Projektierung des Reiches sah vor, den ersten Teilabschnitt bis zum 1. April 1941 fertigzustellen. Hitler hatte von Todt gefordert, innerhalb von drei Jahren die ganze Strecke zwischen Wien und Salzburg zu bauen. Die Autobahn war nicht nur von Bedeutung für den Verkehr. Mit ihr wollte Hitler den Hoheitsanspruch des »Altreiches« auf Österreich dokumentieren. Die ehemalige Alpenrepublik war jetzt auch seinem Gestaltungswillen unterworfen, mit dem er eine neue Straße durch die Landschaft schlug.[35]

Im Mai 1938 beschäftigte sich Hitler genauer mit dem Projekt. Der Diktator äußerte hierbei gegenüber Todt den Wunsch, von einer »gradlinigen Führung der Ausfallstraße zum [neuen] Bahnhof nicht abzuweichen«. Der Zubringer der neuen Autobahn sollte »städtebaulich möglichst hochwertig in die neue Zubringerlinie zum Bahnhof« einmünden. Die Baudirektion der Reichsautobahn entwickelte deshalb für den Abzweig (Dreieck) von der Autobahn auf die Zufahrtstraße eine sogenannte Trompetenlösung.[36] Die Autobahn Salzburg–Linz–Wien blieb aber bis zum Ende des Krieges Stückwerk. Nur ein kurzer Streckenabschnitt um Salzburg wurde fertiggestellt, den allerdings vor allem Fahrradfahrer nutzten. Am 3. Dezember 1941 stellte Todt als Rüstungsminister unter dem Eindruck des Feldzuges gegen Russland alle Arbeiten an den deutschen Autobahnen ein.[37]

Neben dem Hafen und der Autobahn ließ Hitler noch weitere Einrichtungen der Infrastruktur für Linz planen. Dazu gehörten ein neues Krankenhaus, ein großer Zentralfriedhof und Kasernen für die Wehrmacht. Sie sollten alle dazu beitragen, Linz zur »nationalsozialistische[n] Vorzeigestadt« zu machen.[38] Wichtiger als diese neuen Einrichtungen waren aber die Unterkünfte. Die Wohnungsfrage war für den Stadtumbau von zentraler Bedeutung.

Heimstatt in der »Führersiedlung«

Schon kurz nach dem »Anschluss« legte die Stadt Linz ein Bauprogramm auf, um die dort herrschende Wohnungsnot zu bekämpfen. Die Knappheit an Wohnraum wurde durch den nun einsetzenden Zuzug von Soldaten, Beamten und Ingenieuren dramatisch verschärft. Im Jahr 1938 lebten in Linz 112 000 Einwohner. Bis 1945 sollten es über 195 000 werden. Angesichts dieser Entwicklung beschloss die kommunale Verwaltung am 31. März 1938, insgesamt 250 Wohnungen und 50 Doppelhäuser an verschiedenen Standorten zu errichten. Nach der Entscheidung, in Linz ein Hochofenwerk zu bauen, planten auch die Reichswerke, insgesamt 1200 neue Wohnungen für Arbeiter, 420 Eigenheime und ein weiteres Arbeitslager für 2000 Menschen zu erstellen.[39] Der Wohnungsbau in der Stadt kam zusätzlich richtig in Schwung, nachdem Hitler am 25. März 1939 die »Stiftung Wohnungsbau Linz a. d. Donau« gegründet hatte.

Am 4. Mai 1939 begannen mit dem ersten Spatenstich die Bauarbeiten für die Wohnungen, die Hitler in Linz errichten wollte. Zu dieser Zeit waren in der Harbachsiedlung im Linzer Ortsteil Urfahr 2000 Wohneinheiten geplant. Aber: Die Arbeiter, welche die Wohnungen bauen sollten, brauchten selbst Unterkünfte. Zudem musste das Baufeld mit Straßen und Abwasserkanälen erschlossen werden. Deshalb ließ der Bauträger, die »Deutsche Bau-Aktiengesellschaft«, zunächst Baracken für 300 Arbeiter und einen Abwasserkanal bauen. Für die Erschließungsarbeiten wurden 2,4 Millionen Reichsmark veranschlagt. Die Arbeiten überwachte der Architekt Max Fleissner.[40]

Ein zusätzliches Problem stellte die Knappheit der Materialien dar. Engpässe gab es immer wieder bei Ziegelsteinen, Eisen und Schnittholz. Von Hummel konzentrierte in seiner Linzer Dienststelle die Beschaffung dieser Materialien für alle Baustellen. Die einzelnen Auftraggeber, Reichsbaurat, Stadt Linz, Reichsbahn etc., konnten bei ihm die benötigten Baustoffe bestel-

Wohnbauten im Stadtteil Bindermichl, 1942; auf dem Harter Plateau baute die Wohnungs AG der Hermann-Göring-Werke die umfangreichen Linzer Wohnsiedlungen.

len, die er zuvor bei den staatlichen Stellen für Linz reserviert hatte.[41] Schon vor dem Krieg unterlag der Handel mit Baustoffen einer Zwangsverwaltung durch den Staat. Aus diesem Grunde bemühte sich die Stadtverwaltung im Juli 1939 darum, die Wohnungsbauten in Linz als »vordringlich« einzustufen und so bevorzugte Kontingente an Baumaterial zu erhalten. Neben den

Baustoffen war der Erwerb des Baugrundes ein weiteres Problem. Die Stadt Linz war zu arm, um den Boden zu erwerben, auf dem Hitlers Siedlung gebaut werden sollte. Das Reichsinnenministerium erbat daher für die Gemeinde beim Reichsfinanzministerium einen sogenannten Reichszuschuss von einer Million Reichsmark.[42]

Die Linzer »Führer-
siedlung« (Harbach-
siedlung), um 1942.

Die verschiedenen Siedlungen verfügten über zwei Arten von Wohnungen: Da waren zum einen Unterkünfte für Arbeiter und Angestellte bestimmter Betriebe und Organisationen, die aus Fürsorge für ihre Gefolgschaft Wohnraum schufen. Zum anderen gab es sogenannte Volkswohnungen, die als billige Kleinwohnungen für Familien mit geringem Einkommen gedacht waren. Sie verfügten in der Regel über immerhin vier Zimmer.[43] Das war von Hitler so beabsichtigt. Nach einer von ihm aus dem Jahr 1940 überlieferten Äußerung solle der »deutsche Arbeiter« nach dem zu erwartenden »Endsieg« nicht wieder in die alten »Großstadtlöcher«

zurückkehren, während nebenbei das »imposante« neue Berlin, München, Nürnberg und auch Linz entstünden. Neben der »großen staatlichen Repräsentation« wollte der Diktator auch an die »Urzelle« des Volkes denken.[44] Im diesem Sinne ist auch der bereits erwähnte Erlass vom 15. November 1940 zu verstehen, mit dem er Ley damit beauftragte, den deutschen Wohnungsbau nach dem Krieg vorzubereiten.[45]

In Linz unterstanden alle Baustellen der Stiftung der Aufsicht von Fick. Er legte den genauen Standort der Gebäude fest. Die Ausführung selbst übergab er allerdings anderen Architekten als Subunternehmer. Neben

Fleissner arbeiteten die Architekten Bruno Biehler, Fritz Norkauer, Paul Gedeon und Heinrich Rettig für Hitlers Wohnsiedlung. Dennoch blieb Fick Herr der Baustellen: »Diktatorisch« legte er bis ins kleinste Detail fest, wie die Fassade der neuen Wohnbauten aussehen sollte. Er überwachte schon in der planerischen Vorentwurfsphase die Fassadenschnitte, Details an Fenstern, Haustüren und Dachrinnen. Das Ergebnis war eine monotone Gestaltung der neuen Wohnungsblöcke, die anscheinend regionale Bezüge haben sollte. Stilzitate aus verschiedenen Epochen setzten die Architekten oft beziehungslos in die kahlen Fassaden – zum Beispiel neobarocke Verzierungen wie Türmchen, Rundbogendurchfahrten und Erker. Sie erzeugten so einen Eindruck von Struktur und Individualität der Bauten. Die Wohnblöcke verfügten in der Regel über drei Geschosse. In der Form erinnerten sie an die traditionellen oberösterreichischen »Vierkanter«, quadratische Bauernhäuser mit quadratischem Innenhof. Die Häuser entsprachen jedoch im Kern eher Planungen aus Deutschland. Neben den geschlossenen Wohnblöcken wurden in Linz auch kleinere Bauten als Ein- oder Zweifamilienhäuser errichtet.[46]

Beim Bau der Wohnungen war die Zuführung von Baustoffen ein entscheidender Faktor. Fleissner schlug daher der Wohnungsbaustiftung im Dezember 1939 vor, eine Industrie-Eisenbahnstrecke zu bauen, die Baustoffe von der Donau direkt auf die Baustellen bringen sollte. Die Trasse wollte er in Eigenregie errichten und versprach der Stiftung einen Garantiegewinn von 100 000 Reichsmark. Er spekulierte darauf, dass noch andere Bauträger in Linz die Bahn nutzen würden. Gewinne, die über die garantierte Summe hinausgingen, sollten nach seiner Ansicht zwischen der Stiftung und ihm persönlich geteilt werden. Euphorisch schloss er seinen Vorschlag mit den Worten, dass dies das »beste Geschäft« werde, das er »je in seinem Leben gemacht« hätte.[47] Der Architekt hatte seine Rechnung jedoch ohne den Wirt gemacht: Wenige Tage später wies der Referent von Hummel aus der Münchner Parteikanzlei, der die Geschäfte von Hitlers Wohnungsbaustiftung führte, den Vorschlag entschieden zurück. Er lehnte

eine besondere Gesellschaft für die Industrie-Eisenbahn ab. Alle Gewinne waren zudem für die Stiftung vorgesehen. Sechs Tage später kamen von Hummel und Fick in einer Besprechung überein, das Arbeitsverhältnis mit Fleissner aufzulösen, wenn er die bisher an ihn übertragenen Wohnungsbauten vollendet hätte. Damit war der Architekt in absehbarer Zeit aus dem Geschäft. Am 30. Juni 1940 endete dann seine Tätigkeit für die Stiftung, nachdem es noch einmal Streit um seine Abrechnungen gegeben hatte und der Architekt vorzeitig beurlaubt wurde.[48]

Die Wohnungsnot in Linz sorgte dafür, dass die Leitung der NSDAP auch nach Kriegsbeginn darauf pochte, das Wohnungsbauprogramm zügig fortzusetzen. Verglichen mit dem Zeitpunkt des »Anschlusses« war die Stadt im Januar 1940 bereits um mehr als 50 000 Menschen gewachsen. Neben dem Zustrom von Arbeitern und Beamten mussten zusätzlich noch 6000 Südtiroler in der Stadt untergebracht werden, die gemäß einem deutsch-italienischen Abkommen vom 23. Juni 1939 aus ihrer Heimat umgesiedelt wurden. Die Wohnungssuchenden lebten in Linz in Baracken unter erbärmlichen hygienischen Bedingungen. Gauleiter Eigruber kündigte sich daher beim »Führer« an, um über diese Situation zu sprechen. Stabsleiter Bormann erhielt von seinen Mitarbeitern einen diskreten Hinweis, Hitler lieber selbst über diesen Missstand zu unterrichten, bevor es Eigruber tue.[49]

Die Fertigstellung der ersten 100 Wohnungen verzögerte sich bis zum Ende des Jahres 1940. Doch schon im Februar 1940 stritten Stiftung und Gauleitung darüber, was mit den Mieteinnahmen passieren sollte. Hitler beendete diesen Konflikt Mitte März, indem er persönlich entschied, dass diese Einnahmen weder der Stadt Linz noch dem Gau zugute kommen sollten. Er verlangte stattdessen eine Anlage der Einnahmen auf einem Sonderkonto, über das er selbst verfügen wollte.[50]

Die Stiftung erhielt in der Zwischenzeit Zuwendungen von unerwarteter Seite. Dankbar nahm der Geschäftsführer der Wohnungsbaustiftung, von Hummel, die Nachricht des für den Wohnungsbau zuständigen Reichsarbeitsministeriums auf, den Bau der »Führerstiftung« mit 2,5 Millionen Reichsmark zu unterstützen. Eine erste Begehung mit einem Vertreter des Ministeriums am 13. April 1940 auf der Baustelle endete jedoch in einer Peinlichkeit: Der Beamte übte harte Kritik an den Entwürfen Ficks: Er klagte darüber, dass die Wohnungen zu sehr auf Äußerlichkeiten gebaut würden. Innen wären die Kammern, »in denen man einem Menschen zu wohnen nicht zumuten könne«, viel zu klein. Zudem wäre die »Raumverteilung äußerst ungeschickt«.[51]

Der Stiftungsgeber verfolgte unterdessen aus der Ferne den Fortschritt auf den Baustellen der Wohnungen anhand von Fotos, die für ihn angefertigt wurden.[52] Dabei machte er sich weitere Gedanken über die Gestalt seiner Siedlung: So legte er fest, dass hier nur die Geschäfte gebaut werden sollten, die dort »notwendiger Weise« vorhanden sein müssten. Als notwendige Geschäfte bestimmte der Nichtraucher Hitler unter anderem zwei Tabakläden und eine Drogerie. Andere Vorschläge, wie beispielsweise einen Laden für elektrische Artikel, strich er von der Liste, verlangte aber zugleich eine Einrichtung für die Ortsgruppe der NSDAP »mit Raum für die SA«.[53] Je näher der Termin rückte, an dem die ersten Blöcke fertiggestellt sein sollten, umso dringender war es zu klären, wer in die neuen Wohnungen ziehen sollte. Zwischen Stiftung und Stadt bestand Einigkeit in dieser Frage. Beide Seiten wollten »nur würdigen Mietern Wohnungen in der Führerstiftung« zuweisen. »Würdig« hieß in diesem Zusammenhang »rassisch wertvolle Volksgenossen«.[54]

Der Geschäftsführer der Stiftung schlug ein Verfahren vor, nach dem die Stadt ein Vormerkrecht für die Wohnungen ausübte. Zu der Liste mit vorgeschlagenen Mietern gab es eine Anhörung des städtischen Wohnungsbauamtes, des Gaugesundheitsamtes, des Rasse-

politischen Amtes sowie des Gauwirtschaftsberaters. Die Stiftung wollte dann den vorgemerkten Bewerber zur Besichtigung einladen und mit diesem den Vertrag abschließen. Eine Beteiligung der NSDAP sollte »unter allen Umständen« im »vollem Umfang« sicherstellen, dass nur die Personen in die Siedlung ziehen, welche »die NSDAP als würdig bezeichnet«.[55]

Im Juli 1940, nach dem erfolgreichen Feldzug im Westen, ließ sich Hitler auf dem Berghof über den Fortschritt auf den Linzer Baustellen unterrichten. Anschließend flog er am 14. Juli persönlich in die Stadt seiner Jugend, um sich ein eigenes Bild von der Lage zu machen. Hier ordnete er an, vorrangig Wohnungen zu bauen. Er erklärte, dass die »Neugestaltung« der Stadt nach dem Krieg von dem sofortigen Bau der Wohnungen abhinge. Vier Tage später erging von der Reichskanzlei der »Befehl«, im Zuge eines »Sofortprogramms« den Bau von 3000 weiteren neuen Wohnungen durchzuführen.[56] Die Errichtung von neuen Wohnungen sollte »mit allen Maßnahmen« gefördert werden. Der Geschäftsführer der Wohnungsbaustiftung konnte daraufhin am 1. September 1940 der Stadt Linz weitere Hilfe gegen die Wohnungsnot zusagen. In den neuen Stadtteilen, in denen die Umsiedler aus Südtirol untergebracht werden sollten, forderte Hitler, dass Straßen und Plätze »Namen aus Südtirol erhalten«.[57] Das Reich sorgte dafür, dass die weiteren Neubauten großzügig finanziert wurden: Die Stiftung erhielt einen Rahmenkredit von 100 Millionen Reichsmark, aus dem sie nach eigenem Ermessen bis zu zehn Millionen Reichsmark jederzeit entnehmen durfte.[58]

Im Laufe des Jahres 1940 erhielt die Stiftung aus den Fonds, die Hitler direkt unterstanden, Zuschüsse von schätzungsweise rund acht Millionen Reichsmark. Für das Jahr 1941 wurden weitere sechs Millionen Reichsmark eingeplant. Die Aufwendungen waren so hoch, dass die Reichskanzlei Wertpapiere verkaufen musste, in denen die Fondsmittel angelegt waren.[59] Die großzügige Förderung und der Status als Bauprojekt des »Führers« weckten bei den Mitarbeitern der Stiftung den Wunsch, dies auch nach außen zu zeigen. Einen Antrag der Einrichtung, das Hoheitszeichen des Reiches (Adler mit Hakenkreuz) verwenden zu dürfen, lehnte die Reichskanzlei jedoch ab. Dafür stimmte Hitler im Juni 1941, kurz vor dem Beginn des Russlandfeldzuges, aber zu, dass das von ihm geförderte Wohnquartier ab dem 1. Juli 1941 den offiziellen Namen »Führersiedlung« erhalten sollte.[60]

Das viele Geld, das Hitler einsetzte, um Wohnbauten zu errichten, zeigte seine Wirkung: Bis 1944 wurden insgesamt 10873 Wohnungen in der Stadt gebaut.[61] In der Harbachsiedlung (»Führersiedlung«) waren es statt der angestrebten 1800 Einheiten immerhin 840. Daneben baute die städtische Wohnungsbaugesellschaft weitere Unterkünfte. Sie ließ in Urfahr in der Karlhofsiedlung insgesamt 387 Wohnungen in zwei- bis dreigeschossigen Blöcken bauen. Die gleiche Gesellschaft errichtete außerdem in der Aubergsiedlung (Urfahr) 74 Wohnungen. In Urfahr baute das städtische Hochbauamt weitere 1200 Wohnungen in der Hartmayrsiedlung. Daneben gab es auch noch die Wimhölzel-Hinterland-Siedlung im Südosten der Stadt mit 620 Wohnungen. Für diese Bauten erhielt die Stadt ein großzügiges Darlehen des Reiches von mehr als 1,2 Millionen Reichsmark. Die Reichswerke »Hermann Göring« sorgten in Eigenregie dafür, dass ihre Arbeiter eine dauerhafte Unterkunft erhielten. Auf dem sogenannten Harter Plateau, links und rechts des neuen Autobahnzubringers, sollte die Siedlung für die Angehörigen des Werkes entstehen. Von diesen Plänen wurden allerdings nur kleine Teile ver-

wirklicht: Hier konnten nur Bauabschnitte in Keferfeld (502 Wohnungen), Bindermichl (1400 Wohnungen) und Spallerhof (865 Wohnungen) gebaut werden. Im Süden der Stadt errichteten auch noch die Siedlungsgenossenschaft »Neue Heimat« und die »Vereinigten Linzer Baugenossenschaften« neue Häuser.[62]

Während Speer durch seinen Erlass im Jahr 1942 viele Baustellen im Reich stilllegte, gingen die Arbeiten auf den Linzer Baustellen weiter. Im Zuge des sogenannten Notprogramms wurden weiter Wohnungen gebaut, wenn auch mit Abstrichen bei der Ausführung. Die Planungen an den Verkehrswegen, welche die neuen Siedlungen erschließen sollten, liefen ebenfalls weiter.[63] Wie die Stadt, plante auch die SS trotz Bauverbot weiter: Sie wollte in Linz Kasernen für die Polizei und andere Bauten für ihre bewaffneten Organe errichten. Konkret plante die Organisation, ein Dienstgebäude für den Höheren Polizeiführer, ein Haus für Invaliden der Waffen-SS und eine Kaserne für ein Regiment der Waffen-SS zu errichten.[64] Im Laufe des Jahres 1943 schlug der Leiter des Wirtschafts- und Verwaltungshauptamtes der SS Himmler mehrere Grundstücke dafür vor, ohne dass es jedoch zu einer abschließenden Entscheidung kam.[65]

Die ausufernde Bautätigkeit auf dem Wohnungssektor schuf eigene Probleme: Im Mai 1943 beschwerte sich Gauleiter Eigruber bei Hitler, dass durch die neu gebauten Siedlungen abgeschlossene Quartiere von einzelnen Berufsgruppen entstünden und so eine »Ständestadt« die Folge wäre. Reichswerke, Reichsbahn und Deutsche Arbeitsfront brachten natürlich ihre Gefolgschaftsleute in den von ihnen erbauten Häusern als Erste unter. Hitler entschied daraufhin, dass die »einzelnen Siedlungen [...] durcheinander gebaut werden« müssten, um das zu verhindern – eine utopische Forderung, da der Wohnungsbau in Linz seine Hochphase schon hinter sich hatte.[66]

Die meisten der neuen Wohnbauten wurden auf dem freien Feld geplant und errichtet. Dies führte dazu, dass sich die Stadt Linz immer weiter ausdehnte. Bereits 1938 kam es zur Eingemeindung von Ebelsberg und St. Magdalena. Später kamen auch noch das Keferfeld, ein Teil von Leonding, dazu. Eine vollkommene Eingliederung der Gemeinde Leonding, in der Hitler als Kind einst gelebt hatte und in der seine Eltern begraben waren, lehnte der Diktator ab. Diese Gemeinde kam aber wie zahlreiche andere Nachbarorte von Linz 1939 in die Planungshoheit von Fick.[67] Neben dieser Ausweitung wurden auch weitere Bauflächen in der Stadt erschlossen: So ließ die Stadtverwaltung seit 1938 Baulücken im Innenstadtbereich mit Wohnhäusern füllen. Trotz der vielen Neubauten fehlten 1942 immer noch rund 15 000 Wohnungen.[68]

Das Land, das so mit neuen Wohnhäusern bebaut werden sollte, mussten die Bauträger zunächst in ihre Hände bekommen. Dazu waren umfangreiche Enteignungen nötig. Da es im früheren Österreich kein allgemeines Enteignungsgesetz gab, entschloss sich die Parteikanzlei in Zusammenarbeit mit dem für Wohnungsbau zuständigen Reichsarbeitsministerium, einen solchen Entzug von Eigentum in Linz auf der Basis der Regelungen von Enteignungen für Eisenbahnbauten durchzuführen. Eine entsprechende Verordnung veröffentlichte die Reichsregierung noch kurz vor dem Ausbruch des Krieges. Sie sah vor, dass die Opfer der Enteignungen keine Möglichkeit hatten, gegen den Entzug ihres Besitzes zu klagen.[69]

Wie schon beim Bau der Brückenkopfhäuser an der Linzer Nibelungenbrücke und beim Bau der Reichswerke wurde nun auch bei den Wohnsiedlungen von dem Mittel der Enteignung rücksichtslos Gebrauch gemacht: Die meisten dieser Enteignungen wickelte wiederum die Reichsstelle für Landbeschaffung ab. Die Reichsstelle konnte aufgrund des Gesetzes zur Neugestaltung deutscher Städte (§ 2) Privatpersonen in sogenannten Enteignungsverträgen zwingen, ihr Land zu sehr geringen Preisen an das Reich zu verkaufen.

Auf dem Harter Plateau, südlich der Stadt, in Leonding, auf dem die »Wohnbauaktiengesellschaft der Reichswerke Hermann Göring« Unterkünfte für Arbeiter bauen wollte, wurden die Eigentümer beispielsweise zu solchen Enteignungsverträgen gezwungen. Ein Eigentümer legte jedoch 1941 Widerspruch gegen die Höhe der Entschädigung von 500 000 Reichsmark ein. Ein Gutachter, der von der Reichsstelle beauftragt wurde, konnte diesen nur bestätigen. Die Reichswerke lehnten es jedoch ab, eine höhere Summe zu zahlen, und waren nur zu einer »angemessenen« Entschädigung bereit.[70] Ausgesprochen langwierig war dagegen die Enteignung eines Bauern in der Nachbarschaft. Der Hof des Enteigneten auf dem Harter Plateau galt als sogenannter Erbhof und hätte eigentlich nach den nationalsozialistischen Gesetzen nicht enteignet werden dürfen. Auf der anderen Seite hatte Reichsbaurat Fick das Harter Plateau als das »idealste Stadterweiterungsgebiet« bezeichnet. Die Reichswerke boten dem Landwirt schließlich einen Hof im 15 Kilometer westlich entfernten Freiling an, der wesentlich mehr wert war als die enteigneten Flächen im Süden von Linz. Der Bauer nahm im Januar 1943 schließlich dieses Angebot an.[71]

Der Chef der SS bediente sich ebenfalls der Reichsstelle, um in den Besitz von Grundstücken zu kommen, die er für seine bewaffneten Organe nutzen wollte. So verlangte Himmler von der Reichsstelle im Mai 1939, die Enteignung von Schloss Ebelsberg südöstlich von Linz »beschleunigt« zu bearbeiten. Er brauche die Liegenschaft, um »verheiratete Unterführer« unterzubringen. Im Oktober ließ er die Dienststelle jedoch wissen, dass sich die Angelegenheit erübrigt habe. Der Eigentümer habe sich inzwischen bereit erklärt, seinen Besitz »freiwillig« an das Reich zu veräußern.[72]

Die rücksichtslosen Enteignungsverfahren dauerten in Linz bis zum Januar des Jahres 1945 an. Sie bedeuteten für die oftmals sehr bodenständigen Betroffenen einen tiefen Einschnitt in ihr bisheriges Leben. Noch viel schwerwiegender waren jedoch die Maßnahmen, welche die Nationalsozialisten in Linz ergriffen, um die Arbeiten an den verschiedenen Bauprojekten durchführen zu lassen.

Ankunft von 300 italie-
nischen Arbeitern am
2. September 1940 am
Hauptbahnhof.

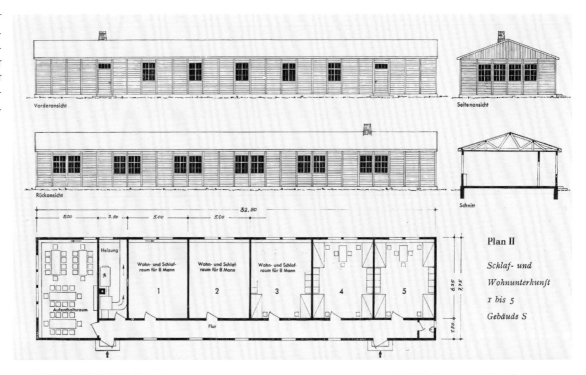

Vorder- und Rück-
ansicht sowie Grund-
riss der von Speer
entworfenen Pläne für
Schlaf- und Wohn-
unterkünfte, 1940.

Vorderansicht

Seitenansicht

Rückansicht

Schnitt

32,50

5.00   2.50   5.00   5.00

Heizung

Wohn- und Schlaf-
raum für 8 Mann

1

Wohn- und Schlaf-
raum für 8 Mann

2

Wohn- und Schlaf-
raum für 8 Mann

3

4

5

Aufenthaltsraum

Flur

Plan II

Schlaf- und

Wohnunterkunft

1 bis 5

Gebäude S

Blick ins Innere der
Normwohnungen für
Bauarbeiter, 1940.

Unterdrückung und Vernichtung durch Arbeit

Um die umfassenden Aufgaben in Linz bewältigen zu können, die mit den Bauten im Wohnungsbereich, im Hüttenwerk und an den Verkehrswegen verbunden waren, bedurfte es vieler Arbeiter. Da im Deutschen Reich aufgrund der Aufrüstung für den bevorstehenden Zweiten Weltkrieg ein Mangel an Arbeitern bestand, konnten die Bauleiter in Linz nur in beschränktem Maße deutsche Fachkräfte auf den Baustellen einsetzen. Die Lösung dieses Problems war der Einsatz ausländischer Arbeiter. Im Mai 1939 kamen die ersten Fremdarbeiter aus Tschechien nach Linz, welche die nationalsozialistische Gewerkschaft, die Deutsche Arbeitsfront, zu diesem Zeitpunkt noch als »tschechische Arbeitskameraden« bezeichnete.[73] Im Juni des Jahres 1940 kamen weitere 300 Arbeiter aus dem »Protektorat Böhmen und Mähren« nach Linz, um an der »Führersiedlung« zu bauen. Zusätzliche 400 Tschechen erwartete die für die Stiftung zuständige Parteikanzlei in den nächsten Wochen. Von diesen sollten 200 Arbeiter beim Bau der neuen Wohnungen und der Nibelungenbrücke sowie bei der Renovierung des Landestheaters mithelfen.[74] Die tschechischen Arbeiter unterstanden keiner besonderen Überwachung, erhielten aber mit 43 Pfennig pro Stunde einen Lohn, der deutlich unter dem Satz von 67 Pfennig lag, den deutsche Arbeiter bekamen. Die Folge war, dass die Tschechen versuchten, nach Wien zu gehen, wo ihnen höhere Löhne winkten. Da für das NS-Regime im Sommer 1940 Zwangsmaßnahmen gegen die tschechischen Arbeiter noch undenkbar waren, musste die »Führerstiftung« einen sozialen Ausgleich für diese Werktätigen zahlen, um sie in Linz zu halten.[75]

Die Leistungen der tschechischen Arbeiter waren aus Sicht der deutschen Auftraggeber nicht optimal. Aus diesem Grunde schlug der Geschäftsführer der »Führerstiftung« von Hummel schon im August 1940 vor, 500 Linzer Arbeiter, die nach Norddeutschland zwangsverpflichtet waren, in ihre Heimatstadt zurückzuholen. Zudem sollten alle Bauarbeiter aus dem Gau »Oberdonau«, die im Altreich tätig waren, zurückkommen und die Tschechen ersetzen. Er versprach sich dadurch »erheblich« bessere Arbeitsleistungen.[76] Dieses Vorhaben ließ sich anscheinend jedoch nicht in vollem Umfang durchsetzen. Ende des Monats wies das Reichsarbeitsministerium den Linzer Wohnungsbauten 400 italienische Fremdarbeiter zu. Die Italiener, die im verbündeten Nachbarland zum Teil unter Vorspiegelung falscher Tatsachen angeworben worden waren, sollten die Tschechen ersetzen, die anschließend zu Tiefbauarbeiten in Hitlers Anwesen auf dem Obersalzberg verlegt wurden. Die Italiener wurden so 1941 zur größten Gruppe an ausländischen Arbeitern. In diesem Jahr kam die Hälfte aller 11400 auf den Linzer Baustellen tätigen Ausländer aus Italien. Bereits im August 1940 kündigte das Reichsarbeitsministerium auch an, »einige tausend« Kriegsgefangene für die Arbeiten in Linz zur Verfügung zu stellen.[77] Auf den Linzer Baustellen arbeiteten somit Fremdarbeiter, Zwangsverpflichtete und Kriegsgefangene. Auf den Autobahnen rund um Linz wurden zudem umgesiedelte Volksdeutsche zum Arbeitseinsatz gezwungen.[78] Dabei handelte es sich um Personen deutscher »Volkszugehörigkeit«, aber nichtdeutscher Staatsangehörigkeit, die im Ausland, vor allem in Ost- und Südosteuropa, lebten. Ab 1939 wurden diese Volksdeutschen ins Reich umgesiedelt und in Lagern untergebracht.

Die Arbeiter, die auf den Linzer Baustellen tätig waren, verfügten über sehr unterschiedliche Rechte: Fremdarbeiter konnten sich relativ frei bewegen, verfügten über Freizeit und die Möglichkeit, nach Ablauf ihrer Arbeitsverträge die Stadt wieder zu verlassen. Die Zwangsarbeiter unterstanden einer lückenlosen Überwachung, mussten in besonderen Wohnungen leben und durften keinen Kontakt zur deutschen Bevölkerung haben. Durch ein hochentwickeltes Überwachungssystem und rücksichtslose Gewaltanwendung wurden sie von einer recht kleinen Mannschaft bewacht. Ihr Lohn war zudem weit geringer als der der deutschen Arbeiter. Diese weitgehende Diskriminierung war bei den Kriegsgefangenen naturgemäß noch stärker, die gar keinen Lohn für ihre Arbeit erhielten.[79]

Der Einsatz von Kriegsgefangenen sorgte für eine neue Qualität auf den Linzer Baustellen: Nun wurden erstmals mit ganz offenkundigen Mitteln des Unterdrückungsstaates Kriegsgefangene zur Arbeit gezwungen. In Hitlers Auftrag musste Speer beim Wehrbezirkskommando in Linz »diejenigen Arbeitskräfte sicher[...] stellen, die für diese Zwecke dringend benötigt« wurden.[80] Die Unterbringung der Arbeiter war oftmals ein Problem. Auch hier musste Speer wieder einspringen. Der Geschäftsführer der Wohnungsbaustiftung erbat bei ihm im Juni 1940 Baracken für 400 Kriegsgefangene. Speer stellte daraufhin seine Hilfe in Aussicht, wenn Material von seiner Dienststelle benötigt würde.[81]

Es war kein Zufall, dass sich von Hummel wegen der Baracken gerade an Speer wandte. Schon bald nach der nationalsozialistischen Machtergreifung im Jahr 1933 musste der Architekt in Hitlers Auftrag genormte Baracken entwickeln, die »für alle Lager verwendet werden konnten«. Speer entwarf so einen Mustertyp mit »anständigen Küchen-, Wasch- und Duschräumen«. Hitler kümmerte sich »bis in die Details um diesen Musterbau« und ließ sich von Speer über die Wirkung auf die Arbeiter berichten.[82] Im Februar 1940 veröffentlichte der Architekt die Pläne für die genormten Baracken, die »auf unmittelbaren Befehl des Führers« ausgearbeitet wurden. Er pries die nach den Plänen Hitlers errichteten Wohnlager als Ausdruck des »kulturellen Anspruches unserer Zeit«, die zudem die »praktischen Erfordernisse der Lagergemeinschaft« erfüllen würden.[83]

Die so von Hitler angeregten und von Speer entworfenen Baracken bestanden aus verschiedenen Bauteilen, die nach Bedarf zusammengesetzt und auch wieder zerlegt werden konnten. Die Baracken, welche die NS-Propaganda als »Holzhaus« bezeichnete, wurden nach 1933 zunächst für den Reichsarbeitsdienst entwickelt und erstmalig ab 1935 beim Bau der Autobahn als Unterkünfte für die Arbeiter verwendet. Später kamen sie auch bei der Wehrmacht, in der Industrie und in Zwangsarbeiterlagern zum Einsatz. Baracken dieses Typs wurden auch in Konzentrationslagern genutzt. 1941 veränderte die SS die Baunorm und errichtete nun Baracken, deren einzelne Bauteile vier Meter tiefer wa-

ren als der ursprünglich von Speer entworfene Typ.[84] Aufgrund seiner Erfahrungen mit den genormten Baracken war es Speer leicht möglich, Hitlers Stiftung Firmen zu nennen, die diese Unterkünfte »prompt« liefern konnten.

Die in den genormten Baracken in Linz Untergebrachten wurden sehr unterschiedlich behandelt: Für die Fremdarbeiter in den Reichswerken wurde 1940 in Linz ein besonderes Ausländerbordell eingerichtet. In diesem Objekt, das den Namen »Villa Nova« trug, war ein einschlägig vorbestrafter Zuhälter als Leiter tätig. Das Haus gehörte der Stadt Linz, die es an ihn verpachtete. Die 15 Frauen, die hier anschaffen mussten, waren offiziell Angestellte der Reichswerke. Im Januar 1941 sandte Bormann einen ersten Erfahrungsbericht über diese Einrichtung an die Gauleiter im Reich. Der Bericht wies darauf hin, dass das Bordell notwendig würde, um dem »immer wiederkehrend unerwünschten Verkehr [...] ausländischer Arbeitskräfte mit deutschen Frauen entgegenzuwirken«. Der Pächter des Betriebs wurde als ein Mann mit »umfangreichen Erfahrungen« gelobt.[85] Das Linzer Ausländerbordell war so vermutlich ein Pilotprojekt für vergleichbare Etablissements im Reich. Bis 1943 sollte es ungefähr 60 solcher Einrichtungen mit insgesamt 600 Prostituierten geben.[86]

Die Südländer wurden auch gesondert verpflegt. So war es nicht verwunderlich, dass es in den Jahren zwischen 1940 und 1943 zum Schwarzhandel mit Wein kam.[87] Im Sommer 1941 erreichten Meldungen über die aus nationalsozialistischer Sicht unhaltbaren Zustände in den italienischen Arbeiterunterkünften im Linzer Lager Flötzerweg auch Hitler. Der Diktator tobte und verlangte, bei einem nochmaligen Eintreten solcher Unregelmäßigkeiten »sämtliche in Linz tätigen italienischen Arbeiter sofort nach Italien zurückzuschicken«.[88]

Eine solche Weisung wäre sehr schwierig umzusetzen gewesen, denn auf den Linzer Baustellen herrschte nach dem deutschen Überfall auf die Sowjetunion am 22. Juni 1941 ein noch größerer Mangel an Arbeitskräften. Das veranlasste Hitler im Januar 1942 zu der grundsätzlichen Weisung, dass Arbeiter, die beim Wohnungsbau in Linz beschäftigt waren, nicht zur Wehr-

Italienische Arbeiter,
die für den Bau
der »Führersiedlung«
eingesetzt wurden,
beim Essen; im Hinter-
grund die italienische
Flagge und ein Bild
von Benito Mussolini,
1940.

Sowjetische Kriegs-
gefangene als
Zwangsarbeiter auf
einer Baustelle an
der Kapuzinerstraße,
undatiert.

macht eingezogen werden sollten. Reichsbaurat Roderich Fick wurde zugleich beauftragt, entsprechende Listen von unabkömmlichen Kräften einzureichen.[89] Fick führte insgesamt fast 2000 Personen auf, die aus seiner Sicht für das »Notprogramm« unabkömmlich waren.[90]

Der Einsatz ausländischer Arbeiter führte zu Folgeproblemen: So vermerkte eine Denkschrift der Stadtverwaltung bereits im Juli 1941, dass die Baupreise in Linz durch die Tätigkeit »fremdvölkischer Arbeiter mit geringer Leistung« sowie aufgrund von »unabweisbare[n] Mehrkosten« durch die aufwendige »architektonische Ausgestaltung« der Fick'schen Bauten stark stiegen. Die Folge wären höhere Mieten bei den Neubauten, die dann so für die Hälfte der Linzer Bürger nicht mehr erschwinglich seien. Oberbürgermeister Sturma forderte daher vom Reich direkte Mietzuschüsse. Im Reichsfinanzministerium konnten die Beamten diese Entwicklung nur bestätigen. Sie sahen deutlich, dass die Baupreise stiegen und die Darlehen des Reiches für die Wohnungsbauten in Linz nicht ausreichten und als verlorene Zuschüsse verbucht werden mussten.[91] Da Hitler aber an dem Wohnungsbauprogramm festhielt, waren sie bereit, weiter Geld für die Stadt Linz zur Verfügung zu stellen.

Im Jahr 1942 setzten die nationalsozialistischen Wirtschaftslenker immer mehr Ausländer auf den Linzer Baustellen ein. Das Landesarbeitsamt »Oberdonau« versetzte dabei deutsche Bauarbeiter in die Rüstungsbetriebe von Linz und St. Valentin. Die deutschen Arbeiter bei den Wohnungsbauten wurden durch die »Heranführung von Transporten gewerblicher Zivilrussen« ersetzt, womit vermutlich Zwangsarbeiter gemeint waren. Das Regime hatte nach Kriegsbeginn zunächst damit begonnen, polnische Kriegsgefangene als Zwangsarbeiter in der Landwirtschaft einzusetzen. Gemäß der Genfer Konvention durften diese nicht in Rüstungsbetrieben arbeiten. Um diese Vorschrift zu umgehen, erklärte die Reichsregierung sie zu polnischen »Zivilarbeitern« und setzte sie anschließend in der Industrie ein. Diese Methode schien nun auch in Linz angewandt zu werden, um die Bauarbeiten voranzutreiben.[92]

Auch auf den Baustellen des Reichsbaurates, auf denen im Zuge des »Notprogramms« noch immer weitergebaut wurde, war der Mangel an Arbeitskräften offenkundig. Versuche der Wehrmacht, jüngere deutsche Bauarbeiter einzuberufen und durch ältere Kräfte auf den Baustellen zu ersetzen, gingen nur ganz langsam voran. Die Lösung war eine weitere Anwerbung von Fremdarbeitern. Im Mai 1942 warb der Linzer Oberbürgermeister 3300 Arbeiter aus Belgien und weitere 2000 aus Italien an. Von diesen trafen die ersten 1500 Italiener bald ein. Angesichts dieser immensen Zahl von Ausländern, die in der Stadt lebten, lehnte das Landesarbeitsamt es aber ab, weitere Zwangsarbeiter aus Holland und Tschechien nach Linz zu holen.[93] In den Rüstungswerken belief sich im Mai 1942 der Anteil der Ausländer schon auf 40 Prozent. Eine »weitere Zufuhr« von Ausländern erschien dem Präsidenten des Linzer Arbeitsamtes »nicht mehr tragbar«.[94]

Seit dem Spätherbst 1942 verschärfte sich allgemein im Deutschen Reich die Lage bei den Arbeitskräften. Die Wehrmacht berief nun vermehrt deutsche Arbeiter ein. Diese Entwicklung verschlimmerte sich noch nach der Niederlage von Stalingrad im Januar 1943. Die Wehrmacht musste nun verstärkt neue Soldaten an die Ostfront bringen, um dort die Situation zu stabilisieren. Die Folge waren Bemühungen, Betriebe im Reich nach wehrfähigen Soldaten »auszukämmen« und an ihrer Stelle Ausländer zu beschäftigen. In Linz und im Gau »Oberdonau« führte das dazu, dass nun schon jeder dritte Arbeiter ein Ausländer war. Dieser hohe Einsatz von Ausländern führte zum Streit zwischen der Gauleitung und der SS. Gauleiter Eigruber forderte ohne Rücksicht auf ideologische Vorbehalte die Arbeit von Ausländern, um die Produktion in den Rüstungsbetrieben aufrechterhalten zu können. Himmler vertrat dagegen eine rein politische Linie, nach der ein so hoher Anteil von Ausländern unwillkommen war.

An anderen Orten des Reiches wurde aber auf solche Ansichten weniger Rücksicht genommen. Allgemein stieg 1943 die Zahl der zwangsrekrutierten Arbeiter, die für die deutsche Rüstungsproduktion arbeiten mussten. In gesamten Gau »Oberdonau« sollte allein die Anzahl

Bau des Kranken-
reviergebäudes
des Lagers Maut-
hausen, im Hintergrund
Baracken im Stil des
Reichsarbeitsdienstes,
1942/1943.

der Zwangsarbeiter bis zum August 1944 noch auf 89 583 steigen.[95] In dieser Zahl waren die vielen Kriegsgefangenen noch nicht inbegriffen. Um die Arbeitsleistungen in den Betrieben zu steigern, verschärfte die Wehrmacht den Druck auf die Kriegsgefangenen. In einem Rundschreiben befahl das Oberkommando der Wehrmacht, »faul[e] und aufsässig[e] Kriegsgefangen[e] [...] notfalls mit der Waffe« zur Arbeit anzuhalten.[96]

Die SS bemühte sich, die Lücke bei den Arbeitskräften in Linz durch Häftlinge aus dem nahen Konzentrationslager Mauthausen zu schließen. Bereits im März 1938 hatte Himmler die Gründung eines Konzentrationslagers bei Linz angekündigt. Ab Anfang August 1938 bauten 300 Häftlinge aus Dachau das Lager in Mauthausen auf. Ausschlaggebend für die Wahl des Ortes waren die Steinbrüche, die sich hier befanden.[97]

Bau des Appellplatzes
des Lagers Maut-
hausen, 1941/1942.

Häftlinge bei der
Zwangsarbeit im Stein-
bruch Wiener Graben
in Mauthausen, 1942.
Material aus den Stein-
brüchen von Mauthausen
wurde auch in den
Fundamenten der Linzer
Brückenkopfbauten
verwendet.

Im Januar 1941 stufte Himmler Mauthausen als Lager der Kategorie III ein: Menschen, die hier hergebracht
wurden, galten als »kaum noch erziehbare Schutzhäft-
linge«. Sie sollten systematisch durch Arbeit erschöpft
und ermordet werden. Die Gründung des Lagers war
eng mit den wirtschaftlichen Aktivitäten der SS verbunden. Bereits im April 1938 hatte das Berliner Wirt-
schaftsverwaltungshauptamt der SS die »Deutsche Erd-
und Steinwerke GmbH (DEST)« gegründet. Diese
Gesellschaft hatte die Aufgabe, Baumaterial zu ver-
markten, das die Gefangenen der SS unter unmenschlichen Bedingungen herstellten. Die DEST betrieb daraufhin im Lager Sachsenhausen ein Großziegelwerk
sowie in den Lagern Flossenbürg und Mauthausen Gra-
nitsteinbrüche. Im Jahr 1939 weitete die Leitung des

Lagers Mauthausen die Produktion von Steinblöcken
noch aus und gründete im Steinbruch Kastenhof in der
Nähe des Ortes Langenstein das Außenlager Gusen.[98]

Die DEST belieferte viele Großbaustellen des Reiches
mit Baustoffen. Die Gesellschaft war in der Lage, ihre
Kosten durch den Einsatz von Zwangsarbeitern gering
zu halten. Sie unternahm jedoch nichts, um das Poten-
zial der Arbeitskräfte zu steigern, sondern war nur an
deren rücksichtsloser Ausbeutung interessiert. Im Januar 1941 befanden sich rund 8000 Häftlinge im Dop-
pellager Mauthausen/Gusen. Ende des Jahres waren es
schon 15 900. Die Zahl der Inhaftierten stieg bis zum
Oktober 1944 auf insgesamt über 73 000 Menschen.
Das Lager musste daraufhin vergrößert werden, um die
gestiegene Zahl von Häftlingen aufnehmen zu können.[99]

Unter den Häftlingen in den Lagern von Mauthausen und Gusen waren auch Juden. Bis März 1945 betrug ihre Zahl 13 000. In Linz war es schon bald nach dem »Anschluss« im März 1938 zu ersten Ausschreitungen gegen jüdische Bürger der Stadt gekommen. Die jüdische Gemeinde der Stadt war aber traditionell eher klein. Aufgrund der Übergriffe und der Einführung der deutschen Rassegesetze flohen noch im selben Jahr rund 600 bis 700 Juden aus der Stadt. Im Jahr 1941 wurden die wenigen jüdischen Menschen, die noch in Linz lebten, nach Wien in Sammelquartiere gebracht und im folgenden Jahr in den Osten deportiert und zum größten Teil ermordet.[100]

Ein erster Zwangseinsatz von Juden im Raum Linz schien sich bereits im Mai 1939 abzuzeichnen: Zu diesem Zeitpunkt forderte die Reichsautobahndirektion den Einsatz von 170 Juden, die beim Bau der Autobahn um Linz mithelfen sollten.[101] Der Inspektor des deutschen Autobahnwesens Todt lehnte grundsätzlich einen solchen Einsatz ab. Nach seiner Ansicht war die Arbeit von Juden an der Autobahn mit dem »Ansehen« der Strecke als »Straße des Führers« nicht vereinbar. Er wollte der Zwangsarbeit von Juden nur in den Nebenbetrieben wie Steinbrüchen oder Kieswerken zustimmen. Die Anfrage für den Arbeitseinsatz in Linz leitete er aber an das Reichsarbeitsministerium weiter. Da die Juden inzwischen in anderen österreichischen Betrieben zur Arbeit verpflichtet worden waren, wurden sie nicht zum Autobahnbau abgestellt.[102] Der großflächige Einsatz von jüdischen Zwangsarbeiten im Raum Linz sollte erst drei Jahre später erfolgen.

Während des Krieges änderte die SS unter dem Eindruck von mangelnden Arbeitskräften die Behandlung von Häftlingen. Ab Ende Januar 1942 begann sie damit, Gefangene in den Konzentrationslagern für die Arbeit in der Rüstungsindustrie des Reiches einzusetzen. Bis zu diesem Zeitpunkt gab es nur Außenlager, in denen für die Bedürfnisse der SS gearbeitet wurde. Private Firmen konnten nun ihren Bedarf an Arbeitskräften beim Wirtschafts- und Verwaltungshauptamt der SS anmelden. Nach einer Prüfung der möglichen Unterkünfte durch die SS konnten die Firmen dann die Arbeiter in den Lagern selbst aussuchen. Anschließend wurden die Häftlinge in die Außenlager zu den Fabriken gebracht.[103]

Daneben versuchte die SS, mit den Linzer Baustellen auch direkt ins Geschäft zu kommen. Im Februar 1942 unterzeichneten der Gau, die Stadt Linz und die Deutsche Arbeitsfront einen Vertrag, der sie zur Abnahme von Ziegeln verpflichtete, welche die SS herstellen wollte. Rüstungsminister Speer torpedierte jedoch dieses Vorhaben im Mai 1942 und ließ es als »nicht kriegswichtig« stoppen. Die SS ersann daraufhin das Projekt, zusammen mit den Reichswerken Bausteine aus Schlacke zu gewinnen. An dem Gemeinschaftsunternehmen mit den Reichswerken war auf Seiten der SS wieder die DEST beteiligt. Daneben konnte die SS Natursteine, die in ihren Lagern gebrochen wurden, nach Linz liefern. Dazu gehörten beispielsweise Blöcke, die in den Kaimauern von Linz verbaut werden sollten. Himmler traf hierzu im Sommer 1942 eine Vereinbarung mit Giesler.[104]

Im Zuge dieser Maßnahmen, immer mehr Häftlinge auf den Baustellen und in den Rüstungsfirmen von Linz einzusetzen, kamen auch Gefangene aus den Lagern von Mauthausen und Gusen in die Stadt. In Linz betrieb die SS drei große Lager, in denen diese Häftlinge untergebracht waren. Das Lager »Linz I« wurde im Januar 1943 bei den Reichswerken gegründet. Häftlinge von dort mussten im Schlackenwerk sowie beim Straßenbau und im Stahlwerk der Linzer Hütte arbeiten. Bis zu 790 Menschen lebten in dem Lager. Die Lebensbedingungen im Schlackenwerk waren dabei besonders schlecht: Die ausgekühlte Schlacke wurde unter freiem Himmel in Formsteine gefüllt. Da das Lager an der Donau lag, war es dort im Sommer sehr heiß und im Winter sehr kalt. Dazu kam die sehr schlechte Ernährung.[105]

Das Lager »Linz III« lag ebenfalls bei den »Hermann Göring Werken« und wurde im Mai 1944 eingerichtet. Die mehr als 5000 Häftlinge, die sich hier befanden, wurden besonders bei den Bauten der Reichsbahn, bei der Panzerproduktion und bei Aufräumarbeiten nach Luftangriffen eingesetzt. In den Steinbrüchen mussten die Gefangenen der SS oft 54 bis 60 Stunden in der Wo-

Der Reichsführer-SS
Heinrich Himmler, der
Lagerkommandant des
Konzentrationslagers
Mauthausen Franz
Ziereis und der Chef
der Sicherheitspolizei
und des SD Ernst Kal-
tenbrunner (v. l. n. r.)
inspizieren das Lager,
1941.

che arbeiten. In den Außenkommandos der Linzer Lager betrug die Arbeitszeit sogar 66 bis 72 Stunden. Neben den Drangsalierungen durch die Wachmannschaften und den unmenschlichen Arbeitsbedingungen litten die Häftlinge in den Linzer Lagern besonders unter den zunehmenden Luftangriffen. Nachdem die Linzer Hütte durch zwei alliierte Bombenangriffe im Juli 1944 stark zerstört worden war, mussten die Häftlinge des dortigen Lagers »Linz III« tagelang Trümmer und Blindgänger beseitigen. Zu ihrer Unterstützung wurden Gefangene aus dem Lager »Linz I« in die Hütte versetzt und dieses Lager im August 1944 geschlossen.[106] Das Lager »Linz III« bestand dagegen bis zum Ende des Krieges. Die schlechten Lebensbedingungen im Lager sorgten dafür, dass hier noch kurz vor der Befreiung durch US-Soldaten 460 Häftlinge starben.[107]

Neben den Hauptlagern von Mauthausen/Gusen und den Linzer Nebenlagern gab es noch eine Reihe von kleineren Arbeitskommandos in der Stadt. Dazu gehörten beispielsweise Arbeiter in der Gärtnerei des Gauleiters oder Häftlinge, die Splittergräben zum Schutz der Einwohner in der Stadt anlegen mussten.[108] Sie waren in vielen kleineren Lagern in der Stadt untergebracht und hatten dort oftmals in den von Hitler ersonnenen »Holzhäusern« zu wohnen. Allein für die ausländischen Arbeiter gab es im Großraum Linz bei Kriegsende mindestens 84 solcher Barackenlager. Insgesamt sollen über 20 000 ausländische Arbeitskräfte, und unter diesen 6500 KZ-Häftlinge, allein auf den Baustellen der Stadt beschäftigt gewesen sein.[109]

Im Sommer 1944 begann auch im Nibelungenwerk von St. Valentin die Arbeit von Häftlingen aus den Lagern Mauthausen/Gusen. Die Arbeitskräfte waren inzwischen so knapp geworden, dass ein solcher Einsatz von Häftlingen auch bei der Herstellung von Panzern nicht mehr vermieden werden konnte. Am 22. August erreichte so ein erster Transport von Häftlingen das Werk. Die Gefangenen begannen sogleich mit dem Aufbau eines entsprechenden Barackenlagers. Bis zum April 1945, als hier die Panzerproduktion nach einem schweren Bombenangriff eingestellt wurde, bestand das Gefangenenlager neben dem Werk. Bis zu 1725 Menschen mussten hier für die SS im Rüstungsbetrieb arbeiten.[110]

Zu den Tätigkeiten, zu denen die Gefangenen in Linz gezwungen wurden, gehörte auch der Bau von Luftschutzräumen. Seit Anfang 1943 hatten Bauarbeiter unter der Leitung von Giesler systematisch Durchbrüche in Kellern angelegt und so ein unterirdisches Netz von Schutzräumen in der Stadt errichtet. Nachdem die Alliierten im August 1943 Nordafrika erobert hatten, lag auch ganz Oberösterreich im Wirkungsbereich ihrer Bomberflotten. Die Folge waren vermehrte Angriffe auf österreichisches Gebiet. Diese Situation zwang Hitler, auch in Linz verstärkt Luftschutzräume zu bauen.

Im Januar 1944 ergriff Hitler persönlich die Initiative: Er ließ Himmler wissen, dass sich der SS-Offizier Hans Kammler um den Ausbau der Schutzräume in Linz kümmern solle. Himmler seinerseits beauftragte den Ingenieur, »mit größter Energie« die Aufgabe zu erledigen. Kammler, eigentlich für Rüstungsbauten zuständig, ging die Sache schnell und erfolgreich an, was nur durch den hemmungslosen Einsatz von Gefangenen aus Konzentrationslagern möglich war. Vermutlich hatte er sich durch diese erbarmungslose Effizienz bei Hitler empfohlen, der nun das Projekt der unterirdischen Schutzräume auf ihn übertrug. Kammler verbaute bis Februar 1944 über zwei Millionen Ziegelsteine für die Schutzräume in der Stadt. Bis Ende September baute er 800 Keller als Schutzräume aus, ließ 300 Deckungsgräben ausheben und legte acht unterirdische Luftschutzstollen an.[111]

Vermutlich auf direkte Weisung Himmlers wurde im Februar 1944 auch das Lager »Linz II« als Außenlager von Mauthausen errichtet. »Linz II« befand sich am Bauernberg (Bockgasse). Die Häftlinge mussten hauptsächlich die Luftschutzräume unter den westlichen Höhen der Stadt (Bauernberg, Freinberg und Schlossberg) anlegen. Auch Brauereikeller in der Stadt wurden in Schutzräume umgewandelt. Daneben kam es zur Errichtung von einzelnen Hochbunkern. Die Häftlinge mussten auch bei der Verlegung von Rüstungsbetrieben, die nun in unterirdischen Räumen eingerichtet wurden, helfen. Die Arbeitsleistung der rund 380 Gefangenen bezahlte die Stadt Linz direkt an das KZ Mauthausen. Obergruppenführer Kammler fungierte hier als Zeitarbeitsfirma für die Leiharbeiter und Lieferant von Baustoffen. Das Lager existierte bis Ende April 1945.[112]

Neben der Anlage der Schutzräume unter den Häusern der Stadt war der Bau von Luftschutzstollen im Erdboden eine besondere bauliche Herausforderung. Die Lebensbedingungen der Häftlinge, die oft tagelang unter der Erde schufteten, waren miserabel. Gearbeitet wurde in drei Acht-Stunden-Schichten. Die Verpflegung war allerdings etwas besser als in anderen Außenlagern des KZ Mauthausen. Die Schutzräume reichten für die Linzer Bevölkerung jedoch bei weitem nicht aus. Am Ende des Krieges gelangten zusätzlich viele Flüchtlinge in die Stadt, die vor der Roten Armee nach Westen flüchteten. Diese Menschen, für die es so kaum Schutzräume gab, wurden ebenfalls in Baracken untergebracht. Das Linzer Stadtbild war bei Kriegsende von vielen Notunterkünften geprägt, in denen Flüchtlinge, Fremdarbeiter und Häftlinge lebten.[113]

Am 5. Mai 1945 übergab der Oberbürgermeister Franz Langoth, der 1944 Sturma in dieses Amt gefolgt war, die Stadt kampflos der US Army. Damit endete für die Linzer Bevölkerung die Zeit der zermürbenden Luftangriffe. Zudem kamen so zwischen 4800 und 4900 Gefangene der SS, die bis dahin überlebt hatten, wieder in die Freiheit.[114]

KULTUR IM UMLAND

Das Stift St. Florian, undatiert.

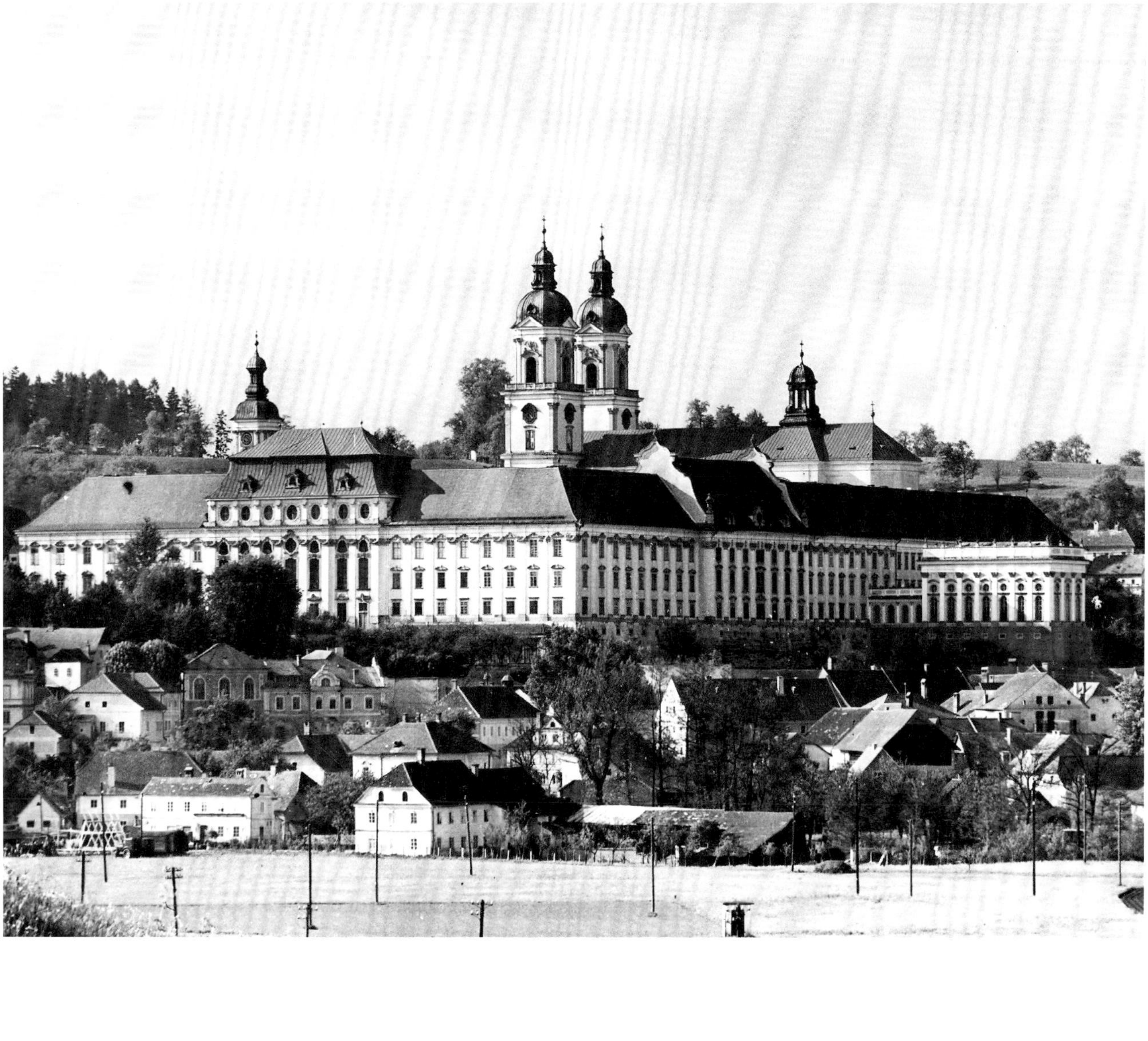

Der Zugriff auf die Klöster

Im Umland der Stadt Linz befinden sich seit Jahrhunderten Zentren der abendländischen Kultur. In den österreichischen Stiften und Klöstern führten Mönche ein gottgefälliges Leben und trugen über viele Jahre kunsthistorische Schätze in Form von Altargeräten, Büchern und anderen Kollektionen zusammen. Diese Sammlungen waren nach dem »Anschluss« des Landes durch die Begehrlichkeit der Nationalsozialisten besonders bedroht. Hitler hatte 1938 entschieden, das Konkordat von 1934 zwischen Österreich und dem Heiligen Stuhl, das der katholischen Kirche in Österreich teilweise den Rang eines Verfassungsorgans zubilligte, nicht zu übernehmen. Andererseits lehnte er es auch ab, das Reichskonkordat, das seit 1933 das Verhältnis zwischen dem Deutschen Reich und der katholischen Kirche regelte, auf Österreich auszudehnen. Dadurch entstand für die katholische Kirche in dem Alpenland eine kritische Situation. Die katholischen Einrichtungen waren nicht mehr durch rechtliche Vereinbarungen mit dem Vatikan geschützt.[1]

So war es kein Wunder, dass die Nationalsozialisten schon ab Mai 1938 nach den Kirchengütern griffen. Zunächst wurde das Stift St. Lambrecht beschlagnahmt. Im Februar 1939 kam das Stift Göttweig unter Zwangsverwaltung. Im selben Jahr wurden die Stifte von Engelszell, Admont, Stams und Wilten beschlagnahmt. Das Vorgehen lief oft nach diesem Schema ab: Zunächst durchsuchten Beamte der Geheimen Staatspolizei (Gestapo) die Anlagen nach Beweisen für Verbrechen. Anschließend wurden die Stifte und Klöster von der SS gestürmt und aufgrund der »Verordnung über die Einziehung von volks- und staatsfeindlichem Vermögen im Lande Österreich« vom 18. November 1938 eingezogen. Die Bewohner mussten dann die Klöster und Stifte verlassen. Parallel dazu hatte das Wiener Ministerium für innere und kulturelle Aufgaben 1938 eine geheime Inventarisierung der übrigen österreichischen Klöster angeordnet. Aus diesem Grund ließ auch der Landeskonservator im Gau »Oberdonau« eine erste Auflistung des

Kunstbesitzes in den örtlichen Stiften und Klöstern vornehmen.[2] Und dies waren nur die Vorbereitungen für einen weiteren Einzug von Kirchenbesitz in Oberösterreich.

Im Sommer 1940 beschlagnahmten die Behörden des Gaus »Oberdonau« das Zisterzienserstift Wilhering wegen »legitimistischen Widerstandes«. In dem Kloster hatte sich eine oppositionelle Zelle der »Großösterreichischen Freiheitsbewegung« gegründet. Die Bewegung kämpfte gegen die Einverleibung Österreichs in das »Altreich« und für die Wiederherstellung der Monarchie. Zum Kern der Bewegung in Oberösterreich gehörten fünf Zisterziensermönche aus dem Stift.[3] Die Beschlagnahmung von Wilhering war der Auftakt zu einer zweiten Welle von Übergriffen auf den Besitz der katholischen Kirche in Österreich: Bis zum Juli sollten noch die Stifte und Klöster in St. Florian, Schlägl, Kremsmünster und Lambach durch die Gestapo und die SS beschlagnahmt werden.[4]

Am 13. Januar 1941 nahm sich Bormann der Frage der Beschlagnahmung von Klöstern an. In einem Rundbrief an die Gauleiter berichtete er von den bisherigen Erfahrungen auf diesem Gebiet: Danach zeigte die Bevölkerung keinen Unwillen, wenn der Staat auf Klöster zugriff und diese einer »allgemein gerecht erscheinenden Verwendung« zuführte. Unter einer solchen »Verwendung« verstand er eine anschließende Nutzung der kirchlichen Gebäude als Krankenhäuser, Erholungsheime und Erziehungsanstalten. Bormann forderte die Gauleiter auf, »von diesen Möglichkeiten [...] weitgehend Gebrauch« zu machen. Das Rundschreiben war der Startschuss für einen umfangreichen Sturm auf katholische Einrichtungen im ganzen Reich.[5]

Nach diesem Rundschreiben meldete sich am 17. Januar 1941 Gauleiter Eigruber bei der Münchner Parteikanzlei der NSDAP. Er ließ mitteilen, dass er das Stift St. Florian südöstlich von Linz wegen »wiederholter Verstöße gegen Partei und Staat« beschlagnahmen wolle, und schlug vor, die Anlage – das größte und bedeutendste Kloster in Oberösterreich – zugunsten des Reiches einzuziehen. Anschließend sollte in dem prachtvollen barocken Stiftsgebäude ein Bruckner-Kon-

Altarraum der
Stiftsbasilika
St. Florian, 2007.

Gauleiter Eigruber
(helle Uniform) trifft
in den Tagen der
Beschlagnahmung im
Stiftshof auf Propst
Vinzenz Hartl (im
Hintergrund, Mitte) und
den Priester Johannes
Hollnsteiner (rechts
außen), 1941.

servatorium eingerichtet werden. Damit war die Zielrichtung klar: Der Gau wollte das Stift für weltliche kulturelle Zwecke umwandeln, die Kosten dafür sollte das Reich übernehmen. Hitler billigte diesen Plan, jedoch mit der Einschränkung, dass das Stift für den Gau »Oberdonau«, nicht für das Reich, eingezogen werden solle.[6]

Wenige Tage später, am 21. Januar 1941, schlug die Gestapo zu: 50 Beamte der Staatspolizeileitstelle Linz stürmten das 900 Jahre alte Stift St. Florian und durchsuchten es anschließend mehrere Tage lang. Angeblich wurden Waffen gefunden, die der Probst des Stiftes, Vinzenz Hartl, der sich in einem langen Schreiben über das Vorgehen der Gestapo bei der Berliner Reichskanzlei beschwerte, nie zu Gesicht bekam.[7] Die Beamten der Reichskanzlei scheinen dieser Beschwerde auch nachgegangen zu sein. Ende März 1941 erschien Hartl selbst in der Reichskanzlei, um noch einmal persönlich zu protestieren. Der Probst war vor allem über die künftige Unterbringung seiner Geistlichen und der Laienbrüder besorgt, die nun alle durch die Beschlagnahmung obdachlos zu werden drohten. Anfang April berieten sich Gauleiter Eigruber und Reichskanzleiminister Lammers in dieser Angelegenheit. Es stand für sie fest, dass es bei der von Hitler gefällten Entscheidung der Beschlagnahmung bleiben müsse. »Nach den Absichten des Führers« sei es auch nicht möglich, dass die Bewohner weiter im Gebäude blieben. Allerdings erklärte sich Eigruber bereit, dabei zu helfen, für die geistlichen Herren ein neues Heim zu finden.[8] Die Augustiner Chorherren von St. Florian mussten daraufhin das Stift bis zum 20. April 1941 räumen. Sie fanden im ehemaligen Stiftshof Pulgarn eine Notunterkunft. In St. Florian zogen zunächst rund 1200 deutsche Umsiedler aus Bessarabien und der Bukowina ein. Hitler befahl allerdings schon im Mai 1941 die Räumung, um eine »Bruckner-Weihestätte« im Stift einrichten zu können.[9]

Während die nationalsozialistischen Dienststellen über die zukünftige Nutzung des Stiftes berieten, regte sich in der katholischen Kirche Widerstand. Die Kirche war nicht bereit, den Entzug des Stiftes St. Florian und anderer Klöster im Reich ohne weiteres hinzunehmen.

Mitte Juni 1941 wandte sich Kirchenminister Hanns Kerrl an die Reichskanzlei, um auf »große Missstimmung in weiten Bevölkerungskreisen« über die verschiedenen Beschlagnahmungen von Orden und Klöstern hinzuweisen. In der Bevölkerung mache sich angesichts dieser Vorgänge ein »Gefühl der Rechtsunsicherheit« breit.[10] Wenige Tage später verabschiedete die Fuldaer Bischofskonferenz einen Hirtenbrief, der am Sonntag, den 6. Juli 1941 in allen katholischen Kirchen des Reiches verlesen wurde. In diesem Brief, der im »Dritten Reich« einen klaren Akt der Opposition gegen das Regime darstellte, bekundeten die Bischöfe ihren »großen Schmerz« über Maßnahmen, die in das kirchliche Leben eingriffen.[11]

Hitler, der während des Zweiten Weltkrieges immer radikaler in seiner Ablehnung der katholischen Kirche wurde, gab angesichts dieses Widerstands nach. Am 30. Juli 1941 untersagte er in einem Erlass die weitere Beschlagnahmung von Klöstern. Die Gauleiter wurden aufgefordert, keine eigenmächtigen Maßnahmen mehr auf diesem Gebiet zu unternehmen. Der Diktator ordnete diesen Stopp an, weil er um die Stimmung in der Bevölkerung fürchtete, die zur gleichen Zeit auch durch den deutschen Überfall auf die Sowjetunion stark belastet wurde. Für die bereits beschlagnahmten Klöster hatte dieser Erlass keinerlei Bedeutung.[12]

Das »Orchester des Führers«

Nach der Beschlagnahmung des Stiftes St. Florian, der bald auch eine förmliche Enteignung folgen sollte, stellte sich die Frage, wie die barocke Klosteranlage in Zukunft zu nutzen sei. Gauleiter Eigruber hatte ganz genaue Pläne: Er verfolgte nach wie vor das Ziel, das Stift in eine musikalische Erziehungsstätte umzuwandeln. Schließlich war die Basilika ein für die Musikgeschichte historischer Ort, an dem der Komponist Anton Bruckner viele Jahre seines Lebens als Organist gewirkt hatte. Eigruber konnte sich hier als Vollstrecker von Hitlers Willen fühlen. Der Diktator hatte seit seiner

Jugend in Linz eine Vorliebe für die Werke des österreichischen Komponisten. Im Jahr 1936 stimmte er der Aufstellung einer Büste von Bruckner in der Regensburger Walhalla zu, die eigentlich deutschen Persönlichkeiten vorbehalten war.

Musikpflege war im »Dritten Reich« aber keine Angelegenheit der Gauleiter, sondern fiel in die Zuständigkeit des beständig um die Gunst Hitlers buhlenden Propagandaministers Goebbels. Dieser besuchte das Stift St. Florian bereits Mitte März 1941. Dabei hielt er an dem Plan fest, »die Pfaffen [zu] vertreiben, eine Hochschule für Musik und eine Brucknergesellschaft hin[zu]legen«.[13]

Durch Hitlers Entscheidung, das Stift zugunsten des Gaues »Oberdonau« einzuziehen, lag das Vorschlagsrecht für die künftige Nutzung der Anlage zunächst bei Gauleiter Eigruber. Dieser hatte schon im März 1940, also ein Jahr vor der Beschlagnahmung, mit den Reichsbehörden über das Projekt verhandelt, in St. Florian ein musisches Gymnasium einzurichten. Der Gauleiter argumentierte mit dem angeblichen »Willen des Führers«, der ein solches Institut »unter allen Umständen notwendig« mache. Das Reichsfinanzministerium war aber nur bereit, sich mit einem Drittel der Kosten an dem Projekt zu beteiligen.[14] Eigruber musste in der nationalsozialistischen Bürokratie nach weiteren Verbündeten suchen, um sein Vorhaben zu verwirklichen.

Nach der Beschlagnahmung des Stiftes konnte Eigruber den Reichsminister für Wissenschaft, Erziehung und Volksbildung, Bernhard Rust, für sein Projekt gewinnen. Der Minister wandte sich im Juli 1941 mit dem Vorschlag des musischen Gymnasiums in St. Florian an Hitler. Die Kosten für den Lehrbetrieb sollte das Reich übernehmen. Dieser Vorschlag rief jedoch Goebbels auf den Plan. Er erhob Einspruch gegen die geplante Schule und wies darauf hin, dass durch ein solches musisches Gymnasium die herausragende Rolle der bestehenden Knabenchöre im Reich (Leipziger Thomaner, Wiener Sängerknaben) gefährdet würde. Er verlangte nach einer Entscheidung Hitlers.[15]

Aufgrund des Russlandfeldzugs widmete sich Hitler im Sommer und Herbst 1941 nicht der Frage der musi-

kalischen Früherziehung in seiner ehemaligen Jugendstadt. Erst am 12. Dezember konnte ihn Eigruber persönlich aufsuchen, um den Vorschlag nochmals vorzubringen, in St. Florian ein musisches Gymnasium einzurichten. Es ging dabei längst nicht mehr um die beste Nutzung der Stiftsgebäude, es war eine Auseinandersetzung zwischen Eigruber und Rust einerseits und Goebbels andererseits um die Vorherrschaft über diesen Teil der kulturellen Planungen in Linz. Dabei war die Position des Gaues aber durch die örtlichen Gegebenheiten in St. Florian geschwächt: Das Stiftsgebäude, das zwar früher schon das »Singknabeninstitut« beherbergte, war für eine Schule denkbar ungeeignet. Rust musste selbst einräumen, dass nur wenige Räume für den Unterricht nutzbar waren. Abhilfe sollte daher ein Neubau nach dem Krieg schaffen. Trotzdem drängte der Reichsminister Anfang 1942 die Reichskanzlei zu einer Entscheidung in dieser Angelegenheit. Am 8. März 1942 genehmigte Hitler den Plan des musischen Gymnasiums in St. Florian, mit der Einschränkung, dass die »notwendigen Neubauten […] selbstverständlich erst nach dem Krieg« ausgeführt werden könnten.[16] Da der Russlandfeldzug gerade seine erste Krise überwunden hatte und es keine Aussicht gab, ihn als »Blitzkrieg« zu beenden, bedeutete die Entscheidung eine Verschiebung des Projektes auf unbestimmte Zeit.

Parallel zu den Plänen des Gaues »Oberdonau« verfolgte Propagandaminister Goebbels seine eigenen Ziele in St. Florian: Im Sommer 1941 besuchte der Reichsintendant des Deutschen Rundfunks, Heinrich Glasmeier, das Stift. Glasmeier wollte die Möglichkeit ausloten, die Anlage für den Reichsrundfunk zu erwerben und ein Orchester einzurichten.[17] Die Erkundigungen des Reichsintendanten mussten positiv verlaufen sein: Goebbels schlug im November 1941 Hitler offiziell vor, im Stift ein solches Orchester zu gründen. Hitler stimmte dem Vorschlag sofort zu und legte fest, dass dieser Klangkörper den Namen »Bruckner-Orchester« tragen solle. Der Diktator sah vermutlich die Gelegenheit, seine Linzer Kulturpläne mit dem Stift St. Florian zu verbinden. Ursprünglich hatte er geplant, das 1940 in der Stadt Linz gegründete Sinfonieorchester als

Hitler beim Festakt
anlässlich der Enthül-
lung der Bruckner-
Büste in der Walhalla
bei Regensburg,
6. Juni 1937.

Joseph Goebbels
(Mitte) und Gauleiter
Eigruber (links)
am 13. März 1941
in der Stiftskirche
St. Florian.

Rundfunkorchester auszubauen. Mit dem Vorschlag von Goebbels bot sich aber die Gelegenheit, einen weiteren, vollkommen neuen Klangkörper im Großraum Linz zu schaffen. Dieser hätte sich später einmal als »Orchester des Führers« in der geplanten Linzer Konzerthalle besonders der Pflege der Musik Bruckners widmen können. Einen Antrag der Wiener Philharmoniker, die Bezeichnung »Bruckner-Orchester« zu erhalten, hatte er bereits im Juni 1941 abgelehnt. In seinen Augen war dies nur ein neuer Versuch des »Wiener Zentralismus«.[18]

Nach der Entscheidung, den Ausbau der Singakademie zu vertagen, hatten Goebbels' Pläne bessere Chancen, verwirklicht zu werden. Mitte Juli 1942 legte Glasmeier ein Konzept für die künftige Nutzung des Stiftes vor. Glasmeier stammte aus Westfalen, war vor der »Machtergreifung« zur NSDAP gestoßen und leitete seit April 1933 den Westdeutschen Rundfunk in Köln. Zwei Jahre später rief ihn Goebbels nach Berlin und ernannte ihn 1937 zum Reichsintendanten. In diesen Jahren hatte sich Glasmeier mit der Einführung von neuen Sendeformaten einen Namen gemacht. Sein besonderes Steckenpferd war dabei die Pflege der klassischen Musik. Seit 1940 zog Goebbels die Leitung des deutschen Rundfunks aber immer mehr an sich und ließ die Sendungen direkt von seinem Ministerium leiten. Ende Juni 1942 verlor Glasmeier die letzte Aufsicht über die Programmgestaltung. Goebbels' Idee, in St. Florian ein Orchester einzurichten, bot dem Intendanten nun die Gelegenheit, ein neues Betätigungsfeld zu finden. Glasmeier plante langfristig. Nach dem Krieg wollte er einen eigenen Sender aufbauen, der vor allem ernste Musik ausstrahlen sollte. Kern dieses »Weltfunk«-Plans war das in St. Florian beheimatete Orchester. Mit diesem Projekt sollte Deutschlands kultureller Führungsanspruch nach dem »Endsieg« unterstrichen werden. Hitler stimmte dem Konzept sofort zu.[19]

Noch vor der formalen Enteignung des Stiftes reiste der Reichsintendant nach Linz, um mit der Gauleitung zu sprechen. Glasmeier musste lange mit Eigruber verhandeln, um zum Ziel zu gelangen: Ende Juli 1942 waren sich beide Seiten einig. Ab September 1942 sollte

der Gau »Oberdonau« das Stift für 99 Jahre zum symbolischen Preis von einer Reichsmark pro Jahr an die Reichsrundfunkgesellschaft verpachten. Glasmeier wurde zum Generalbevollmächtigten für das Stift St. Florian ernannt und war nur der Gauleitung verantwortlich. Er zog anschließend in die Wohnung der Prälatur ein, die er mit Möbeln aus dem Fundus des Stiftes nach seinem Geschmack einrichten ließ. Zudem beauftragte er einen Architekten damit, umfangreiche Umbau- und Restaurierungsarbeiten an dem Stift vorzunehmen.[20]

Glasmeiers Zeitplan sah vor, das Orchester zum 1. April 1943 zusammenkommen und ein Jahr später, am 20. April 1944, Hitlers 55. Geburtstag, erstmals mit einem Konzert an die Öffentlichkeit treten zu lassen. Hitler verfolgte im August 1942 die Umbauten in St. Florian »mit größter Freude« und legte fest, dass hier »mit großen Mitteln« das Bruckner-Orchester aufgebaut und das Stift erneuert werden solle. Sein Ziel war es, mit dem Orchester »Eliteaufnahmen« von Schallplatten für den Rundfunk einspielen zu lassen. Dafür sollte es mit Musikern aus den besten deutschen Orchestern besetzt werden.[21] Intendant Glasmeier forderte für dieses Ziel bereits Ende Juli 1942 die Summe von fünf Millionen Reichsmark an, wovon allein 500 000 für den Ankauf von Kunstgegenständen aus Frankreich und Italien vorgesehen waren, um das Stift hochwertig möblieren zu können. Goebbels gab seine Zustimmung, nachdem Hitler das Projekt gutgeheißen hatte.[22]

In kühler Berechnung hatte der Propagandaminister wohl erkannt, dass er mit einem Orchester, das sich der Musikpflege eines von Hitlers Lieblingskomponisten widmete, die Möglichkeit hatte, sich immer wieder Zutritt zum Diktator zu verschaffen. Bruckner nahm in Hitlers künstlerischem Denken viel Raum ein. Darauf ließen schon seine Wünsche schließen, in Linz ein Brucknerdenkmal aufzustellen und eine Turmspieluhr mit einer Melodie aus Bruckners Werk einzurichten. Zusätzlich entschied der Diktator 1941, dass der 82-jährige Konzertmeister Hermann Halböck aus Linz, der ein Brucknerschüler war, eine monatliche Unterstützung der Reichskanzlei erhielt. Halböck bezog zu diesem Zeitpunkt keine Rente.[23] Angesichts der Vorherrschaft Bormanns als Sekretär des »Führers« über Hitlers Terminkalender und Besucherliste war die Gründung des Orchesters ein geschickter Schachzug im ständig währenden Kampf der Gefolgsleute des Diktators um dessen Gunst. Goebbels' Strategie ging auf: So konnte der Propagandaminister im März 1943 im »Führerhauptquartier« über den Aufbau des Orchesters berichten, was Hitler, gerade angesichts der verheerenden Niederlage von Stalingrad, freute.[24]

Goebbels' Erfolgsmeldung war das Ergebnis der Bemühungen von Glasmeier: Ende September 1942 schlug er Georg Ludwig Jochum als Dirigenten vor. Dieser war der jüngere Bruder des später weltbekannten Dirigenten Eugen Jochum. Er leitete seit 1940 das Sinfonieorchester der Stadt Linz und hatte bereits mit viel Erfolg Konzerte mit Bruckner-Sinfonien gegeben. Nach langen Verhandlungen gelang es dem Reichsintendanten, den Dirigenten von der Stadt beurlauben zu lassen, damit er das neue Ensemble aufbauen konnte. Am 14. Oktober 1942 veröffentlichte Glasmeier einen Aufruf an deutsche Orchestermusiker, sich für das neue Ensemble in St. Florian zu bewerben.[25]

Die Besetzung des Orchesters war durch den Krieg mit Russland besonders schwierig geworden, da viele Musiker aus den deutschen Orchestern inzwischen an die Front geschickt worden waren oder drohten, zur Wehrmacht einberufen zu werden. Glasmeier versuchte Anfang 1943, mit einer Doppelstrategie voranzukommen: Angeworbene Musiker sollten eine u.k.-Stellung erhalten und damit nicht von der Wehrmacht eingezogen werden können. Darüber hinaus setzte er sich dafür ein, bereits einberufene Musiker aus ihrer militärischen Verwendung »herauszulösen«. Glasmeier berief sich dabei auf eine »Führerermächtigung für Dr. Goebbels«. Musiker, die er so vor dem Kriegseinsatz bewahren wollte, mussten sich allerdings vor einer Prüfungskommission einfinden, die ihre Begabung untersuchte.[26]

Die Personalabteilung des Propagandaministeriums, über die diese Anträge liefen, erbat hierbei von den Fachabteilungen des Ministeriums zum Teil zusätzliche Gutachten über die Qualifikation der Musiker. Instru-

mentalisten sollten nur dann vom Kriegsdienst befreit werden, wenn sie und ihre Begabung für das deutsche Musikleben »unbedingt erhalten werden müssen«. Zu diesem Kreis gehörte nach Ansicht der Beamten beispielsweise der Weimarer Violinist Karl-Heinz Lapp, der neben verschiedenen Stipendien auch eine Unterstützung von der Kanzlei des »Führers« erhalten hatte und als »gottbegnadeter Musiker« galt.[27] Unter den Künstlern, die so für das Bruckner-Orchester gewonnen wurden, waren auch vier Orgelbauer, die an dem berühmten Instrument, an dem einst Bruckner gespielt hatte, »Zinnpest« und Alterserscheinungen beseitigen sollten. Die Berufungen von vielen namhaften Musikern nach St. Florian rissen in den übrigen Orchestern des Reiches Lücken. Oft waren die städtischen Klangkörper nicht bereit, ihre besten Kräfte ohne Ersatz gehen zu lassen. In Mainz beispielsweise stimmten die örtlichen Behörden erst zu, Musiker an das Bruckner-Orchester abzugeben, nachdem zwei französische Ersatzgeiger dienstverpflichtet worden waren und dort nun musikalische Zwangsarbeit verrichten mussten.[28]

Am 3. April 1943 konnte schließlich das neue Orchester vollständig zu einer Feier in St. Florian zusammentreten. Dabei ließ Glasmeier die Musiker in einer aufwendig inszenierten Veranstaltung auf Hitler und das Werk Bruckners »vereidigen«.[29] Einen Tag später besuchte der Diktator das Stift, um sich von der Aufbauarbeit einen eigenen Eindruck zu verschaffen. Dort bekam er eine Probe des neuen Ensembles zu hören. Anschließend bekräftigte er seinen Willen, aus dem Klangkörper »das beste deutsche Orchester« oder »den besten Klangkörper der Welt« zu machen.[30] Ein solcher Ausbau zu einem »Klasseorchester« war für ihn nicht nur Selbstzweck. Für Hitler war das Ensemble Teil seiner Strategie für den Ausbau der Stadt. Angesichts der starken Industrialisierung durch die neue Hütte und andere Betriebe sollte nach seinem Willen zum Ausgleich auch der kulturelle Charakter der Stadt betont werden. Er verlangte daher, Theater, Film und Musik in Linz »mit allen Mitteln« zu fördern. Als Ziel nannte er in diesem Zusammenhang wieder den alten Plan, die Stadt zu einem »deutschen Budapest« zu machen.[31]

SS-Wache am
Bruckner-Sarkophag,
undatiert.

Bestärkt durch den »Führerwillen« gab Glasmeier das Geld mit vollen Händen aus: Für die Einfuhr von Kunstgegenständen zahlte er an den Berliner Kunsthändler Karl Haberstock 25 000 Reichsmark, für Waren aus Italien an die Münchner Kunsthandlung Fischer-Böhler 200 000 Reichsmark. Allein im Jahr 1943 gab er 88 000 Reichsmark für Teppiche aus. Daneben mussten die Gehälter der Musiker gezahlt werden. Zusätzlich baute Glasmeier auch noch einen Chor im ehemaligen Stift auf, der ebenfalls Geld kostete. Bis zum Februar 1944 gab er für das Projekt »Bruckner-Orchester« insgesamt mehr als 4,4 Millionen Reichsmark aus.[32]

Während die 80 Musiker im Frühjahr 1943 unter der Leitung von Jochum mit den Proben begannen, wuchs unterdessen außerhalb des Stiftes die Zahl der Menschen, die neugierig wurden, den von Hitler geförderten Klangkörper einmal zu hören. Im Sommer 1943 gab das Ensemble die ersten Sommerkonzerte, zu denen aber nur eine beschränkte Öffentlichkeit von Parteimitgliedern und Angehörigen der Wehrmacht Zutritt hatte. Mit Mühe gelang es Glasmeier, die Musiker von weiteren Spielverpflichtungen freizuhalten. Er ließ die Linzer Behörden wissen, dass das Bruckner-Orchester nicht dafür da sei, »auf die Dörfer hinauszufahren und dort [...] Konzerte zu geben«. Das Berliner Ministerium unterstützte ihn in dieser Linie. Von Berlin wurde das Linzer Reichspropagandaamt darauf hingewiesen, dass sich das Orchester noch im Aufbau befinde und dabei nicht gestört werden dürfe.[33] Erst Anfang September 1943 kam es zu einem Konzert in Linz, bei dem der Dirigent und die Musiker erstmalig vor die Allgemeinheit traten. In der folgenden Konzertsaison spielte das »Bruckner-Orchester St. Florian« an mehreren Abenden im Rahmen der städtischen Abonnementkonzerte.

Einer größeren Öffentlichkeit im Reich blieb der Klangkörper aber weiterhin unbekannt.[34]

Glasmeiers ursprüngliches Ziel war es, mit einem wohlinszenierten kulturellen Paukenschlag das Orchester berühmt zu machen. Er plante für Hitlers Geburtstag am 20. April 1944 einen großen Festakt, den das erste reichsweit übertragene Konzert des Orchesters einrahmen sollte. Gauleiter Eigruber untersagte diesen Plan jedoch nach Rücksprache mit Hitler. Im fünften Kriegsjahr passte eine solche Festveranstaltung nicht mehr recht zur offiziellen Durchhaltepropaganda. Statt der Direktübertragung sendete der Reichsrundfunk an diesem Tag die Aufzeichnung der 7. Sinfonie von Bruckner, die Jochum wenige Tage zuvor eingespielt hatte. Die Presse durfte über dieses Konzert nur eingeschränkt berichten.[35]

Zu einer großen Präsentation des Bruckner-Orchesters kam es erst am 9. und 10. Mai 1944. An diesen Tagen trat das Ensemble erstmalig in Wien auf. Das Orchester spielte im Saal des Wiener Musikvereins zwei Sinfonien von Bruckner, die im Rundfunk direkt übertragen wurden. In einer Information an Hitler lobte Goebbels das Auftreten des von ihm geförderten Orchesters, das einen »geradezu sensationellen Eindruck« gemacht habe. Die Wiener Bevölkerung war zu Recht darüber erstaunt, wie ein solcher Klangkörper »im 5. Kriegsjahr aus dem Nichts« geschaffen werden konnte. Der Dirigent Jochum wurde bei der ersten Aufführung zehnmal herausgerufen. Sein Kollege Wilhelm Furtwängler, der die Übertragung verfolgte, lobte die Aufführung ebenfalls. Goebbels knüpfte an diesen Erfolg gleich eine Durchhalteparole und legte der Bevölkerung die Äußerung in den Mund, nach der ein Volk, das noch im fünften Kriegsjahr zu solchen Leistungen fähig wäre, »nicht den Krieg verlieren« könne.[36] Die

Presse durfte über diese Veranstaltung frei berichten und überschlug sich in ihrem Lob. Der offenkundige Erfolg war für Hitler Anlass, den Namen des Klangkörpers in »Linzer Reichs-Bruckner-Orchester des Deutschen Rundfunks« ändern zu lassen.[37]

Den Erfolg des Orchesters wusste auch Rüstungsminister Speer zu nutzen. Für den 24. und 25. Juni 1944 lud er zu einer großen »Rüstungstagung« nach Linz, die in einem ungewohnlich großen Kreis von rund 300 Personen stattfand. Am Nachmittag des 25. Juni bat der Minister seine Gäste zu einem Empfang in das Stift St. Florian. Vor den Amtschefs und wichtigen Mitarbeitern seines Ministeriums sowie den Vertretern der gewerblichen Wirtschaft, die in den »Hauptausschüssen«, »Ausschüssen« und »Ringen« des Rüstungsministeriums arbeiteten, spielte das Orchester die 4. Sinfonie Bruckners. Anschließend gab es einen Imbiss bei Kerzenschein. Speer wollte, wie ein Teilnehmer vermutete, mit dieser Veranstaltung die Einsatzbereitschaft seiner Mitarbeiter anregen. Vielleicht wollte der intelligente Minister aber auch nur an seinem Nimbus als Manager für die Zeit nach dem immer wahrscheinlicher werdenden Niedergang des »Dritten Reichs« arbeiten. Wenige Tage zuvor waren die Alliierten in der Normandie gelandet.[38]

Die erfolgreichen Auftritte des Bruckner-Orchesters schufen aber ein neues Problem: Wer sollte zukünftig dauerhaft den Klangkörper als Chefdirigent leiten? Goebbels beschloss, die Aufbauarbeit Jochums durch eine externe Kraft prüfen zu lassen. Der Propagandaminister schickte einen namhaften Dirigenten nach St. Florian. Hierbei handelte es sich um den Salzburger Herbert von Karajan. Der Dirigent hatte sich Anfang April wieder einmal mit dem Generalintendanten der Preußischen Staatstheater, Heinz Tietjen, überworfen.

Seit dem Ende der Spielzeit 1941/1942 war Karajan ohne festes Engagement und hatte als einzige künstlerische Aufgabe, mit der Berliner Staatskapelle, dem Orchester der Staatsoper Unter den Linden, sechs Konzerte im Jahr zu geben. Die Staatskapelle unterstand aber Tietjen in seiner Eigenschaft als Leiter der Berliner Bühnen. Konflikte über künstlerische und organisatorische Angelegenheiten waren hier vorprogrammiert. Goebbels gelang es, den Maestro zu beruhigen und ihm vorzuschlagen, auf Probe das Bruckner-Orchester zu dirigieren. Karajan nahm das Angebot an.[39]

Nach dem ersten Auftritt arbeitete Karajan in »mehrstündigen, scharfen Proben« mit dem Orchester. Anschließend lobte der Maestro die Streicher des Ensembles als »ungewöhnlich gut«. Die Bläser hielt er dagegen für »teilweise verbesserungswürdig«; die Disziplin aber für »ausgezeichnet« und die »Erziehung« durch seinen Kollegen Jochum immerhin für »anerkennenswert«. Karajan war trotz seines Eintritts in die NSDAP im März 1935 für Goebbels kein angenehmer Parteigenosse: Der Dirigent war in den Augen des Ministers ein »etwas prätentiöser Narr, mit dem nicht leicht Kirschen essen ist«.[40]

Goebbels hatte – aus seiner Sicht – allen Grund zu Kritik an Karajan: Wenig später tat sich der Dirigent mit dem Vorschlag hervor, auch ausländische Musiker ins Bruckner-Orchester aufzunehmen. Intendant Glasmeier kommentierte dies in seiner Meldung nach Berlin mit den Worten: »Meiner Meinung nach muß das Orchester des Führers rein deutsch bleiben.« Mitglieder dürften nicht nur nach künstlerischen, sondern auch nach »weltanschaulich-charakterlichen Gesichtspunkten« ausgewählt werden. Goebbels stimmte der Position zu und ließ seine Beamten wissen, dass grundsätzlich keine Ausländer im Bruckner-Orchester »Verwendung finden sollen«.[41]

Kunstgegenstände aus
den beschlagnahmten
Stiften werden in
der Stitsbibliothek
St. Florian deponiert,
Dezember 1941.

Trotz dieser Meinungsverschiedenheiten kam es am 23. Juli 1944 zu einem Konzert von Karajan mit dem Bruckner-Orchester. Im Anschluss daran äußerte der Salzburger Dirigent den Wunsch nach einer weiteren Zusammenarbeit. Das Propagandaministerium unterstützte diesen Wunsch, und auch Glasmeier dachte schon daran, Karajan als ständigen Dirigenten für das Orchester zu gewinnen. Den damaligen Leiter Jochum, der bisher nur auf der Grundlage von Jahresverträgen gearbeitet hatte, hoffte er durch eine Einberufung zur Wehrmacht loszuwerden. Karajan konnte sich daher berechtigte Hoffnungen machen, die Leitung des Orchesters übernehmen zu können, zumal es die Überlegung gab, dass er mit dem Orchester die 8. Sinfonie von Bruckner einspielen sollte. Unter Musikwissenschaftlern galten schon damals seine Interpretationen von Bruckners Werken als äußerst authentisch. Glasmeier hatte die Rechnung aber ohne Furtwängler gemacht. Der angesehene Chefdirigent der Berliner Philharmoniker setzte sich mit allem Nachdruck für Jochum ein. Furtwängler hatte im Oktober 1944 die Gelegenheit, die Arbeit von Jochum bei einem eigenen Konzert mit dem Bruckner-Orchester zu bewerten. Sein Urteil fiel sehr positiv aus, so dass es keinen objektiven Grund mehr gab, den bisherigen Orchesterleiter von seiner Aufgabe zu entbinden.[42]

Das Ergebnis des Kampfes um die Leitung des Bruckner-Orchesters war, dass Glasmeier und nicht Jochum in den Krieg zog. Im November 1944 meldete sich der Reichsintendant freiwillig zur SS. Hitler sorgte aber persönlich dafür, dass er von der Front zurückberufen wurde, um weiter das Stift und das Bruckner-Orchester zu betreuen.[43] Die Vision eines Spitzenorchesters in St. Florian sollte nicht unterbrochen werden. Das Bruckner-Orchester konzertierte unterdessen auch in der Spielzeit 1944/1945 weiter und spielte zudem Aufnahmen ein, die der Reichsrundfunk ausstrahlte. Das letzte Konzert fand am 23. März 1945 in Linz statt.[44]

Anfang März 1945 verfolgte Gauleiter Eigruber noch den Plan, das Stift St. Florian zu sprengen, um es nicht in die Hände der Russen fallen zu lassen. Glasmeier erhob jedoch Einspruch und fuhr nach Berlin, um bei Hitler ein Verbot für dieses Vorhaben zu erwirken. Er setzte dafür selbst den Entwurf eines sogenannten Führerbefehls auf, mit der Anweisung, das Stift vor Kriegseinwirkungen zu schützen. Jedoch wurde er nicht zu Hitler vorgelassen. Stattdessen erhielt er aber von Bormann ein Schreiben mit der gewünschten Ermächtigung und konnte so die Zerstörungspläne des Gauleiters verhindern. Dieser sorgte schließlich dafür, dass das Orchester bei Kriegsende nach Bad Aussee evakuiert wurde. Hier überlebten die wenigen Musiker, die inzwischen nicht zur Wehrmacht eingezogen worden waren, den Untergang des »Dritten Reichs«. Nach der Kapitulation gab ein kleines Rumpforchester im Sommer 1945 noch einige Konzerte.[45]

Nach dem Krieg formierte sich ein vollkommen neuer Klangkörper in der Stadt, der den Namen Linzer Theater- und Symphonieorchester trug. Seit 1967 nennt er sich Bruckner Orchester Linz.

Der Zugriff auf Kulturgüter

Mit den beschlagnahmten österreichischen Klöstern und Stiften fiel den nationalsozialistischen Dienststellen auch ein unübersehbarer Bestand von Kulturgütern in Form von Bildern, Büchern, Teppichen, Möbeln und anderen kunsthandwerklichen Gegenständen in die Hände. In St. Florian war die Bibliothek besonders wertvoll. Aus diesem Grunde ergriff der Gaukonservator Franz Juraschek kurz nach der Beschlagnahmung die Initiative. Er wandte sich am 8. Februar 1941 direkt an Hitler, umging Eigruber und schlug vor, das Stift auch als Sammlungsstätte für Kunst aus den beschlagnahmten Klöstern zu nutzen. Für die Aufarbeitung des in Besitz genommenen Gutes sollte ein Forschungsinstitut in St. Florian eingerichtet werden.[46] Hitler stimmte am 5. Mai 1941 der Empfehlung des Gaukonservators zu. Bereits im März 1941 hatte die Gestapo den katholischen Theologieprofessor Johannes Hollnsteiner als kommissarischen Leiter der Kunstsammlungen in St. Florian eingesetzt.[47]

Für Hollnsteiner war dieses Amt eine unwiederbringliche Gelegenheit, um sich in den Augen der Nationalsozialisten zu rehabilitieren: Der Theologe war bis 1938 der Beichtvater des letzten österreichischen Bundeskanzlers Kurt Schuschnigg gewesen. In dieser Zeit unterhielt er eine intensive Beziehung mit Alma Mahler-Werfel, der Witwe des jüdischen Komponisten Gustav Mahler. Deshalb und auch aufgrund seiner gesellschaftlichen Verbindungen im alten Österreich brachte ihn die Gestapo in das Konzentrationslager von Dachau. Dort hatte er den Status eines Schutzhäftlings. Nach einem Jahr kam er frei. Weil er seine Stelle als Theologieprofessor an der Universität Wien verloren hatte, musste er sich nach einer neuen Tätigkeit umsehen. Da das Konkordat in Österreich nicht mehr galt, war ein beruflicher Neuanfang nur mit Zustimmung der Gestapo möglich. Hollnsteiner sah sich gezwungen, einen entsprechenden Bettelbrief zu schreiben, in dem er auf sein deutschnationales und antisemitisches Engagement in der Zeit vor dem »Anschluss« hinwies. Nach weiteren zwei Jahren, in denen er als Buchautor arbeitete, erhielt er im April 1941 einen Vertrag, um im Auftrag des Gaues als Kustos der Sammlungen in St. Florian zu arbeiten. Einen Monat später gab Hollnsteiner sein Priesteramt auf und heiratete.[48]

Hollnsteiner hatte sich für die Stelle in St. Florian empfohlen, da er bereits früher einen Kunstführer zu den kunsthistorischen Sammlungen in St. Florian verfasst hatte und sich daher gut mit den dortigen Schätzen auskannte. Im ersten Jahr seiner Tätigkeit als Verwalter der Sammlungen konnte er jedoch nicht verhindern, dass nationalsozialistische Dienststellen Bilder und Bücher aus dem Stift entnahmen. So musste er im Juni 1941 auf Anweisung Eigrubers 17 prachtvolle alte Kräuterbücher heraussuchen, die anschließend Himmler erhielt.

Der Reichsführer-SS benötigte diese Bücher für seine landwirtschaftliche Versuchsanstalt im Konzentrationslager Dachau. Nach Kriegsende blieben vier dieser Bücher verschollen. Ebenso erhielt der Reichsmarschall und Oberkommandeur der Luftwaffe, Hermann Göring, Bücher aus St. Florian. Zudem verschwanden bis 1945 insgesamt 22 wertvolle Gemälde aus dem Stift, obwohl Hitler am 11. Oktober 1941 befohlen hatte, nichts zu verkaufen und alle Kulturgüter der oberösterreichischen Klöster am Ort zu belassen.[49]

Die zahlreichen Kulturgüter, die neben St. Florian auch in anderen beschlagnahmten oberösterreichischen Klöstern und Stiften unter die Kontrolle des Gaues fielen, zwangen die Gauleitung, über deren Zukunft zu entscheiden. Vor dem Hintergrund der vielen Kulturschätze, die so in die öffentliche Hand fielen, wurde der Plan entwickelt, in St. Florian ein Barockmuseum einzurichten. Hinter dieser Idee stand aber kein Museumskonzept, sondern eher die pragmatische Absicht, die beschlagnahmten Kulturschätze der Öffentlichkeit zugänglich zu machen. Im Zuge der Bruckner-Festtage eröffnete die Landesverwaltung am 1. Juni 1941 ohne größere Feierlichkeiten im Stift einige Säle mit barocken Ausstellungsstücken. Der Aufbau des Museums wurde schon im Sommer 1941 wieder gestoppt, als das Reichserziehungsministerium hier eine Musikschule einrichten wollte. Nachdem der Gau die Anlage an die Reichsrundfunkgesellschaft verpachtet hatte, bemühte sich Intendant Glasmeier, die im Stift bereits angesammelten Kulturgüter des Barockmuseums ebenfalls zu übernehmen. Darunter befanden sich Gegenstände, die der Linzer Museumskustos Justus Schmidt auf dem Pariser Kunstmarkt für das Museum angekauft hatte. Ein Teil der Ausstattung des Barockmuseums übernahm schließlich das Linzer Landesmuseum.[50]

Während das Barockmuseum für beschlagnahmte Kulturgüter nur eine kurze Episode war, gab es beim Umgang mit Büchern längerfristige Pläne: Neben St. Florian waren besonders die Bibliotheken der Stifte Kremsmünster und Lambach reichhaltig und wertvoll. Die Gestapo hatte die Einrichtungen im März beziehungsweise im Juli 1941 konfisziert.[51] Angesichts der Menge an Büchern, die in den beschlagnahmten Klöstern und Stiften zusammenkam, entschloss sich die Gauleitung zu handeln: Unter der Führung des Gaukonservators Juraschek gründete Eigruber am 1. April 1942 das »Historische Forschungsinstitut des Reichsgaues Oberdonau« im Stift St. Florian. Die fachliche Arbeit in dem Institut übernahm wiederum Hollnsteiner. In der folgenden Zeit sammelte er aus den beschlagnahmten oberösterreichischen Stiften rund 3000 gedruckte Bücher aus der Zeit vor 1500 sowie 5000 mittelalterliche Handschriften. Sie gelangten allesamt in das zentrale Depot von St. Florian und wurden dort sorgfältig katalogisiert. Durch seine Sammeltätigkeit konnte der Kustos diesen unschätzbaren Bestand an Kulturgut vor weiteren unkontrollierten Entnahmen durch nationalsozialistische Granden schützen. Als Hitler am 4. April 1943 das Stift St. Florian besuchte, verschaffte er sich einen eigenen Eindruck von den dort gelagerten Kunstwerken und ließ sich eine wertvolle Auswahl von Büchern zeigen.[52]

Der zunehmende Bombenkrieg, der das Reich im selben Jahr mit schweren Angriffen auf Hamburg und Berlin erschütterte, zwang auch im Gau »Oberdonau« die Verantwortlichen zum Handeln. Im Oktober 1943 ließ Hollnsteiner die ersten Kisten mit 77 mittelalterlichen Handschriften in das unterirdische Depot im Salzbergwerk von Altaussee bringen. Dieses Depot hatte das Wiener Institut für Denkmalpflege zunächst für die Sammlung des »Sonderauftrages Linz« erkundet, die hier untergebracht werden sollte. Hollnsteiner nutzte dieses Depot auch für die Bände, die im »Forschungsinstitut« von St. Florian lagerten. Nachdem am 6. Juni 1944 die letzte Lieferung mit wertvollen Büchern im Salzberg von Lauffen beziehungsweise Bad Ischl eingelagert worden war, wurde im August 1944 das Forschungsinstitut im Stift St. Florian geschlossen.[53]

Ein ähnliches Schicksal wie die Bücher erlitten die umfangreichen Münzsammlungen aus dem Besitz der oberösterreichischen Stifte. Am 20. Juni 1942, also fast ein Jahr, nachdem die Beschlagnahmung von Klöstern untersagt worden war, meldete sich der Beauftragte für das neue Kunstmuseum in Linz, Hans Posse, bei Hitler. Der Dresdener Museumsleiter hatte erfahren, dass Behörden des Reiches den Kunstbesitz im Chorherrenstift Klosterneuburg bei Wien eingezogen hatten. Aufgrund eines Erlasses der Reichskanzlei über den sogenannten Führervorbehalt erhielt Posse von einem solchen Zugriff des Reiches automatisch eine Nachricht. Mit diesen Kunstbeständen waren die Behörden zugleich Besitzer einer »wertvollen Münzsammlung« geworden. Posse schlug nun vor, die Gelegenheit nicht zu versäumen, diese Kollektion in Linz zur Grundlage eines Münzkabinetts von internationalem Rang zu machen. Zu dieser Sammlung sollten alle übrigen Münzsammlungen hinzukommen, welche die Gestapo in Österreich beschlagnahmt hatte. Doppelte Sammlungsstücke könnten anschließend an die örtlichen Museen in der »Ostmark« abgegeben werden. Bormann leitete diesen Vorschlag an die Reichskanzlei weiter.[54] Hitler stimmte dem Vorschlag am 1. Juli zu und unterzeichnete am 30. September 1942 einen entsprechenden Erlass.[55] Als Abteilungsleiter für die Münzsammlung konnte der Leiter des Wiener Kunsthistorischen Museums, Fritz

Dworschak, gewonnen werden. Am 1. Dezember 1942 trat er seinen Dienst an.[56]

In den folgenden zwei Jahren erfasste Dworschaks wissenschaftlicher Mitarbeiter Günther Freiherr von Probst zusammen mit einer Sekretärin die rund 13 Münzsammlungen aus beschlagnahmten österreichischen Klöstern, die den Grundstock für das »Münzkabinett« darstellten. Die so gesammelten Münzen mussten aber auch vor dem Bombenkrieg in Sicherheit gebracht werden. Im Jahr 1944 brachten die Mitarbeiter von Dworschak sie zunächst in der Gegend des Stiftes Hohenfurth unter, in dem auch konfiszierte Kunstwerke aus Wien und ein Teilbestand des »Sonderauftrages Linz« für das neue Kunstmuseum lagerten. Im April 1945 gelangten die Münzen und Medaillen ebenfalls in das Bergwerk von Altaussee, also in das unterirdische Depot des »Sonderauftrages«. Am 30. April 1945 ließ sich Hitlers Referent aus der Parteikanzlei, Helmut von Hummel, jedoch eine Kiste mit 2000 wertvollen Münzen nach Berchtesgaden bringen, unter denen sich viele Goldstücke befanden. Der Schatz sollte sein Überleben nach der bevorstehenden Kapitulation Deutschlands sichern. Von Hummel übergab später auf der Flucht jedoch einen Großteil der Sammlung dem Salzburger Erzbischof Andreas Rohracher. Dieser gab die Münzen später wiederum den Behörden zurück. Ein beträchtlicher Teil von rund 300 mittelalterlichen und neuzeitlichen Goldmünzen fehlte jedoch und ist bis heute verschwunden.[57] Die restlichen Geldstücke fielen zusammen mit Tausenden anderen Kunstwerken, die im Bergwerk von Altaussee lagen, bei Kriegsende den amerikanischen Truppen unversehrt in die Hände.

Höhere Bildung im Namen des »Führers«

Hitlers kulturpolitische Pläne sahen für Linz nicht nur die Einrichtung von neuen Museen und Bühnen vor. Zusätzlich sollte die Stadt auch neue Bildungseinrichtungen erhalten. Im Mittelpunkt dieser Pläne stand das Vorhaben, in Linz eine Universität zu gründen. Bereits im Oktober 1938 ordnete Hitler an, die Universität aus dem tschechischen Brünn nach Linz zu verlegen. Diesen Plan verwarf er jedoch bald und entschied am 14. November 1938, dass »baldigst« in Linz eine technische Universität gegründet werden sollte.[58] Minister Rust kam diesem Auftrag Ende März 1939 nach und übersandte ein entsprechendes Konzept. Dies sah vor, eine Universität mit sechs Fakultäten aufzubauen (Naturwissenschaften, Architektur, Bauingenieurwissenschaften, Maschinenbau und Elektroingenieurwissenschaften sowie Veranstaltungen für Hörer aller Fakultäten). Das Wissenschaftsministerium rechnete mit jährlich rund 1,3 Millionen Reichsmark an laufenden Personalkosten. Hitler wurde anheimgestellt zu entscheiden, ob zusätzlich noch eine landwirtschaftliche Fakultät eingerichtet werden sollte. Als Termin für den Baubeginn sollte schon der 19. April 1939, also der Tag vor Hitlers 50. Geburtstag, festgelegt werden.[59] Doch so schnell, wie der Minister es sich vorstellte, ließ sich der Plan nicht verwirklichen. Hitler war nicht bereit, die äußere Gestaltung der neuen Bildungsstätte seinen Beamten zu überlassen.

Bereits am 30. März 1939 entschied er, dass die neue Universität zunächst im Linzer Petrinum untergebracht werden solle. Hierbei handelte es sich um ein ehemaliges katholisches Gymnasium mit angeschlossenem Internat. Der große, viergeschossige Vierkantbau war in den Jahren zwischen 1895 und 1897 als Priesterseminar für rund 340 Ordensschüler im Stil der Neorenaissance zu Füßen des Pöstlingbergs in den Urfahrer Höhen errichtet worden. Seit 1938 stand er unter nationalsozialistischer Verwaltung und wurde von der Wehrmacht genutzt.[60] Hitler wünschte, dass die Eröffnung der

Hauptfassade des
Petrinums, um 1910.

Das Bischöfliche
Gymnasium Petrinum
in seiner heutigen
Gestalt.

Hochschule »beschleunigt« und zunächst auf die wichtigsten Fakultäten beschränkt werde. Er dachte dabei an die naturwissenschaftlichen Fakultäten und, wie angesichts seiner Vorliebe nicht anders zu erwarten, an Architektur. Dazu wies er den Reichsbaurat Fick an, das Gebäude des ehemaligen Gymnasiums zu erwerben. Die Stadt Linz schätzte die Liegenschaft auf 1,9 Millionen Reichsmark. Zudem sollte ein benachbartes Grundstück für 300 000 Reichsmark aufgekauft werden. Fick schlug Hitler darüber hinaus vor, einen begrenzten Wettbewerb für den Neubau der Universität auszuschreiben. Der Diktator stimmte zu und benannte die Architekten, die hierzu eingeladen werden sollten: Paul Schnitthenner aus Stuttgart, Wilhelm Jost aus Dresden und Hanns Dustmann aus Berlin.[61]

Hitlers Pläne sahen ursprünglich vor, die Universität an der Stelle des alten Petrinums zu errichten. Eine Prüfung der Situation vor Ort durch Dustmann ergab jedoch, dass die Liegenschaft zu klein war. Dustmann schlug daraufhin vor, in Urfahr ein weiteres Grundstück zu erwerben. Hinter den Kulissen machte das Wissenschaftsministerium Druck: Hitler wünschte die Eröffnung der Universität zum Wintersemester 1940/1941, also in anderthalb Jahren. Die katholische Kirche sollte zum Verkauf des Petrinums notfalls über ein beschleunigtes Enteignungsverfahren im Zuge des Gesetzes über die Neugestaltung deutscher Städte gedrängt werden.[62]

Doch schon bald zeigte sich, dass der von Hitler geforderte Termin sehr ehrgeizig war: Für die Anschaffung der notwendigen Geräte wurde ungefähr ein Jahr veranschlagt. Zudem musste das Petrinum für den geplanten Lehrbetrieb erst umgebaut werden. Dafür kalkulierte das Reichsministerium für Wissenschaft weitere 5,9 Millionen Reichsmark ein. In dem Gebäude von 1895 gab es noch keine Zentralheizung, die sanitären Anlagen galten als »höchst primitiv«. »Die architektonische Haltung des Gebäudes entspricht nicht mehr unserer heutigen künstlerischen Auffassung. Hier muß versucht werden, so weit wie möglich, zu bereinigen und Wandel zu schaffen«, hieß es in einer Erläuterung des Ministeriums.[63]

Im Dezember 1939 endete schließlich der Architekturwettbewerb für den geplanten Neubau im Linzer Stadtteil Urfahr. Die fertigen Modelle für die künftige Gestalt der Linzer Universität stellten die Architekten in einer leeren Villa in der Nähe von Hitlers Wohnung am Prinzregentenplatz in München aus. Federführend war die Reichskanzlei, sie rechnete mit einer Bauzeit von zwei bis drei Jahren, in der ein Notbetrieb der neuen Universität im Petrinum stattfinden sollte. Hitler ließ sich mit der Entscheidung über den Sieger des Architekturwettbewerbs viel Zeit. Am 7. Februar 1940 entschied er in einer Besprechung mit Fick, dass die neue Universität nach den Plänen von Jost gebaut werden solle.[64] Der Architekt war zu diesem Zeitpunkt auch Rektor der TU Dresden.

Während es somit bei der Frage des Neubaus einen ersten Fortschritt gab, war in Linz die Frage der Übernahme des Petrinums durch das Reich immer noch anhängig. Der katholische Bischof von Linz weigerte sich hartnäckig, das ehemalige Gymnasium zu verkaufen. Eigruber griff ein und ließ das Petrinum gegen eine Entschädigung enteignen.[65]

Am 31. Januar 1941 widmete sich Hitler wieder dem Thema der TU Linz. In einer Besprechung mit Fick, Bormann, Eigruber, Jost und Todt drang er weiter auf eine baldige Eröffnung. In die Pläne von Jost ließ er eigene Änderungswünsche einarbeiten: So forderte er einen Repräsentationsbau mit Aula, Rektorat und weiteren zentralen Dienststellen. Der ganze Komplex der neuen Universität solle sofort gebaut und die einzelnen Blöcke nacheinander bezogen werden. Es war geplant, die erheblichen Erdbewegungen, die mit dem Entwurf von Jost auf den Höhen von Urfahr verbunden waren, im Sommer 1941 durchzuführen.[66] Der Beginn der Bauarbeiten verschob sich jedoch. Im Laufe des Jahres nahm es Gauleiter Eigruber in die Hand, die notwendigen Vorbereitungen zu treffen. Im November 1941 wurde er dann offiziell angewiesen, mit den Planierungsarbeiten »möglichst unter Heranziehung von Kriegsgefangenen baldmöglichst zu beginnen«.[67] Minister Rust reagierte ebenfalls auf die Forderungen Hitlers. Er ernannte bereits im Oktober 1941 den Ministerialrat Emil Breuer aus seinem Haus zum kommissarischen

Kurator der TU Linz, damit dieser den Aufbau der Hochschule vorantreibe.[68]

Die Bauvorbereitungen wurden durch Speers Befehl zum Baustopp vom Februar 1942 erst einmal ausgesetzt. Während dieser Pause schaltete sich ab dem Frühjahr Giesler ein und stelle den Standort der neuen Universität in Frage. Hitler seinerseits wurde ungeduldig und betonte im September 1942 noch einmal, dass es ihm besonders auf die baldige Eröffnung der Technischen Universität in Linz »ankomme«.[69] Der Diktator zweifelte inzwischen, ob das Konzept von Jost für die neue Lehrstätte groß genug war, und beauftragte ihn, seine Pläne zu überarbeiten.[70]

In Linz hatte sich die Situation unterdessen nicht verändert: Im Dezember 1942 war das Petrinum noch immer von Dienststellen der Partei und des Reichsstatthalters Eigruber belegt. Zudem nutzten das Landesarbeitsamt und der Landrat von Linz das Gebäude. Eine Verlegung dieser Behörden sei nur möglich, wenn die Wehrmacht in Linz Räume freigäbe, wie ein Sachstandsbericht festhielt. Angesichts der Wohnungsnot in Linz hatten selbst die Behörden ernsthafte Schwierigkeiten, einen Ersatzstandort zu finden. Außerdem konnten staatliche Dienststellen noch nicht frei über das Petrinum verfügen, da ein Rechtsstreit zwischen der Kirche und dem Reich über die Höhe der Entschädigung für die Enteignung anhängig war.[71] Da aufgrund des Prozesses bis Dezember 1942 keine Entschädigung gezahlt wurde, war das Gymnasium immer noch nicht rechtskräftig enteignet.

In dieser Situation schlug das Wissenschaftsministerium Ende 1942 vor, das beschlagnahmte Stift Wilhering in der Nähe von Linz für die Gründung der neuen Universität zu nutzen. Das ehemalige Zisterzienserstift lag 7,5 Kilometer stromaufwärts an der Donau und hatte in der Vergangenheit auch eine höhere Schule beherbergt. Die Anlage bot gute Voraussetzungen, um die Vorlesungen der »Fakultät für Bauwesen« mit 50 Hörern beginnen zu lassen. Ferner war es möglich, den Betrieb zu erweitern, wenn ein Priesterseminar, das zu dem Zeitpunkt dort noch untergebracht war, auszog und das Haus dann Platz für insgesamt 150 Studenten bie-

ten würde. Das Wissenschaftsministerium beabsichtigte, ab 1. Januar 1943 insgesamt 2380 Quadratmeter in der Anlage anzumieten. In den Augen der Beamten waren in dem Objekt alle Voraussetzungen gegeben, einen Lehrbetrieb einzurichten, der »höchste Anspannung« erforderte (36 bis 38 Semesterwochenstunden), zugleich aber auch die Möglichkeit bot, das Vorstudium auf ein Semester zu verkürzen.[72]

Das Wissenschaftsministerium verfolgte nun mit aller Kraft den Plan, in Wilhering die neue Universität zu gründen: Im Sommersemester 1943 sollten die Vorlesungen beginnen. Das bereits beschlagnahmte Stift wurde so im Januar 1943 aufgrund einer Einzelanordnung des »Führers« unmittelbar zugunsten des Gaues »Oberdonau« enteignet. Aber auch hier gab es Probleme: Das Stift war für einen naturwissenschaftlichen Unterricht nur bedingt geeignet. Die Elektroinstallationen mussten erneuert und Hörsäle für den Unterricht in Chemie und Physik erst gebaut werden. Angesichts der von Hitler nach der Niederlage von Stalingrad ausgegebenen Grundsätze für einen »Totalen Krieg« vom 13. Januar 1943 und der Notwendigkeit, besonders Bombengeschädigte mit Baustoffen zu unterstützen, war es selbst für das Wissenschaftsministerium nicht einfach, die notwendigen Genehmigungen für den Umbau von Wilhering zu erhalten. Vorsichtshalber gingen die Beamten mit »größter Sparsamkeit« vor und beantragten nur die notwendigsten Ausgaben.[73]

Der Plan, im vierten Kriegsjahr und nach der Niederlage von Stalingrad noch eine Universität zu gründen, verstörte die Beamten im Reichsfinanzministerium. Sie rechneten in einem internen Vermerk vor, dass die neue Linzer Universität überbesetzt wäre. An der TU Graz gab es zu diesem Zeitpunkt an allen Fakultäten 31 Professoren, während es in Linz an nur einer Fakultät insgesamt 27 verbeamtete Hochschullehrer für 50 Hörer geben sollte. Zugleich gingen die Zahlen der Studenten im ganzen Reich aufgrund des Krieges immer weiter zurück. Die Wehrmacht holte die jungen Leute vermehrt an die Front, um die Lage im Osten wieder unter Kontrolle zu bekommen. Es müsse die Frage erlaubt sein, ob unter den gegenwärtigen Gegeben-

Aufnahmen des
Modells der geplanten
Adolf-Hitler-Schule
in einem Fotoalbum für
Hitler, das heute in
der Library of Congress
in Washington aufbe-
wahrt wird. Dieser
erste Entwurf stammt
vom Berliner Architek-
ten Hanns Dustmann.

heiten die Einrichtung der Fakultät in Linz verantwortet werden könne, lautete der Einspruch der Beamten.[74]

Diese ablehnende Haltung ließ Wissenschaftsminister Rust aktiv werden. Er erkundigte sich Mitte Februar 1943, ob Hitler an dem Plan festhalte. Zwei Wochen später erreichte ihn die Antwort aus der Reichskanzlei: Trotz der Schwierigkeiten angesichts der gegenwärtigen Verhältnisse wünsche der »Führer«, dass wenigstens ein Teil der Hochschule so bald wie möglich eröffnet würde. Hitler ordnete zugleich an, noch einmal die Möglichkeit zu prüfen, mit dem Unterrichtsbetrieb auch ohne größere Umbauten zu beginnen. Rust nahm diesen Auftrag mit Dank und Freude auf. Er bedeutete, dass er sich mit Hitlers Willen im Rücken gegenüber dem Finanzministerium durchsetzen konnte. Dem Wissenschaftsminister war jedoch klar, dass die Ausgaben für den Umbau des alten Stiftes begrenzt werden mussten.[75]

Reichskanzleiminister Lammers kümmerte sich erfolgreich um Baustoffe.[76] Neben der Beschaffung von Baumaterialien gab es aber noch ein weiteres Problem, das einen schnellen Beginn des Lehrbetriebs im Stift Wilhering verhinderte: Die »Volksdeutsche Mittelstelle« nutzte das Gebäude bereits als Unterkunft für sogenannte Volksdeutsche. Die »Mittelstelle« unterstand Heinrich Himmler in seiner Funktion als »Reichskommissar für die Festigung des deutschen Volkstums«. Der Chef der SS war in dieser Eigenschaft seit Oktober 1939 auch für ein umfassendes Umsiedlungsprogramm, in dessen Zuge die sogenannten Volksdeutschen im Reich wiederangesiedelt werden sollten, zuständig. Da es aber oft an Unterbringungsmöglichkeiten fehlte, lebten diese Umsiedler meist in Sammelunterkünften, wie sie beispielsweise im ehemaligen Stift Wilhering und in St. Florian eingerichtet wurden.

Bereits im Dezember 1942 hatte Minister Rust die Behörde des Reichskommissars für die Festigung des deutschen Volkstums aufgefordert, das Gebäude des Stiftes Wilhering für den provisorischen Lehrbetrieb der TU Linz zu räumen. Himmlers Leute weigerten sich. Es bedurfte daher einer weiteren energischen Nachfrage der Reichskanzlei. Sie gab den deutlichen Hinweis, der »Führer« lege »großes Gewicht« darauf, dass wenigstens ein Teil der technischen Hochschule Linz bald eröffnet werde. Der Chef der SS reagierte sofort und befahl die Räumung der Anlage »so schnell wie möglich«.[77] Im Juli gelang es dem Wissenschaftsministerium schließlich, ein Abkommen mit der Volksdeutschen Mittelstelle über den Auszug der Umsiedler aus dem Stift zu schließen. Auch Himmler konnte sich nicht dem Wunsch Hitlers entziehen, das Stift für die geplante Universität freizugeben.[78]

Nachdem die Rahmenbedingungen geschaffen waren, konnte das Wissenschaftsministerium zügig mit dem Aufbau der ersten Fakultät beginnen. Ende September 1943 waren die notwendigen Umbaumaßnahmen beendet. Der Lehrkörper für den Unterrichtsbetrieb war ebenfalls berufen, so dass alles für einen Studienbetrieb vorbereitet war. Am 4. Oktober 1943 konnte Minister Rust die Universität feierlich eröffnen. Die Studenten, die sich hier einschrieben, mussten allerdings Studiengebühren zahlen. Sie lagen auf dem Niveau der übrigen österreichischen Universitäten. Das Wissenschaftsministerium legte zudem fest, dass sie in Linz genauso viel betrugen wie in Graz und damit unter denen von Wien lagen. Eine Angleichung an das Niveau der Gebühren im Altreich wurde abgelehnt, weil dies keinesfalls dem Willen des »Führers« entspräche.[79]

Der Lehrbetrieb, der in Wilhering begann, war zunächst sehr bescheiden. An der Fakultät für Bauwesen unterrichteten zwei Professoren die Studenten in Werklehre und technischem Zeichnen. Weitere Fächer wie Baugeschichte und Entwurf vermittelten Lehrbeauftragte. Das Wissenschaftsministerium in Berlin plante jedoch weiter den Aufbau der Fakultät: Es reichte beim Reichsfinanzministerium einen Stellenplan ein, der für das Jahr 1944 vorsah, drei weitere ordentliche sowie eine außerordentliche Stelle für Professoren einzurichten.[80]

Im Laufe des Jahres 1944, als der Hochschulbetrieb in Wilhering anlief, zeichnete Giesler seine Entwürfe für die neuen Universitätsgebäude am südlichen Linzer Donauufer. Hitler hatte letztlich dem Münchener Architekten an Stelle von Jost diese Aufgabe übertragen.

Unabhängig von diesen Plänen weitete das Berliner Wissenschaftsministerium die kleine Keimzelle der Universität weiter aus: Im Februar 1944 beantragte der Kurator der TU Linz, ein Hochschulinstitut für Leibesübungen an der Universität aufzubauen. Diese Einrichtung war besonders wichtig, da auf Weisung Hitlers kriegsversehrte Soldaten den ersten Jahrgang der Studenten bildeten und wahrscheinlich noch Bedarf an körperlicher Rehabilitation hatten.

Im Mai 1944 war es wieder der Universitätsstifter, der auf einen weiteren Ausbau der Hochschule drang: Hitler wünschte nun die alsbaldige Errichtung der Bauingenieursabteilung, wie Bormann dem Wissenschaftsministerium mitteilte. Hitlers mächtiger Vorzimmerchef sprach sich dafür aus, hierfür die notwendigen Mittel in ausreichendem Maße zur Verfügung zu stellen.[81] Im Reichsfinanzministerium waren die Beamten bereit, für das Wintersemester 1944/1945 für diese Fakultät insgesamt 17 weitere Professorenstellen zu schaffen. Für diesen Ausbau im fünften Kriegsjahr wurde der entsprechende Haushaltsplan aufgestellt, auch wenn die Ministerialverwaltung einräumen musste, dass wegen des Krieges nicht alle Stellen besetzt werden könnten.[82] Der Ausbau der TU Linz war zu diesem Zeitpunkt umso bemerkenswerter, da im Herbst 1944 viele deutsche Universitäten planten, den Lehrbetrieb wegen des Krieges einzustellen. Die Münchener Parteikanzlei verteidigte aber die Maßnahmen in Linz gegenüber dem Finanzministerium mit dem Hinweis, dass von den zuständigen Reichsdienststellen eindeutig festgelegt war, den Aufbau der TU Linz auch in vollem Umfang weiterzuführen.[83] Wie auch bei anderen Projekten von Hitler in Linz sollte die Arbeit während des Krieges nicht unterbrochen werden. Das Petrinum als Ausweichquartier kam letztlich nicht mehr zum Einsatz. Am Ende des Krieges musste die neue Hochschule ihren Betrieb einstellen, ohne zuvor eine dauerhafte Bleibe gefunden zu haben.

Neben der Technischen Universität wollte Hitler noch weitere Bildungseinrichtungen in Linz ansiedeln. Den ursprünglichen Plan, hier auch eine Nationalpolitische Erziehungsanstalt (Napola) zu bauen, verwarf er.

Stattdessen bekräftigte er Ende 1942 seinen Entschluss, ein Internat aufzubauen, das seinen Namen trägt:[84] Die Adolf-Hitler-Schule sollte die Oberschüler in nur sechs Klassen zum Abitur führen und von der Reichsjugendführung der NSDAP betreut werden. Hitler entschied sich somit, bei der Ausbildung von Jugendlichen die Partei eng einzubinden.

Da es in Linz keine Napola geben sollte, entschloss sich Himmler, eine solche Einrichtung im weiter auswärts gelegenen Kloster Lambach zu gründen. Bewusst wollte er eine solche staatliche Eliteschule, die unter der Aufsicht des Reichserziehungsministeriums und der SS stand und die ihre Schüler in acht Klassen zur Hochschulreife führte, in der Nachbarschaft zu Linz schaffen. Die Benediktinermönche des Stiftes Lambach hatten sich lange Zeit in trügerischer Sicherheit gewähnt und glaubten nicht an eine Enteignung, da Hitler eine enge Beziehung zu dem Kloster hatte. Er war 1895 im nahegelegenen Fischlham in die Volksschule gegangen und absolvierte später die 3. und 4. Klasse in der Schule des Stiftes. Zudem war er hier Ministrant gewesen. Nach dem »Anschluss« hatte er auch zweimal das Stift besucht, ohne allerdings mit den Benediktinern zusammenzutreffen.[85] Aber all dies schützte das Stift nicht vor dem Zugriff durch die Nationalsozialisten.

Eine erste Hausdurchsuchung der Gestapo am 11. März 1940 blieb ohne Konsequenzen. Im Juli 1941 wurde es dann ernst: Am 9. des Monats besetzte die Gestapo das Stift und erklärte es einen Tag später für beschlagnahmt. Ende November 1941 erfolgte dann die förmliche Enteignung. Auf Hitlers direkten Wunsch wurde die Napola hier als Mittelschule mit angeschlossenem Internat eingerichtet. Im Herbst 1943 begann der Schulbetrieb mit zwei Klassen. Knapp zwei Jahre später, am 1. Februar 1945, beendeten die Lehrer den Lehrbetrieb kriegsbedingt. Amerikanische Truppen besetzten das Stift schließlich am 5. Mai 1945.[86]

Auf den Urfahrer Höhen plante Hitler noch ein Observatorium, das auf dem Pöstlingberg gebaut werden sollte. Hitler bekräftigte diese Absicht in der Sitzung mit Giesler am 12. November 1942. Der Architekt fertigte dafür auch eine erste Ideenskizze an.[87] Auf dem Pöst-

Wallfahrtsbasilika auf
dem Pöstlingberg,
2005.

lingberg befand sich bis dahin eine barocke Wallfahrtskirche, die von 1742 bis 1748 errichtet worden war. Die markante Fassade mit zwei Türmen und einer großen Freitreppe ließ das Gotteshaus bald zu einem Wahrzeichen der Stadt werden. Infolge der Napoleonischen Kriege baute die österreichische Monarchie zwischen 1831 und 1837 um die ganze Stadt Linz einen Festungsgürtel. Das Zentrum dieser Anlage bildete ein mit sechs breiten, jeweils nur dreigeschossigen Türmen bewährtes Fort rund um den Pöstlingberg und die Wallfahrtskirche. Nach 20 Jahren wurde dieser Festungsgürtel, dessen einzelne Türme sich wie riesige Eishockey-Scheiben um Linz legten, wieder aufgegeben. Die Türme auf dem Pöstlingberg wurden 1897 versteigert.[88] Im folgenden Jahr begann die touristische Nutzung des Berges: Im Mai 1898 nahm eine elektrische Straßenbahn den Betrieb zwischen der Wallfahrtskapelle und Urfahr auf. Im Jahr 1906 richteten die Betreiber dieser Straßenbahn in einem der ehemaligen Festungstürme eine sogenannte Grottenbahn ein.[89] Diese zeigte in einem Rundkurs Dioramen mit historischen Darstellungen und Märchenbildern. Hitlers Pläne, hier noch ein Observatorium einzurichten, zur »Volksaufklärung«, wie er sagte, zeigen sein Bemühen, dem beliebten Linzer Ausflugsziel seinen ideologischen Stempel aufzudrücken.

Von der Sternwarte ist nur bekannt, dass sie der Verbreitung der pseudowissenschaftlichen Welteislehre von Hanns Hörbiger dienen sollte. Zudem legte Hitler fest, dass in dem dazugehörigen Institut auf die Lehren und Lebensläufe von Archimedes, Aristoteles, Galileo Galilei und Johannes Kepler hingewiesen werden sollte. Es

war offenkundig, dass Hitler mit einer solchen Zusammenstellung die Ideen von Hörbiger aufwerten wollte.[90]

Zu den geplanten Einrichtungen der Bildung und Erziehung muss zusätzlich auch ein Stadion gezählt werden, dessen Bau der Diktator auf dem Freinberg hoch über der Stadt geplant hatte. Hitler lieferte für dieses Stadion eine eigene Ideenskizze, die Speer zu einem Entwurf ausarbeiten sollte. Mit diesem Stadion war auch die Errichtung eines »Nationaldenkmals« verbunden, für das es aber noch keine Entwürfe gab. Den Bau des Stadions wollte die SS übernehmen.[91] Schließlich ist in diesem Reigen der niemals über das Planungsstadium hinausgekommenen Bauwerke eine Jugendherberge zu erwähnen, die das Stadtbauamt auf den Froschberg im Südosten der Stadt stellen wollte.[92] Hitler hatte den Bauplatz für dieses Gebäude bereits 1938 ausgewählt. Speer übermittelte im Juni dieses Jahres den entsprechenden Wunsch, das »Haus der Getreuen«, wie er die Unterkunft nannte, zwischen zwei Türmen des ehemaligen Festungsgürtels der Stadt zu bauen. Der Bauplatz lag allerdings schon in der Gemeinde Leonding. Zugleich gab er auch die Weisung des Diktators bekannt, im Umkreis von 200 Metern um den Bauplatz keine Neubauten zu genehmigen. Vermutlich sollte der Anblick des Hauses den Betrachter besonders überwältigen.[93]

Die Technische Universität, deren Lehrbetrieb Hitler anschieben konnte, bildete eines der wenigen Vorhaben auf kulturellem Gebiet, die tatsächlich in den sieben Jahren der deutschen Herrschaft über Linz verwirklicht wurden. Das meiste, was Hitler ersann, kam über die Planungsphase nie hinaus.

LINZ – EIN »POLITISCHES GESAMTKUNSTWERK«

Nördlicher Teil
der Linzer Landstraße,
im Hintergrund der
Pöstlingberg mit Wall-
fahrtskirche, 2009.

Nachhaltige Prägung

Als die amerikanischen Truppen am 5. Mai 1945 in die Stadt Linz einrückten, wurden sie von der einheimischen Bevölkerung mit Blumen begrüßt.[1] Die amerikanischen Soldaten beendeten die Epoche der siebenjährigen Herrschaft des Nationalsozialismus in Österreich. Das Datum bedeutete einen tiefen Einschnitt in der Geschichte der Stadt. So kappten die Verantwortlichen in der Stadtverwaltung zwar möglichst schnell sämtliche Verbindungen zur Vergangenheit; und von den zahlreichen Bauvorhaben Hitlers und seiner Architekten blieb häufig nichts weiter als Pläne und Modelle. Dennoch war die Zeit für Linz prägend – bis heute.

Da ist zunächst und vor allem die Wandlung von Linz hin zu einer Industriestadt. Die Linzer Hütte spielte auch in der Nachkriegszeit eine wichtige Rolle. Nachdem die amerikanischen Truppen die Stadt befreit hatten, gelangten die Linzer Hütte und die übrigen Industrien der Reichswerke unter alliierte Kontrolle. Bereits am 18. Juli 1945 fasste die amerikanische Besatzungsverwaltung die Hütte, die Kokerei, die Eisenwerke und den Stahlbaubereich, die unter großdeutscher Herrschaft selbständige Betriebe gewesen waren, zu einer Einheit zusammen. Am 19. Oktober desselben Jahres erhielt dieser Konzern den Namen »Vereinigte Österreichische Eisen- und Stahlwerke AG (VÖEST)«. Die amerikanische Besatzungsverwaltung übergab den Konzern im Juli 1946 der wiedererstandenen Republik Österreich zunächst treuhändisch. Die Republik überführte die VÖEST wenig später in Staatseigentum.[2]

Der Belegschaft gelang es unter den schwierigen Bedingungen, die Anlagen betriebsbereit zu halten, soweit sie die Bombenangriffe überstanden hatten. Im Juni 1946 traf die erste Lieferung mit Kohle ein, die zum Anfahren eines Hochofens gebraucht wurde. Einen Monat später konnte schon der erste Schmelzofen wieder in Betrieb genommen werden. Im Jahr 1947 gelang es dann, in einem Hochofen wieder Erz zum Schmelzen zu bringen. Ab April 1948 bekam Österreich Hilfen aus dem amerikanischen Marshallplan. Die Betriebe der VÖEST wurden dabei durch einen besonderen »Eisen- und Stahl-Plan« besonders gefördert. Mit der amerikanischen Hilfe konnten die Schäden des Krieges beseitigt und die Gewerke der Hütte ausgebaut werden, die bis zum Mai 1945 vielfach gegenüber der ursprünglichen Planung unvollendet geblieben waren.[3] Bis 1957 gelang es den Mitarbeitern, vier Hochöfen wieder in Gang zu bringen. Technische Neuerungen, bei denen erstmals chemisch fast reiner Sauerstoff zum Verhütten genutzt wurde, erlaubten es, dass die VÖEST auf dem internationalen Stahlmarkt Fuß fassen konnte und sich zum größten österreichischen Industrieunternehmen entwickelte.[4]

Ein ähnliches Schicksal erfuhren die ehemaligen Linzer Stickstoffwerke: Die Republik Österreich verstaatlichte den Betrieb ebenfalls im Jahr 1946. In den folgenden Jahren stieg das Werk zu einem Großbetrieb auf und erweiterte seine Produktion von Dünger um Pflanzenschutzmittel und Pharmaprodukte. Seit 1973 führten die Stickstoffwerke den Namen »Chemie Linz AG«. Beide Großbetriebe, Hütte und Chemiewerk, bestimmten seit den 1950er Jahren das Stadtbild von Linz.[5]

Auch für die Infrastruktur der Stadt Linz war die Zeit des Nationalsozialismus prägend: So wurde nach dem Zweiten Weltkrieg der Ausbau des Hafens abgeschlossen, der während des Krieges 1942 abgebrochen werden musste. Erste Verladearbeiten waren erst ab 1951 möglich, nachdem in den bereits ausgebaggerten Hafenbecken Spundwände eingezogen wurden. Im Zuge dieses Ausbaus legte die VÖEST ein weiteres Hafenbecken für den Umschlag ihrer Güter an. Der Hafen entwickelte sich in den folgenden Jahren zum größten Handelsplatz an der oberen Donau.[6]

Im Bereich des Straßenverkehrs dauerte es allerdings bis zum Spätherbst 1965, bis die im »Dritten Reich« projektierte Autobahnstrecke zwischen Salzburg und Wien fertiggestellt wurde. Bei Kriegsende bestand sie im Wesentlichen aus begonnenen Erd- und Steinwerken, zu denen noch einige angefangene Brückenbauten hinzukamen. Das Teilstück zwischen Enns und Mondsee wurde als letzter Abschnitt gebaut. In diesem Zuge

Stahl, Industrie
und Maschinenbau
bilden bis heute
das Rückgrat der
Wirtschaftsregion
Linz; Anlagen der
voestalpine Stahl AG.

Das Neue Rathaus Linz
(terrassenförmig in der
Bildmitte) auf
der Urfahrer Seite der
Donau wurde 1985
eröffnet, 2009.

wurde auch der 4,6 Kilometer lange Autobahnzubringer für Linz fertiggestellt. Die Lage und Streckenführung dieses Zubringers, der von Süden schnurgerade auf Linz zuläuft, hatte Hitler festgelegt. Bei Kriegsende bestanden von diesem Teilabschnitt nur zehn Brückenbauten. Zu Beginn der Nachkriegszeit wurde die Trasse von der Stadtplanung für einen zukünftigen Autobahnanschluss freigehalten. 1956 war dann Baubeginn, am 24. Oktober 1964 konnte die Strecke dem Verkehr übergeben werden.[7]

Innerhalb der Stadt wurden nicht alle Pläne weiterverfolgt, die im »Dritten Reich« für den Verkehr ersonnen worden waren: Eine weitere Nord-Süd-Verbindung durch die Stadt, die von der Donau zum heutigen Bulgariplatz hätte führen sollen, wurde nicht verwirklicht, weil sie die Zerschneidung eines Friedhofs zur Folge gehabt hätte, der auf dieser Strecke lag. Dagegen wurden Teile einer inneren Ringstraße im Innenstadtbereich gebaut. Durch einen Tunnel unter dem Römerberg schuf der Magistrat der Stadt 1967 eine Entlastungsstrecke für den Innenstadtverkehr, die auch schon im »Dritten Reich« vorgesehen war. Mit großem Aufwand nahm Linz auch das Vorhaben in Angriff, einen äußeren Autobahnring um die Gemeinde zu bauen. Dabei setzte die Stadt die Politik der Verdrängung durch Infrastruktur weiter fort, die schon Hitler verfolgt hatte. Insgesamt 170 Familien mussten für den östlichen Autobahnabschnitt umgesiedelt werden. Erst in den 1970er Jahren setzte ein Umdenken in der Lokalpolitik ein, die westliche Autobahnumgehung wurde zunächst nicht mehr realisiert. Nach dreieinhalb Jahren Bauzeit konnte Ende 1972 allerdings eine dritte Brücke über die Donau (VÖEST-Brücke) eröffnet werden, die im Prinzip schon Giesler für die Stadt gefordert hatte. Das Problem der Verkehrsführung durch die allzu enge »Landstraße« löste die Stadtverwaltung dagegen auf eine Art, die für den Autonarren Hitler undenkbar gewesen wäre: Seit 1977 ist diese Hauptachse der Altstadt eine verkehrsberuhigte Zone.[8]

Die Umgestaltung der »Landstraße« war der Auftakt für eine Rückbesinnung auf die historische Substanz der Stadt. Im Jahr 1980 kam es zur Gründung des »Linzer Planungsinstituts Altstadt« (LPA), das Pläne für die Sanierung und Verschönerung des Stadtkerns erarbeitete. Schon Fick hatte sich um eine solche Sanierung bemüht, die aber in den ersten Jahrzehnten nach dem Krieg ohne Echo blieb. Bis 1988 überwachte und betreute das Planungsinstitut insgesamt 17 Gebietssanierungen und die Erneuerung von 340 alten Fassaden. Zudem unterbreiteten die Mitarbeiter der Einrichtung Vorschläge, um Lücken in der Bebauung zu schließen, die durch den Krieg entstanden waren.[9]

Die Entwicklung von Linz zu einer führenden Industriestadt in Österreich schuf eine Reihe von Problemen; vor allem die Wohnungsnot war auch lange nach dem Krieg nach wie vor groß. Im Jahr 1945 hatte Linz über 192 000 Einwohner. Unter diesen waren viele Flüchtlinge aus dem Osten sowie evakuierte Bewohner aus dem »Altreich«. Da diese Menschen nach der Befreiung die Stadt verließen, sank die Einwohnerzahl bald. Die Bombenangriffe ab dem Sommer 1944 hatten jedoch viele Häuser zerstört. Die Wohnungsnot blieb daher akut. Die Stadt reagierte auf dieses Problem mit einem anhaltenden Bau von Mietwohnungen. Der Wohnungsbau setzte bis in die 1950er Jahre unvollendete und nicht ausgeführte Vorhaben aus der nationalsozialistischen Zeit fort und schloss so an Projekte an, die auch Hitler nachdrücklich für die Stadt gefordert hatte. Der Zuzug in die Stadt hielt auch in der Nachkriegszeit weiter an. Im Jahr 1962 wurde in Linz die Grenze von 200 000 Einwohnern überschritten. Erst Ende der 1970er Jahre entspannte sich die Lage auf dem Wohnungsmarkt der Stadt.[10] Heute hat Linz rund 190 000 Einwohner.

Im Zuge des Bevölkerungswachstums wurde immer wieder diskutiert, weitere Ortschaften am Stadtrand einzugemeinden. Dazu kam es letztlich nie, so blieb auch Leonding, wo Hitler als Kind gelebt hatte und dessen Eingemeindung er einst verhindert hatte, selbständig. Die Gemeinde wurde 1975 zur Stadt erhoben. Die vergrößerte Stadt Linz verlangte auch nach einer besseren Infrastruktur für die Verwaltung. Der Magistrat baute deshalb ein neues Rathaus, das 1985 eröffnet wurde. Dieses befindet sich in Urfahr am nördlichen Brückenkopf der Nibelungenbrücke, also genau an dem

Standort, an dem schon Hitler einen neuen repräsentativen Rathauskomplex für die Stadt hatte errichten wollen.[11]

Das konkrete Ausführen architektonischer Pläne aus der Zeit vor 1945 war in Linz aber die Ausnahme. In vielen Fällen wurden Ideen nach dem Krieg erneut aufgegriffen und in gleicher oder abgewandelter Form umgesetzt. Dies zeigte sich besonders auf kulturellem Gebiet: So kam beispielsweise die Idee einer Gemäldegalerie bis 1945 nicht zur Verwirklichung. Die Stadt Linz erwarb aber im Jahr 1947 die umfassende Sammlung des Berliner Kunsthändlers Wolfgang Gurlitt. Der Händler, der auch Hitler für die Sammlung des Sonderauftrags Linz mit Kunstwerken beliefert hatte, konnte am Ende des Krieges seine eigene Sammlung in das unterirdische Depot des Sonderauftrags nach Altaussee bringen. Unter den Objekten, welche die Stadt auf diese Weise erwarb, gehörten auch Werke von Künstlern, die bis 1945 als »entartet« gegolten hatten. Das alte Landesmuseum gab die meisten Kunstwerke, die es aus den Beschlagnahmungen erhalten hatte, nach dem Krieg zurück. Im Jahr 1951 erhielt die Sammlung von der amerikanischen Besatzungsmacht jedoch 17 Bilder, die schon Hitler für die neue Galerie erworben hatte. Die neue städtische Galerie wurde am 31. Mai 1947 eröffnet und befand sich zunächst im Finanzgebäude West des Brückenkopfes der Nibelungenbrücke. 1979 erhielt sie dann im Gebäudekomplex »Lentia 2000« eine neue Unterkunft in Urfahr. Seit 2003 ist die Sammlung Gurlitt im avantgardistischen Lentos Kunstmuseum Linz zu sehen.[12]

Wie die Gründung der städtischen Galerie müssen viele Entwicklungen im Zusammenhang mit den Planungen aus der Zeit vor 1945 gesehen werden. Nur mittelbar trifft das auf die Orchesterszene in Linz zu. Das heutige Bruckner Orchester Linz, das diesen Namen erst seit 1967 führt, steht in der Tradition des Linzer Theaterorchesters. Im März 1974 eröffnete die Stadt ein passendes Konzertgebäude von »internationalem Zuschnitt«: Das »Brucknerhaus« lehnt sich schon allein wegen des Namens eng an die »Brucknerhalle« an, die Hitler einst für einen Linzer Konzertbau vorgesehen hatte. Die neue Tonhalle wurde nach den Plänen des finnischen Architekten Heikki Sirén am Ufer der Donau errichtet. Das Eröffnungskonzert dirigierte ein alter Bekannter der Linzer Musikszene: Herbert von Karajan, der zu diesem Zeitpunkt als Chefdirigent der Berliner Philharmoniker auf dem Höhepunkt seines Ruhmes stand.[13]

Ein neues Opernhaus, das Hitler für die Stadt gefordert hatte, erhielt Linz fast 70 Jahre nach Kriegsende: Das Musiktheater Linz wurde im April 2013 eingeweiht. Der Bau des britischen Architekten Terry Pawson liegt neben dem Volksgarten und unweit des Hauptbahnhofs und damit ausgerechnet an dem Ort, den auch schon Hitler im Sinn hatte. Bereits 1957 öffnete der Neubau der Kammerspiele des Theaters seine Türen. Die Pläne für ein neues Museum nach dem Krieg wurden nicht weiterverfolgt. Das Landesmuseum zog mit seinen historischen und landeskundlichen Sammlungen 1963 in das Stadtschloss, das Hitler einst für seinen Altersruhesitz abreißen lassen wollte.[14] Linz wurde so im Laufe der Zeit auch zu einer Kulturmetropole, die schon Hitler vor Augen hatte.

Mit großem Nachdruck hatte Hitler Linz zu einer Universitätsstadt gemacht. »Seine« Technische Universität musste 1945 den Lehrbetrieb einstellen. Nach dem Krieg war die österreichische Bundesregierung in Wien nicht bereit, eine dritte Technische Universität (neben Wien und Graz) in Österreich zu finanzieren. Alte Riva-

Das Brucknerhaus,
erbaut 1974, beheimatet
das Bruckner Orchester
Linz.

An der Stelle, die Hitler
ursprünglich für eine
Oper vorgesehen hatte,
wurde 2013 das Musik-
theater Linz eröffnet.

Campus der Johannes
Kepler Universität Linz.
2007.

litäten zwischen der Hauptstadt und Linz brachen wieder auf.

Die Stadt gab aber das Ziel nicht auf. Nach langen Verhandlungen signalisierte die Wiener Bundesregierung ihre Zustimmung zur Gründung einer Hochschule für Sozialwissenschaften und Politik nach amerikanischem Vorbild. Daraufhin konstituierte sich im Frühjahr 1959 ein Kuratorium aus Vertretern der oberösterreichischen Landesregierung, der Stadt Linz, der Wirtschaft und weiteren gesellschaftlichen Gruppen, das den Aufbau der neuen Universität in Angriff nahm. Im Dezember 1962 erwarben das Land Oberösterreich und die Stadt Linz das Schloss Auhof mit einer Fläche von 79 Hektar auf der Urfahrer Seite der Donau. Dieses Gelände wurde die Keimzelle der Universität, um die herum in den folgenden Jahren die Gebäude für die Hochschule errichtet wurden. Die Lehranstalt wuchs damit auf der Seite der Stadt, an der sie einst schon Hitler aufbauen wollte. Die Arbeiten kamen zügig voran, so dass am 8. Oktober 1966 der Studienbetrieb der Sozial-, Wirtschafts- und Rechtswissenschaftlichen Fakultät feierlich eröffnet werden konnte. Zwei Jahre später wurde die Universität um eine Technisch-Naturwissenschaftliche Fakultät erweitert. 1975 erfolgte die Aufspaltung in je eine selbständige Rechtswissenschaftliche und Sozialwissenschaftliche Fakultät. 1975 bekam die Hochschule ihren heutigen Namen Johannes Kepler Universität Linz.[15]

Gestaltung durch Gewalt

Obwohl nur weniges verwirklicht wurde, war Hitlers Einfluss auf die Entwicklung der Stadt Linz in der Zeit zwischen März 1938 und April 1945 gewaltig. Durch eine architektonische Umgestaltung, die Gründung neuer Kulturinstitute und wirtschaftliche Förderung wollte er die oberösterreichische Stadt zur führenden Metropole in Österreich machen. Unablässig beschäftigte er sich mit den Planungs- und Baumaßnahmen.[16] Dabei gerierte er sich häufig als der Architekt, der er

immer sein wollte. Überall schaltete er sich persönlich ein: bei den Plänen für den Großraum Linz, bei den Entwürfen der einzelnen Monumentalbauten, sogar bei Details der Fassaden und Innenausstattungen. Er zeigte sich dabei ebenso kleinlich und detailbesessen wie bei den frühesten Münchener Bauten, die er in Auftrag gegeben hatte. Auf architektonischem und kulturellem Gebiet waren seine Vorhaben in Linz von einem deutlichen völkischen Impuls getrieben. Ob in der neuen Kunstgalerie, die besonders die bäuerliche Malerei des 19. Jahrhunderts zeigen sollte, ob im Naturkundemuseum, das die oberösterreichische Bevölkerung in den Mittelpunkt stellte, in der Musikpflege, die sich insbesondere auf den »örtlichen« Komponisten Bruckner konzentrierte, über die Sammlungsziele der geplanten Bibliothek bis hin zur Belegung in der »Führersiedlung«, immer standen das oberösterreichische Volkstum und die nationalsozialistische Ideologie im Zentrum.

So hatte Hitler bereits in »Mein Kampf« geschrieben, dass er es als seine Aufgabe ansehe, den »arischen« Menschen im »Organismus« der Volksgemeinschaft zu erhalten. Mit diesen hohlen propagandistischen Worten verband Hitler die Verheißung für eine goldene Zukunft.[17]

Hitlers architektonische Vorlieben lassen sich auch aus dieser völkischen Sicht ableiten: Seine Neigung zur vermeintlich archaischen Antike des klassischen Griechenlands, mit der er die Stadt an der Donau überziehen wollte, begründete er auch mit Hinweisen auf die angeblich völkischen Ursprünge dieses Stils. Dabei zeigte er mit seinen überdimensionierten Bauvorhaben jedoch einen »vollkommenen Mangel des Wissens um das Maß, das den Griechen so heilig war«, wie schon ein Zeitgenosse kritisierte.[18] Zudem fehlte in Hitlers Verständnis des Klassizismus jegliche Verbindung zur Religion und zum humanistischen Menschenbild, die in der Antike und in den Strömungen des 19. Jahrhunderts eng miteinander verbunden waren. Sein Klassizismus war vielmehr von einem Glauben an die Macht des Staates und kulturelle Hegemonie geprägt, wie er erst in römischer Zeit vorherrschte.[19]

Hitlers Vorliebe für die griechische Architektur beziehungsweise für den Neoklassizismus war willkürlich und stellte einen rein subjektiven Rückgriff auf eine verfälschte Vergangenheit dar. Dabei standen nicht zuerst ästhetische Überlegungen im Vordergrund, sondern stets die Wirkung; stets sollte ein möglichst gewaltiger, ernster, Furcht einflößender Eindruck erweckt werden. Mit welchen Mitteln solche Gefühle hervorgerufen wurden, war letztlich egal. Ziel war es, mit Architektur die bestehende Machtfülle zu repräsentieren, zu rechtfertigen und zu sichern. Zudem sollte die neoklassizistische Architektur als Kulisse dienen, um die völkische Gemeinschaft bei Aufmärschen oder Versammlungen zu inszenieren.[20] Damit sollten kulturelle Gemeinsamkeiten der »Volksgemeinschaft« gestiftet werden. So sind beispielsweise Hitlers Pläne für das Kunstmuseum in Linz zu sehen. Dieses war als ein kultureller Erlebnisraum zur Festigung der »Volksgemeinschaft« gedacht.[21]

Es drängt sich bei einer solchen Betrachtung die Frage auf, wie die Linzer, die Einwohner der Stadt, die im Zentrum dieser Bemühungen standen, auf Hitlers Pläne reagierten. Nach der euphorischen Stimmung, die mit Hitlers Einzug im März 1938 die Stadt ergriffen hatte, fühlten sich viele Bewohner durch seine »Patenschaft« für Linz bevorzugt behandelt. Die Folge war eine lang andauernde Zustimmung zu dem Regime trotz der katastrophalen Wohnungsnot in der Stadt. Ein Wechsel trat erst nach der Niederlage von Stalingrad ein, die für eine tiefe Kluft zwischen Partei und Bevölkerung sorgte. Gerade aus dem Gau »Oberdonau« waren viele Soldaten an der Ostfront eingesetzt worden, so dass die Linzer Familien viele Tote zu beklagen hatten. Doch selbst nach den verheerenden Bombenangriffen auf die Rüstungsbetriebe der Stadt am 25. Juli 1944 blieb die Zustimmung zu Hitler laut geheimen Berichten der SS immer noch auf einem hohen Niveau. Erst als die sich abzeichnende deutsche Niederlage im Frühjahr 1945 unübersehbar wurde, kam es zu einem deutlichen Einbruch.[22]

Die von Hitler angeordnete Bautätigkeit, die Förderung der Wirtschaft durch die Ansiedlung der Linzer Hütte, die Verstärkung der Rüstungsindustrie, der Bau von neuen Verkehrswegen und neuen Unterkünften verhalfen der Stadt und der Umgebung zu ökonomischem Aufschwung, niedriger Arbeitslosigkeit und dem Regime zu hohen Zustimmungswerten.[23]

Alle diese pragmatischen Überlegungen und Maßnahmen dienten nur dem einen Zweck: in Linz eine neue Metropole zu schaffen, welche die alten Zentren Wien und Budapest übertreffen sollte. Dies blieb mit wenigen Ausnahmen eine Wunschvorstellung. Bis auf die Nibelungenbrücke, die damit verbundenen Bauten und den Wohnungsbau wurde in Linz kaum etwas von den großen Plänen verwirklicht. Ganz im Gegenteil:

Der Bevölkerungszuwachs infolge der Ausweitung der Rüstung führte dazu, dass die Stadt mit Notunterkünften übersät wurde und den Spitznamen »Barackenstadt des Führers« erhielt.[24]

Das Ziel, das Hitler mit Linz im Sinn hatte, verfolgte er in jeder Hinsicht radikal und erbarmungslos. So wurden Zwangsarbeiter und Häftlinge aus Konzentrationslagern ausgebeutet, um Bauvorhaben schneller voranzubringen. Um seine ästhetischen Ziele durchzusetzen, bediente sich Hitler nicht nur des Unterdrückungsapparats des »Dritten Reichs«, sondern zeigte sich auch persönlich rücksichtslos, wie die Ränkespiele und die schleichende Entmachtung von Speer und Fick zeigen. Von Skrupellosigkeit zeugt auch Hitlers Umgang mit der jahrhundertealten Bausubstanz; gewachsene Strukturen wurden zerstört, Hausbesitzer enteignet und Gebäude abgerissen, um das ästhetische Diktat Hitlers umzusetzen.

Die Pläne für Linz können auch mit der »Gefühlswelt« des Diktators begründet werden. Mit seiner hemmungslosen und entmenschten Verfolgung ästhetischer Ziele zeigte sich Hitler als ein Geschöpf, das tief in der Gedankenwelt des 19. Jahrhunderts verhaftet war. In seinem pervertierten Romantikbegriff und -verständnis glaubte er an den vermeintlichen Ursprung einer Gesellschaft aus völkischen Wurzeln. Hitler, der persönlich das 19. Jahrhundert auch als die größte Epoche der Kunst bewunderte, wollte in einer Linie mit Personen wie König Ludwig I. von Bayern gesehen werden. Dieser stiftete Museen und machte München zu einem Zentrum der europäischen Kunst.[25] Hitler wollte dagegen mehr: Seine brutale architektonische Ästhetik sollte Politik machen beziehungsweise diese ersetzen. So hatte er schon im Jahr 1933 verkündet, dass aus Kunst und Architektur die Sehnsucht nach einer neuen Erhebung, nach einem neuen Reich erwachse.

Die vom »völkischen« Gedankengut geprägten Umbaupläne für Linz verweisen auf Hitlers Vorliebe für alles Gigantische. Der Diktator beließ es nicht dabei, der Stadt ein neues Gesicht zu geben. Die größenwahnsinnigen Bauten mussten auch von ungeheurem Ausmaß sein, um ihre die Massen berauschende Wirkung entfalten zu können. Überwältigende Kulissen sollten an die Stelle von politischen Diskursen treten.

In der Vorliebe für das Gigantische glich Hitler nicht seinen griechischen Leitbildern, sondern eher dem ägyptischen Pharao Ramses II. (1314–1224 v. Chr.). Dieser verordnete seinem Land auch einen »versteinerten Größenwahn« und ließ unter anderem den Tempel von Abu Simbel in den Stein schlagen.[26] Gleichsam als »brauner Pharao« wollte Hitler mit aller Gewalt die Stadt Linz zu einem »völkischen Gesamtkunstwerk« machen.

ANHANG

ANMERKUNGEN

Der besessene Bauherr (S. 6 – 21)

1 Albert Speer, Spandauer Tagebücher, Frankfurt am Main 1975, S. 256.

2 Wadim Gussatschenko (Hg.), Hitler. Unbekannte Kapitel des Zweiten Weltkrieges. Dokumente aus dem Geheimarchiv des KGB, Leutkirch 1996, S. 30 Aussage Rattenhuber, S. 48 Aussage Linge. Siehe ebenso Alfred Rosenberg, Letzte Aufzeichnungen. Ideale und Idole der nationalsozialistischen Revolution, Göttingen 1955, S. 355 und Arno Breker, Im Strahlungsfeld der Ereignisse. Leben und Wirken eines Künstlers, Preußisch Oldendorf 1972, S. 132 sowie Albert Speer, Die Kransberg-Protokolle 1945. Seine Aussagen und Aufzeichnungen, hg. v. Ulrich Schlie, München 2003, S. 115.

3 Ian Kershaw, Hitler, 2 Bde., London 2000, Bd. 1, S. 45–51. August Kubizek, Adolf Hitler, mein Jugendfreund, Graz 1953, S. 31, 111–115.

4 Kubizek, a.a.O., S. 242.

5 Adolf Hitler, Mein Kampf, (593. Auflage), München 1941, »Eine Abrechnung«, »Wiener Lehr- und Wanderjahre«, S. 19; Werner Maser, Adolf Hitler, Legende – Mythos – Wirklichkeit, München 1977, S. 84; Werner Jochmann, Adolf Hitler, Monologe im Führerhauptquartier 1941–1944, Bindlach 1988, S. 115, Eintrag vom 29.10.1941.

6 Jochmann, a.a.O., S. 43, Eintrag vom 21.7.1943.

7 Hitler, Mein Kampf, a.a.O., »Eine Abrechnung«, »Wiener Lehr- und Wanderjahre« S. 35f., 40ff.; Eberhard Jäckel (Hg.), Hitler. Sämtliche Aufzeichnungen 1905–1924, Stuttgart 1980, S. 53, Nr. 20, Brief vom 21.1.1914.

8 Archiv Institut für Zeitgeschichte München, ED 56 Nachlass Hitler 277/52, Gesprächsprotokoll Hitler–Hoffmann 12.3.1944.

9 Ingo Sarlay, Hitlers Linz. Die Stadtplanung von Linz an der Donau 1938–1945. Kulturelle und wirtschaftliche Konzeptionen, Planungsstellen und Wirtschaftspläne, Diss. TU Graz 1985, S. 41; Maser, a.a.O., S. 94–98.

10 Anton Joachimsthaler, Hitlers Weg begann in München. 1913–1923, München 2000, S. 17, 28f., 81.

11 Jochmann, a.a.O., S. 115, Eintrag vom 29.10.1941. Da es sich um einen geschlossenen Wettbewerb handelte, bei dem die Teilnehmer eingeladen wurden, bestand für ihn grundsätzlich keine Möglichkeit, daran teilzunehmen.

12 Joachimsthaler, Weg, a.a.O., S. 175.

13 Dietrich, 12 Jahre mit Hitler, München 1955, S. 173; Ernst Hanfstaengl, Zwischen Weißem und Braunem Haus. Memoiren eines politischen Außenseiters, München 1976, S. 173.

14 Eva von Seckendorff, Erster Baumeister des Führers. Die NS-Karriere des Innenarchitekten Paul Ludwig Troost, in: Jan Tabor (Hg.), Kunst und Diktatur, 2 Bde., Baden bei Wien 1994, Bd. 2, S. 580–585.

15 Albert Speer, Erinnerungen, Berlin (West) 1969, S. 55. S. auch Jochmann, a.a.O., S. 198, Eintrag vom 13.1.1942 und Dietrich, a.a.O., S. 175.

16 Hans Frank, Im Angesicht des Galgens. Deutung Hitlers und seiner Zeit aufgrund eigener Erlebnisse und Erkenntnisse, München 1953, S. 92f.; Seckendorff, a.a.O., S. 584; Peter Köpf, Der Königsplatz in München. Ein deutscher Ort, Berlin 2005, S. 70f.

17 Ulrike Grammbitter/Iris Lauterbach, Das Parteizentrum der NSDAP in München, München 2009, S. 11f.; Henriette von Schirach, Anekdoten um Hitler, Geschichte aus einem halben Jahrhundert, Berg 1981, S. 119.

18 Dietrich, a.a.O., S. 248. Albert Speer, Erinnerungen, a.a.O., S. 42. Abbildungen der Möbel veröffentlicht in Albert Speer, Paul Ludwig Troost. Seine Möbel, in: Die Baukunst 6 (1942) 1, S. 2–9.

19 Anton Joachimsthaler, Hitlers Ende. Legende und Dokumente, München 1995, S. 43–47; Dietmar Arnold, Neue Reichskanzlei und »Führerbunker«. Legenden und Wirklichkeit, Berlin 2005, S. 59f.

20 Grammbitter/Lauterbach, a.a.O., S. 16f., 28.

21 Speer, Erinnerungen, a.a.O., S. 68.

22 Speer, Kransberg-Protokolle, a.a.O., S. 116.

23 Speer, Erinnerungen, a.a.O., S. 52–55; Speer, Kransberg-Protokolle, a.a.O., S. 115; Gisela Kraut/Roswitha Mattausch/Brigitte Wiederspahn, Architektur und Plastik im deutschen Faschismus, in: Frankfurter Kunstverein (Hg.), Kunst im 3. Reich. Dokumente der Unterwerfung, Frankfurt am Main 1974, S. 46–69, 52.

24 Rosenberg, Aufzeichnungen, a.a.O., S. 335; Thomas Mathieu, Kunstauffassungen und Kulturpolitik im Nationalsozialismus, Saarbrücken 1997, S. 42.

25 Jochen Thies, Architekt der Weltherrschaft. Die »Endziele« Hitlers, Düsseldorf 1980, S. 72f.; Dietrich, a.a.O., S. 174.

26 Henry Ashby Turner, Hitler aus nächster Nähe. Aufzeichnungen eines Vertrauten 1929–1932, Frankfurt am Main 1978, S. 386f.; Gunnar Brands, Zwischen Island und Athen. Griechische Kunst im Spiegel des Nationalsozialismus, in: Bazon Brock/Achim Preiß, Kunst auf Befehl? Dreiunddreißig bis fünfundvierzig, München 1990, S. 103–136, hier: S. 105, 108; Speer, Kransberg-Protokolle, a.a.O., S. 118.

27 Anna Teut, Architektur im Dritten Reich 1933–1945, Frankfurt am Main 1967, S. 179.

28 Speer, Erinnerungen, a.a.O., S. 68. Kraut/Mattausch/Wiederspahn, a.a.O., S. 52; Teut, a.a.O., S. 189.

29 Köpf, a.a.O., S. 112. Speer, Erinnerungen, a.a.O., S. 63.

30 Schirach, Anekdoten, a.a.O., S. 119.

31 Heinz Linge, Bis zum Untergang. Als Chef des persönlichen Dienstes bei Hitler, München 1980, S. 45 f., 174.

32 Traudl Junge, Bis zur letzten Stunde. Hitlers Sekretärin erzählt ihr Leben, München 2002, S. 97.

33 Albert Speer, Spandauer Tagebücher, Frankfurt am Main 1975, S. 278.

34 Viktor Prösler, Die Ursprünge der nationalsozialistischen Kunsttheorie, Phil. Diss., München 1982, S. 81; Dieter Bartetzko, Obsession aus Stein. Die Architekten des »Dritten Reiches«, in: Hans Sarkowicz (Hg.), Hitlers Künstler. Die Kultur im Dienst des Nationalsozialismus, Frankfurt am Main 2004, S. 110–134, hier: S. 110.

35 Speer, Erinnerungen, a.a.O., S. 68; Eckart Dietzfelbinger/ Gerhardt Lüdtke, Nürnberg – Ort der Massen. Das Reichsparteitagsgelände. Vorgeschichte und schwieriges Erbe, Berlin 2004, S. 31.

36 Hans J. Reichardt, Notizen zur Ausstellung, in: Von Berlin nach Germania. Über die Zerstörungen der »Reichshauptstadt« durch Albert Speers Neugestaltungsplanungen, Ausstellung des Landesarchivs Berlin, Berlin (West) 1985, S. 47–78, hier: S. 60 f.

37 Hans Stephan, Das Lebenswerk des Architekten Wilhelm Kreis, in: Die Baukunst 7 (1943) 3, S. 58–72, hier: S. 65 f.

38 Speer, Erinnerungen, a.a.O., S. 83, 91; Prösler, a.a.O., S. 62; Vittorio Magnago Lampugnani, Architektur und Städtebau des 20. Jahrhunderts, Stuttgart 1980, S. 175.

39 Prösler, a.a.O., S. 60; Speer, Erinnerungen, a.a.O., S. 154.

40 Speer, Tagebücher, a.a.O., S. 140–143.

41 Ebd., S. 144.

42 Karl Arndt, Tradition und Unvergleichbarkeit. Zu Aspekten der Stadtplanung im nationalsozialistischen Deutschland, in: Wilhelm Rausch (Hg.), Die Städte Mitteleuropas im 20. Jahrhundert, Linz 1984, S. 149–166, hier: S. 153; Gesetz über die Neugestaltung deutscher Städte vom 4.10.1937, in: Reichsgesetzblatt (RGBl.) 1937 I Nr. 109, S. 1054 f.

43 Michael Früchtel, Der Architekt Hermann Giesler. Leben und Werk (1899–1987), München 2009, S. 75, 126 f.

44 Früchtel, a.a.O., S. 123, 166–232; Frederic Spotts, Hitler and the power of aesthetics, London 2002, S. 370.

45 Thies, a.a.O., S. 84, 99 f.; Klaus Backes, Hitler und die bildenden Künste, Kulturverständnis und Kunstpolitik im Dritten Reich, Köln 1988, S. 117, 120; Arndt, a.a.O., S. 157 f.

46 Hildegard Brenner, Die Kunstpolitik des Nationalsozialismus, Reinbek 1963, S. 123–125; Arndt, a.a.O., S. 159.

47 Max Domarus, Hitler, Reden 1932 bis 1945, 2 Bde., Wiesbaden 1973, Bd. 1, 2. Halbb., S. 983 f.

48 Katrin Müller-Kindler, Erste (1938) und Zweite (1939) Deutschen Architektur- und Kunsthandwerkausstellungen im Haus der Deutschen Kunst, Vortrag auf dem Symposium GDK-Research, München, 21.10.2011; Haus der Deutschen Kunst (Hg.), 1. Deutsche Architekturausstellung im Haus der Deutschen Kunst zu München, 22.1.1938 bis 18.4.1938, Katalog, München 1938; ebd., 2. Deutsche Architekturausstellung im Haus der Deutschen Kunst zu München, 10.12.1938 bis 10.4.1939, Katalog, München 1938.

»Die Entfesselung des Willens« (S. 22 – 51)

1 Josef Goldberger/Cornelia Sulzbacher, Oberdonau, Linz 2008, S. 15.

2 BArch R 4606/3363, Bl. 136, Magistrat der Stadt Linz an Privatkanzlei des Führers, 25.5.1938; Sepp Wolkerstorfer, Linz im Großdeutschen Reich, in: Linz an der Donau. Die Patenstadt des Führers und Gründungsstadt des Großdeutschen Reiches, Linz 1938, S. 5 f.; Birgit Kirchmayr, »Kulturhauptstadt des Führers«? Anmerkungen zu Kunst, Kultur und Nationalsozialismus in Oberösterreich und Linz, in: Birgit Kirchmayr/Peter Assmann (Hg.), »Kulturhauptstadt des Führers«. Kunst und Nationalsozialismus in Linz und Oberösterreich, Linz 2009, S. 33–57, hier: S. 33; Evan Burr Bukey, Meldungen aus Linz und dem Gau Oberdonau 1938–1945, in: Fritz Mayrhofer/Walter Schuster (Hg.), Nationalsozialismus in Linz, 2 Bde., Linz 2007, Bd. 1, S. 597–645, hier: S. 603; Fritz Mayrhofer/Willibald Katzinger, Geschichte der Stadt Linz, 2 Bde., Linz 1990, Bd. 2, S. 304.

3 Fritz Mayrhofer, Die »Patenstadt des Führers«. Träume und Realität, in: Ders./Walter Schuster (Hg.), Nationalsozialismus in Linz, Linz 2007, Bd. 1, S. 327–386, hier: S. 336, 344; Ders. (Hg.), Bilder des Nationalsozialismus in Linz, Linz 2007, S. 48; Birgit Kirchmayr; Raubkunst im »Heimatgau des Führers«, in: Birgit Kirchmayr/Friedrich Buchmayr/Michael John, Geraubte Kunst in Oberdonau, Linz 2007, S. 35–190, hier: S. 68.

4 BArch R 4601/1088, Protokoll Großplanung im Raume Linz, Besprechung, 11.4.1938.

5 BArch R 4606/3363, Bl. 153–155, Direktor Landesmuseum an Volksbildungsamt der Stadt Wien, 4.4.1938; ebd., Bl. 152, Direktor Landesmuseum an Speer, 12.4.1938. Mayrhofer/Katzinger, a.a.O., Bd. 2, S. 236.

6 BArch R 4606/3363, Bl. 149, Leiter der Ingenieur-Kammer Salzburg an Speer, 28.4.1938.

7 Sarlay, Hitlers Linz, a.a.O., S. 69.

8   BArch R 4606/3363, Bl. 136, Magistrat der Stadt Linz an Privatkanzlei des Führers, 25.5.1938.

9   Ebd., Bl. 134, Umlauf GBI 2.6.1938; ebd. Bl. 129, Gauleiter Linz an Speer, 7.6.1938; ebd. Bl. 15, Speer an Koller, 15.7.1938.

10   Goldberger, a. a. O., S. 20 ff.

11   Sarlay, Hitlers Linz, a. a. O., S. 72; Mayrhofer/Katzinger, a. a. O., Bd. 2, S. 306; Bernd Kreuzer, Raumordnung und Verkehrsplanung im Gau Oberdonau, in: Reichsgau Oberdonau. Aspekte I, Linz 2004, S. 9–70, hier: S. 9, 22.

12   BArch R 4606/3363, Bl. 117, Estermann an Speer, 14.6.1938; ebd. Bl. 107, Speer an Wolkerstorfer, 16.6.1938. Speers Ablehnung von weiterer Hilfe wird aus dessen handschriftlichen Zusätzen zu dem Brief Estermanns vom 14.6.1938 deutlich.

13   BArch R 43II/575a, Bl. 128 (v), Lammers an Reichsinnenminister, 9.10.1939; ebd. Bl. 135, Lammers an Reichsinnenminister, 20.2.1940; Mayrhofer, Patenstadt, a. a. O., S. 359; National Archives and Records Administration (NARA), Washington D. C., RG 260, M 1946, R 139, Linz: Personnel, Bl. 48, Eigruber an Bormann, 20.5.1939.

14   BArch R 4606/3363, Bl. 93, Speer an Sarlay, 18.6.1938.

15   Ebd., Bl. 37, Todt an Speer, 30.6.1938.

16   Ebd., Bl. 138, Reichsverband an Speer, 27.5.1938; ebd., Bl. 57–61, Stadtbauamt Linz an Koller, 29.6.1938.

17   Speer, Erinnerungen, a. a. O., S. 113. BArch R 4606/3363, Bl. 10, Aktennotiz Dr. Wolters, 3.8.1938.

18   Ebd., Bl. 9, Wolkerstorfer an Speer, 23.8.1938.

19   Sarlay, Hitlers Linz, a. a. O., S. 81 ff.; Mayrhofer/Katzinger, a. a. O., Bd. 2, S. 314.

20   BArch R 4606/3364, Bl. 256, Oberkommando des Heeres (OKH) an Speer, 7.10.1938.

21   Ebd., Bl. 251, Speer an Lammers, 7.11.1938; ebd., Bl. 225, Lammers an Speer, 7.12.1938.

22   Ebd., Bl. 245 ff., Protokoll Besprechung Speer–Estermann, 7.11.1938; ebd., Bl. 242, Speer an Bormann, 8.11.1938; Sarlay, Hitlers Linz, a. a. O., S. 84.

23   Ingo Sarlay, Stadtplanung Linz 1938–1945, in: Wilhelm Rausch (Hg.), Die Städte Mitteleuropas im 20. Jahrhundert, Linz 1984, S. 167–175, 352–367, hier: S. 354.

24   BArch R 4606/3365, Bl. 238, Bormann an Speer, 11.11.1938; Max Hartmann, Die Verwandlung des Obersalzberges unter Martin Bormann 1936–1945, Berchtesgaden 1993, S. 12.

25   BArch R 4606/3364, Bl. 236, Protokoll Besprechung Speer, 14.11.1938.

26   Ebd., Bl. 235, Bormann an Speer, 13.11.1938; ebd., Bl. 233, Bormann an Speer, 15.11.1938.

27   Ebd., Bl. 227, Protokoll der Besprechung vom 28.11.1938.

28   Ebd., Bl. 216, Protokoll der Besprechung vom 29.11.1938.

29   Ebd., Bl. 197, Speer an Fick 12.2.1939; ebd., Bl. 192, Hochbauamt Linz an Speer; ebd., Bl. 190, Vermerk vom 18.1.1939.

30   Ebd., Bl. 188 f., Protokoll der Besprechung vom 19.1.1939.

31   Ebd., Bl. 184, Speer an Fick, 23.1.1939.

32   Ebd., Bl. 171, Speer an Lammers, 15.2.1939.

33   BArch R 43II/1019, Bl. 141, Vermerk, 25.2.1939; BArch R 4606/3364, Bl. 160, Kelly an Speer, 25.2.1939. Zu dem genauen Vorgang siehe: BArch R 43II/1019, Bl. 141, Vermerk, 25.2.1939; BArch R 4606/3364, Bl. 160, Kelly an Speer, 25.2.1939.

34   BArch R 43II/1019, Bl. 145, Vermerk, 28.2.1939; Früchtel, a. a. O., S. 286; Sarlay, Hitlers Linz, a. a. O., S. 84.

35   BArch R 4606/3364, Bl. 155, Kopie der Ernennungsurkunde Fick, 25.3.1939; RGBl. 1939 I Nr. 59, S. 601, Erlass des Führers und Reichskanzlers über die Neugestaltung der Stadt Linz an der Donau vom 25.3.1939.

36   NARA, RG 260, M 1946, R 138, Linz: Brickyards, Bl. 7 f., »Richtlinien für das Verfahren bei der Verteilung der Baustoffkontingente Neugestaltung deutscher Städte« und »Gruppeneinteilung der zu den Baustoffkontingenten Neugestaltung Deutscher Städte gehörenden Bauverfahren«, 3.5.1939.

37   BArch R 2/4503, Bl. 5, Lammers an das Reichsfinanzministerium (RFM), 15.4.1939; ebd., Bl. 7, Vermerk vom 28.4.1939; BArch R 4606/3364, Bl. 135, Giesler an Speer, 11.9.1939.

38   BArch R 2/4503, Bl. 25, Fick an RFM, 14.8.1939; ebd., Bl. 16–24, Ausweis über die verwendeten Mittel für den Reichsbaurat der Stadt Linz an der Donau, 24.5.1940; ebd., Bl. 38, Lammers an RFM, 27.9.1940.

39   BArch R 43/3586, Bl. 53 f., Betrifft: Haushalt für das Rechnungsjahr 1941; ebd., Bl. 121, Kap. 121, Reichsbaurat für die Stadt Linz; Maik Kopleck, PastFinder Obersalzberg 1933–1945, Berlin 2007, S. 15.

40   Mayrhofer, Patenstadt, a. a. O., S. 371.

41   NARA, RG 260, M 1946, R 138, Linz: Financing Matters of the City of Linz, Bl. 2, von Hummel an Reichsminister des Inneren, 12.5.1939; ebd., Bl. 36, OB Linz an Reichsfinanzministerium, 17.8.1939; ebd., Bl. 60, Fick an Reichsfinanzministerium, 2.11.1939.

42   BArch R 4606/3364, Bl. 141, Baumgarten an Speer, 9.8.1939; ebd., Bl. 132, Baumgarten an Speer, 1.11.1939.

43   BArch R 43II/1019, Bl. 30, Vermerk vom 27.1.1940.

44   BArch R 5/22918, Bl. 2, Vermerk vom 7.3.1939; ebd., Bl. 24, Vermerk von Hummel, 8.5.1939.

45   BArch R 43II/844a, Bl. 31 ff., Vermerk vom 7.2.1940; BArch R 5/22918, Bl. 158 ff., Text des Kaufvertrages; ebd., Bl. 153, Auszug Reichsministerialblatt, S. 57, 23.2.1940.

46   BArch NS 6/119, Bl. 11, v. Hummel an Arbeitsminister, 26.7.1939; ebd., Bl. 12, Magistrat Linz an Reichsarbeitsmi-

nister, 19.7.1939; RGBl. 1939 I Nr. 59, S. 602, Erlass des Führers und Reichskanzlers über die Errichtung der Stiftung Wohnungsbau in Linz an der Donau vom 25.3.1939.

47 BArch NS 6/119, Bl. 14, Wolkerstorfer an v. Hummel, 25.3.1939; ebd., Bl. 15, v. Hummel an Wolkerstorfer, 26.7.1939; BArch NS 6/122, Bl. 66, Vermerk für den Stabsleiter, 21.2.1940; BArch R 43II/1019, Bl. 154, Vermerk vom 21.3.1939.

48 BArch R 43II/1178, Bl. 86, Erlass Hitler, 25.6.1940.

49 NARA, RG 260, M 1946, R 138, Linz: Material Planning (September 1939 – September 1940); ebd., Bl. 129, Fick an GBI, 12.7.1940; ebd., Bl. 142, Parteikanzlei an GBI, 17.7.1940.

50 Ebd., Bl. 59, v. Hummel an Eigruber, 8.12.1939; NARA, RG 260, M 1946, R 138 Linz: City Expansion (April 1939 – September 1939), Bl. 96, Beauftragter für den Vierjahresplan, Erlass der Bausperre, 4.8.1939.

51 BArch NS 6/123, Bl. 69, Vorlage für den Stabsleiter, 15.6.1940; ebd., Bl. 71, v. Hummel an Narkauer u.a., 15.6.1940.

52 BArch R 4606/3364 Bl. 93 Fick an Speer, 25.7.1940, ebd., Bl. 75 Fick an Speer, 3.8.1940; ebd. Bl. 72, Fick an Speer, 12.9.1940.

53 BArch R 4606/3364, Bl. 69, Bormann an Speer, 19.9.1940; ebd., Bl. 67, Speer an Bormann, 20.9.1940.

54 BArch R 43II/844a, Bl. 66, Eigruber an Lammers, 24.5.1941.

55 BArch R 4606/3364, Bl. 54, Eigruber an Speer, 18.10.1940; ebd., Bl. 55, Fick an Speer, 21.10.1940; ebd., Bl. 52, Vermerk Dr. Fränk, 4.11.1940; Sarlay, Hitlers Linz, a.a.O., S. 96.

56 Institut für Zeitgeschichte München (Hg.), Akten der Parteikanzlei der NSDAP. Rekonstruktion eines verlorengegangenen Bestandes, 2 Teile, 4 Bde., München 1983, Teil 1, Bd. 1, Regest 14822, Speer an Bormann, 20.2.1941; Speer, Erinnerungen, a.a.O., S. 191; Früchtel, a.a.O., S. 260. Zu den Ämtern, die Speer niederlegte, gehörten neben dem Amt des »Beauftragten für Bauwesen« das Amt »Schönheit der Arbeit« und die Mitherausgeberschaft der Zeitschrift »Baukunst«.

57 Sarlay, Hitlers Linz, a.a.O., S. 91.

58 BArch R 4606/107, Bl. 4, Speer an Wolters, 2.4.1941; Hermann Giesler, Ein anderer Hitler. Bericht seines Architekten Hermann Giesler. Erlebnisse, Gespräche, Reflexionen, Leoni am Starnberger See 1978, S. 352.

59 Früchtel, a.a.O., S. 267.

60 BArch R 4606/4292, Bl. 1–3, Fick an Lammers, 23.7.1941, ebd., Bl. 4, Rundschreiben Lammers, 24.8.1941; ebd., Bl. 10, Vermerk vom 21.8.1941; ebd., Bl. 12, Speer an Todt, 26.8.1941; ebd., Bl. 14–18, Speer an Lammers, 28.8.1941.

61 Ebd., Bl. 39–48, Besprechungsprotokoll, 16.9.1941; ebd., Bl. 60, Rundbrief Lammers, 31.1.1942.

62 Speer, Erinnerungen, a.a.O., S. 232; Willy A. Boelke (Hg.), Deutschlands Rüstung im Zweiten Weltkrieg. Hitlers Konferenzen mit Albert Speer, Frankfurt am Main 1969, S. 66 (19.2.1942); BArch NS 6/538, Bl. 32, Bormann an Speer, 24.4.1942; ebd., Bl. 34, Speer an Reichsinnenministerium, 18.4.1942.

63 BArch R 43II/706 Bl. 137, Lammers an Speer, 2.4.1942; BArch R 43II/1178a, Bl. 150, Reichsfinanzministerium an Lammers, 19.5.1942; Martin Moll, Führererlasse 1939–1945, Stuttgart 1997, S. 231 (Erlass des Führers über die weitere Vereinfachung der Verwaltung vom 25.1.1942).

64 Henry Picker, Hitlers Tischgespräche im Führerhauptquartier 1941–1942, hg. v. Percy Ernst Schramm, Stuttgart 1965, S. 298 (Eintrag vom 26.4.1942); BArch R 43II/1178a, Bl. 175, Fick an Lammers, 4.7.1942.

65 Tillman Harlander/Gerhard Fehl (Hg.), Hitlers sozialer Wohnungsbau 1940–1945. Wohnungspolitik und Siedlungsplanungen, Hamburg 1986, S. 18–25, 132; RGBl. 1940 I Nr. 196, S. 1495–1498, Erlass des Führers und Reichskanzlers über die Vorbereitung des Wohnungsbaues nach dem Krieg vom 15.11.1940.

66 Moll, a.a.O., S. 137 (Erlass des Führers, Neuer deutscher Wohnungsbau nach dem Kriege vom 15.9.1940); BArch R 43II/1178, Bl. 145, Vermerk, 30.11.1941; ebd., Bl. 146 (v) ff., Lammers an Fick, 2.1.1942; Mayrhofer, Patenstadt, a.a.O., S. 373.

67 Früchtel, a.a.O., S. 279.

68 Sarlay, Hitlers Linz, a.a.O., S. 96.

69 BArch R 43II/1178a, Bl. 146 ff., Lammers an Fick, 2.1.1942; BArch NS 6/538, Bl. 18 f., Vorlage für Reichsleiter NSDAP Hauptamt Kommunalpolitik, 22.6.1942.

70 BArch R 43II/1019a, Bl. 14, Bormann an Lammers, 5.10.1942; ebd., Bl. 18, Bormann an Lammers, 18.11.1942; Giesler, Nachtrag, S. 119.

71 Speer, Erinnerungen, a.a.O., S. 186; Breker, a.a.O., S. 155–165.

72 BArch R 4606/734, Bl. 116 f., Bericht Nr. 58, Fertigstellung wesentlicher Teilbauten der Steyer-Daimler-Puch AG Wälzlagerwerk Halle III + IV 31.5.1941 durch den Generalbauinspektor, »Baugruppe Giesler«.

73 Früchtel, a.a.O., S. 259, 286; Giesler, Hitler, a.a.O., S. 213.

74 Hermann Giesler, Nachtrag, aus unveröffentlichten Briefen und Schriften, Essen 1988, S. 19–30. Siehe auch Dietrich, a.a.O., S. 168.

75 TU München, Archiv Architekturmuseum, Nachlass Giesler, Niederschrift Besprechung in Linz, 12.11.1942; Giesler, Nachtrag, a.a.O., S. 31 f.; BArch R 43II/1019a, Bl. 14, Bormann an Lammers, 5.10.1942.

76 TU München, NL Giesler, Niederschriften Besprechungen

Linz vom 12. 11. 1942; Früchtel, a.a.O., S. 287; Sarlay, Hitlers Linz, a.a.O., S. 110 ff. Sarlay nennt den Oktober 1942 als den Termin, an dem Giesler die Gesamtplanung für das eine Donauufer erhielt.

77 BArch R 43II/1019a, Bl. 20–28, Eigruber an Bormann, 17. 11. 1942.

78 Ebd., Bl. 32, Fick an Reichskanzlei, 4. 3. 1943.

79 BArch R 43II/1019a, Bl. 29, Vermerk Besprechung vom 15. 1. 1943.

80 NARA, RG 260, M 1946, R 138, Linz: City Expansion, Bl. 18 f., Eigruber an Bormann, 19. 1. 1943.

81 Sarlay, Hitlers Linz, a.a.O., S. 101 f.; Sarlay, Stadtplanung, a.a.O., S. 354.

82 BArch R 43II/1019a, Bl. 50 f., Vermerk, 26. 3. 1943.

83 Näheres dazu: BArch R 43II/1019a, Bl. 41, Bormann an Lammers, 19. 3. 1943; ebd., Bl. 42, Bormann an Fick, 19. 3. 1943.

84 Ebd., Bl. 57 ff., Vermerk, 29. 3. 1943 und Entwurf Vereinbarung, 29. 3. 1943; Sarlay, Stadtplanung, a.a.O., S. 168.

85 BArch R 43II/1019a, Bl. 96, Speer an Lammers, 19. 5. 1943.

86 Ebd., Bl. 106 f., Vermerk vom 30. 5. 1943; ebd., Bl. 110, Vermerk vom 20. 6. 1943.

87 Ebd., Bl. 112, Vermerk vom 10. 7. 1943; ebd., Bl. 113, Vermerk vom 3. 10. 1943; ebd., Bl. 114, Lammers an Fick und Eigruber, 28. 10. 1943.

88 Sarlay, Hitlers Linz, a.a.O., S. 87.

89 Mayrhofer/Schuster, Bilder, a.a.O., S. 57; Sarlay, Hitlers Linz, a.a.O., S. 103.

90 BArch R 43II/1019a, Bl. 66, Bormann an Lammers, 2. 4. 1943.

91 TU München, NL Giesler, Niederschriften Besprechungen Linz, 5. 4. 1943; Früchtel, a.a.O., S. 287.

92 Giesler, Nachtrag, a.a.O., S. 33.

93 BArch R 43II/1019a, Bl. 103, Bormann an Fick, 8. 6. 1943. Eine weitere Variante des Namens lautet »Unter den Lauben«.

94 Ebd., Bl. 132, Bormann an Lammers, 18. 2. 1944 (Zitat). Siehe auch ebd., Bl. 123, Bormann an Lammers, 31. 1. 1944; TU München, NL Giesler, Niederschriften Besprechungen in Linz, 11. 12. 1943; Erich Stockhorst, 5000 Köpfe. Wer war was im Dritten Reich, Kiel 1985.

95 BArch R 43II/1019a, Bl. 134 (v), Giesler an Lammers, 6. 3. 1944; ebd., Bl. 136, Lammers an Giesler, 19. 3. 1944; Mayrhofer, Patenstadt, a.a.O., S. 375.

96 Sarlay, Hitlers Linz, a.a.O., S. 72.

97 Früchtel, a.a.O., S. 288; Sarlay, Hitlers Linz, a.a.O., S. 85 f.

98 Früchtel, a.a.O., S. 230–239.

99 Harlander, a.a.O., S. 68.

100 RGBl. 1943 I Nr. 93, S. 575 f., Erlass des Führers über die Vorbereitung des Wiederaufbaus bombengeschädigter Städte vom 11. 10. 1943; Werner Durth, Stadt und Landschaft. Kriegszer-

störungen und Zukunftsentwürfe, in: Akademie der Künste Berlin (Hg.), Krieg – Zerstörung – Aufbau. Architektur und Städteplanung 1940–1960, Berlin 1995, S. 104 f., 126–175.

101 Speer, Tagebücher, a.a.O., S. 309.

102 Junge, a.a.O., S. 154; Henriette von Schirach, Der Preis der Herrlichkeit, Wiesbaden 1956, S. 214; Gerhard Boldt, Hitler. Die letzten zehn Tage, Frankfurt am Main 1973, S. 92.

103 Picker, a.a.O., S. 214, Sitzung vom 27. 3. 1942.

104 Giesler, Hitler, a.a.O., S. 401, 431.

105 Speer, Tagebücher, a.a.O., S. 99 f.

106 Helmut Heiber (Hg.), Lagebesprechungen im Führerhauptquartier. Protokollfragmente aus Hitlers militärischen Konferenzen 1942–1945, München 1961, S. 256 (Eintrag vom 31. 7. 1944); Joachimsthaler, Ende, a.a.O., S. 63. Bei der Anlage in Pullach handelte es sich vermutlich um das Objekt »Hagen«, das Joachimsthaler erwähnt. Früchtel, a.a.O., S. 245.

107 BArch NS 19/1900, Bl. 4, Himmler an Pohl, 21. 1. 1944; BArch R 43II/1019b, Bl. 76, Bormann an Lammers, 22. 11. 1943; Sarlay, Hitlers Linz, a.a.O., S. 111.

108 Sarlay, Hitlers Linz, a.a.O., S. 93. Akten der Parteikanzlei, a.a.O., Regest 17373, Bl. 4, Bormann an Lammers, 23. 5. 1944; BArch R 43II/1019b, Bl. 105, Fick an Lammers, 20. 12. 1944.

109 Joachimsthaler, Ende, a.a.O., S. 117, 123; Sarlay, Hitlers Linz, a.a.O., S. 39 f.

110 Giesler, Hitler, a.a.O., S. 479 f.; Joachimsthaler, Ende, a.a.O., S. 124.

111 Speer, Tagebücher, a.a.O., S. 633.

112 Goebbels, Tagebücher, a.a.O., Bd. II.15, S. 379, Z. 314, Eintrag vom 13. 2. 1945.

113 Arnold, a.a.O., S. 124–131. Joachimsthaler, Ende, a.a.O., S. 331–356. Heiber, a.a.O., S. 280, Eintrag vom 31. 8. 1944; ebd. S. 291, Eintrag vom 12. 12. 1944; Gert Sudholt, Adolf Hitlers drei Testamente, Leoni 1977, S. 55.

»Die schönste Stadt an der Donau« – Pläne für das Linzer Flussufer (S. 52–69)

1 Goebbels, Tagebücher, a.a.O., Bd. II.2, S. 345, Z. 555, Eintrag vom 22. 11. 1941.

2 Giesler, Hitler, a.a.O., S. 97.

3 Früchtel, a.a.O., S. 296.

4 Sarlay, Baukunst, a.a.O., S. 29 ff.; Neue Autobahn- und Straßenbrücken als Gemeinschaftsleistung von Architekt und Ingenieur, in: Die Baukunst 4 (1941) 4, S. 11–22, 13; Hanns Kreczi, Die Linzer Donaubrücke, Linz 1942, S. 70 f.; BArch R 4606/3363, Bl. 37, Todt an Speer, 30. 6. 1938.

5 Früchtel, a.a.O., S. 291, Anm. 411; Kreczi, Donaubrücke, a.a.O., S. 72.

6 Kreczi, Donaubrücke, a.a.O., S. 72; Sarlay, Linz, a.a.O., S. 78; ebd., Baukunst, a.a.O., S. 39.

7 Schmitt-Imkamp, Geschichte, a.a.O., S. 156.

8 Roderich Fick, Der neue Brückenkopf in Linz an der Donau als Beginn der Neugestaltung der Stadt, in: Die Baukunst 4 (1941) 5, S. 88–107, 92; Sarlay, Baukunst, a.a.O., S. 45; Schmitt-Imkamp, Geschichte, a.a.O., S. 158f.

9 Kreczi, Donaubrücke, a.a.O., S. 73. Fick, Brückenkopf, a.a.O., S. 89.

10 Sarlay, Baukunst, a.a.O., S. 242. Mayrhofer/Katzinger, a.a.O., Bd. 2, S. 314; BArch R 4601/354, Nachtragsniederschrift für Enteignungsverhandlungen, 26.11.1939; ebd., Czernin an Generalinspektor, 18.4.1939. Die Höhe der geplanten Entschädigung ergibt sich indirekt aus den Angaben der Akten.

11 Ebd., Kreisleitung Vöcklabruck an Generalinspekteur, 4.5.1939; ebd., Generalinspekteur an Czernin, 9.6.1939; ebd., Sarlay an Czernin, 3.8.1939.

12 Kreczi, Donaubrücke, a.a.O., S. 73. Diese bestand aus einem Album mit Fotografien. Library of Congress, Washington D.C., LOT 8559, Die Nibelungenbrücke in Linz a.d. Donau/ Fotos v. R. Stenzel.

13 Kreczi, Donaubrücke, a.a.O., S. 77; BArch R 4601/354, Lancelle an Todt, 2.10.1939; ebd., Todt an Lancelle, 3.11.1939.

14 Akten der Parteikanzlei, a.a.O., Regest 14311, Bormann an Schaub, 16.4.1940 und Plettenberg an Todt, 22.5.1940; Früchtel, a.a.O., S. 291; Ingo Sarlay, Adolf Hitlers Linz. Architektonische Vision einer Stadt, in: Birgit Kirchmayr/Peter Assmann (Hg.), »Kulturhauptstadt des Führers«? Kunst und Nationalsozialismus in Linz und Oberösterreich, Linz 2008, S. 65–78, hier: 72; Goebbels, Tagebücher, a.a.O., Bd. I.8, S. 61, Z. 39, Eintrag vom 18.4.1940.

15 Sarlay, Baukunst, a.a.O., S. 81f.; Giesler, Hitler, a.a.O., S. 91; Früchtel, a.a.O., S. 321.

16 Akten der Parteikanzlei, a.a.O., Regest 14618, Hanssen an Fick, 31.10.1940.

17 Giesler, Hitler, a.a.O., S. 92–96.

18 Sarlay, Baukunst, a.a.O., S. 68. Früchtel, a.a.O., S. 297. Akten der Parteikanzlei, a.a.O., Regest 45499 Justizministerium an Bormann 12.10.1944. Giesler, Hitler, a.a.O., S. 97.

19 Früchtel, a.a.O., S. 306. Lampugnani, a.a.O., S. 136.

20 Früchtel, a.a.O., S. 306; Giesler, Hitler, a.a.O., S. 97.

21 Sarlay, Baukunst, a.a.O., S. 72f., 210.

22 Früchtel, a.a.O., S. 306; Sarlay, Baukunst, a.a.O., S. 74f.

23 Vergleichszahlen alle bei Arndt, a.a.O., S. 157.

24 Giesler, Hitler, a.a.O., S. 97.

25 NARA, RG 260, M 1946, R 138 Linz: City Expansion, Bl. 9, Bormann Aktenvermerk, 21.10.1942.

26 Mayrhofer, Patenstadt, a.a.O., S. 367f.; Mayrhofer/Katzinger, a.a.O., Bd. 2, S. 317.

27 Stephan, Lebenswerk, a.a.O., S. 58–72.

28 Früchtel, a.a.O., S. 307.

29 TU München, Archiv Architekturmuseum, NL Giesler, Aufzeichnung vom 11.12.1943, Bl. 16; Goebbels, Tagebücher, a.a.O., Bd. II.2, S. 344, Z. 540, Eintrag vom 22.11.1941; Jochmann, a.a.O., S. 405, Eintrag vom 25.6.1943.

30 Absicht Hitlers bei Goebbels, Tagebücher, a.a.O., Bd. II.8, S. 536, Z. 578, Eintrag vom 25.6.1943. Mögliche Ansicht der Figur in: Josef Thorak, Der königliche Reiter. Große Deutsche Kunstausstellung 1943; Bild in: Karl Cerff (Hg.), Kunst im Kriege, Folge 4, (1944). Zu Hitlers Vorliebe für Friedrich II. s. Konrad Barthel, Friedrich der Große in Hitlers Geschichtsbild, Wiesbaden 1977, S. 15, 28. Hitler förderte die Forschung über Friedrich II. auch mit 10 000 RM für eine Biografie von Prof. Hildebrand über den preußischen König. BArch R 2/17722, Lammers an Reichsfinanzminister, 20.3.1940.

31 Sarlay, Baukunst, a.a.O., S. 34, 78f.

32 Sarlay, Baukunst, a.a.O., S. 33.

33 Giesler, Hitler, a.a.O., S. 21, 99.

34 Früchtel, a.a.O., S. 291; Speer, Erinnerungen, a.a.O., S. 113; ders., Kransberg-Protokolle, a.a.O., S. 112f.

35 Früchtel, a.a.O., S. 292.

36 Fick, Brückenkopf, a.a.O., S. 93; Sarlay, Baukunst, a.a.O., S. 49f.

37 Früchtel, a.a.O., S. 404.

38 Ebd., S. 292f.; Giesler, Hitler, a.a.O., S. 98.

39 Michael John, Zwangsarbeit in der oberösterreichischen Großindustrie 1941–1945. Ein sozial- und wirtschaftshistorischer Überblick, in: Gabriella Hauch (Hg.), Industrie und Zwangsarbeit im Nationalsozialismus. Mercedes Benz – VW – Reichswerke Hermann Göring in Linz und Salzgitter, Innsbruck 2003, S. 141–167; Sarlay, Baukunst, a.a.O., S. 58; Früchtel, a.a.O., S. 293.

40 Früchtel, a.a.O., S. 293. Sarlay, Baukunst, a.a.O., S. 59.

41 Früchtel, a.a.O., S. 296.

Das »kulturelle Schwergewicht« (S. 70–91)

1 Sarlay, Baukunst, a.a.O., S. 93; Sarlay, Vision, S. 68; Birgit Kirchmayr/Peter Assmann (Hg.), »Kulturhauptstadt des Führers«. Kunst und Nationalsozialismus in Linz und Oberösterreich, Linz 2008, S. 65–78, hier: S. 68.

2 BArch R 43II/1178a, Bl. 176 ff., Kostenvoranschlag für Umbauten in der Hofgasse und Aldergasse vom 28. 2. 1942; Sarlay, Vision, a. a. O., S. 75; Giesler, Hitler, a. a. O., S. 92.

3 Sarlay, Baukunst, a. a. O., S. 96, 98 f.

4 Ebd., S. 100.

5 Sarlay, Baukunst, a. a. O., S. 102 f.; Mayrhofer/Katzinger, a. a. O., Bd. 2, S. 317.

6 Jochmann, a. a. O., S. 101, Eintrag vom 21./22. 10. 1941; Ingo Sarlay, Hitropolis. Vom Idyll zum befohlenen Stadttraum (a), in: Bazon Brock, Achim Peiß (Hg.), Kunst auf Befehl? Dreiunddreißig bis fünfundvierzig, München 1990, S. 187–199, S. 196; Früchtel, a. a. O., S. 309.

7 Goebbels, Tagebücher, a. a. O., Bd. II.4, S. 352, Z. 252, Eintrag vom 24. 5. 1942; ebd. S. 407, Z. 439 ff., Eintrag vom 30. 5. 1942.

8 Billy F. Price, Adolf Hitler als Maler und Zeichner. Ein Werkkatalog, Zug 1983, S. 242.

9 Hanns Christian Löhr, Das Braune Haus der Kunst. Die Sammlung des Sonderauftrages Linz, Berlin 2005, S. 29 f.

10 BArch R 43II/1650a, Bl. 5, Bormann an Lammers, 1. 7. 1942; BArch R 2/12922, Erlass des Führers über die Errichtung eines Münzkabinetts in Linz (Donau) vom 30. 9. 1942; BArch KB 323/170, Bl. 557, Ruprecht an Lammers, 1. 12. 1944.

11 Näheres zu den Hintergründen bei Hanns Christian Löhr, Neue Dokumente zum »Sonderauftrag Linz«, in: Kunstchronik. Monatsschrift für Kunstwissenschaft, Museumswesen und Denkmalpflege, 65 (2012) 1, S. 7–12.

12 Sarlay, Baukunst, a. a. O., S. 116; TU München, Archiv Architekturmuseum, Nachlass Fick, Niederschrift, Besprechung mit Hitler, 23. 2. 1939. Der Autor verdankt die Angaben aus dem Nachlass Fick Frau Lioba Schmitt-Imkamp, Heidelberg. Zu dem frühen Entwurf Hitlers siehe Joachim Fest, Hitler. Eine Biographie, Frankfurt am Main 1977, Abb. S. 370 f. Im Vergleich zu den ursprünglichen Plänen Hitlers drehte Fick den Museumsbau um 90 Grad.

13 Früchtel, a. a. O., S. 318.

14 TU München, NL Giesler, Niederschriften Besprechungen Linz, 19. 2. 1945.

15 Früchtel, a. a. O., S. 319.

16 Sarlay, Baukunst, a. a. O., S. 115–117.

17 TU München, NL Fick, Niederschrift Besprechung mit Hitler, 12. 6. 1939; Speer, Kransberg-Protokolle, a. a. O., S. 117.

18 Löhr, Braunes Haus, a. a. O., S. 37, 58–62.

19 BArch B NS 6/160, Bl. 4–8, Amtschef IIIA an RFSS, 31. 12. 1942, Wiedergabe einer Rede Eigrubers vom 25. 11. 1942; Löhr, Braunes Haus, a. a. O., S. 37, 58–62.

20 Birgit Kirchmayr, Das oberösterreichische Landesmuseum und der Sonderauftrag Linz. Die geplante Neuordnung der Linzer Museumslandschaft in der NS-Zeit, in: Revisionen, hg. v. Peter Bogner, 13. Tagung Linz 2005, Mitteilungen des Verbandes österreichischer Kunsthistorikerinnen und Kunsthistoriker, Wien 2005, S. 106–112; Kirchmayr, Kulturhauptstadt, a. a. O., S. 53–56; Goldberg, a. a. O., S. 97.

21 Murray G. Hall, Christina Köster, »… allerlei für die Nationalbibliothek zu ergattern«. Eine österreichische Institution in der NS-Zeit, Wien 2006, S. 128, 139.

22 BArch R 43II/1178, Bl. 117, Lammers an Fick, 8. 10. 1941; Sarlay, Baukunst, a. a. O., S. 119 f.; Jochmann, a. a. O., S. 411, Eintrag vom 19. 5. 1944.

23 BArch R 43II/1092b, Bl. 6, Lammers an Albert Bormann, 19. 8. 1944.

24 Timothy W. Ryback, Hitlers Bücher. Seine Bibliothek. Sein Denken, Köln 2010, S. 152, 173; Philipp Gassert, Daniel S. Mattern, The Hitler Library. A bibliography, London 2001, S. 33 f.

25 Kölnisches Stadtmuseum (Hg.), Hüter der Schätze und digitaler Dienstleister – 150 Jahre Stadtarchiv Köln, Köln 2007, S. 13 f.; BArch B 323/75, Sammlung des Sonderauftrages Linz, Linz 2295–2297, 2715, Richard Wagner, Briefe.

26 BArch NS 6/462, Bl. 1–29, Zwischenbericht über die vom Führer als Stiftung für die Stadt Linz geplante Bibliothek, Juli 1943; Murray/Köster, a. a. O., S. 139 ff.

27 BArch NS 6/462, Bl. 59.

28 BArch NS 6/381, Bl. 5, Wolffhardt, Vorlage für den Reichsleiter, 28. 8. 1944.

29 BArch R 2/12559, Reichstatthalter Oberdonau an das Reichsministerium für Wissenschaft 6. 1. 1942; ebd., Betrifft: Haushaltsvorschlag für 1941 der Studienbibliothek Linz, 14. 11. 1941.

30 BArch R 43II/1019b, Bl. 13, Bormann an Lammers, 2. 8. 1943; ebd., Bl. 33, Bormann an Lammers, 9. 2. 1944; ebd., Bl. 47, Bormann an Lammers, 22. 5. 1944; ebd., Bl. 62, Bormann an Lammers, 25. 10. 1944; Murray/Köster, a. a. O., S. 142.

31 BArch NS 6/462, Zwischenbericht über die vom Führer als Stiftung für die Stadt Linz geplante Bibliothek (Juli 1943), Bl. 58.

32 BArch NS 6/381, Bl. 2, Wolffhardt an Bormann, 2. 9. 1944; Murray/Köster, a. a. O., S. 153–157.

33 Sarlay, Vision, a. a. O., S. 75; Akten der Parteikanzlei, a. a. O., Regest 13184, v. Hummel an Ley, 20. 3. 1939; Goebbels, Tagebücher, a. a. O., Bd. I.6, S. 139, Z. 60, Eintrag vom 10. 10. 1938; Theaterumbauten. Arbeiten des Architekten Paul Baumgarten, in: Die Baukunst 5 (1941) 6, S. 110–123.

34 Sarlay, Baukunst, a. a. O., S. 111 ff.; BArch R 4606/620, Baumgarten an Speer, 21. 11. 1940; Goebbels, Tagebücher, a. a. O., Bd. I.6, S. 247, Z. 16, Eintrag vom 6. 2. 1939.

35 Picker, a. a. O., S. 303, Eintrag vom 30. 4. 1942.

36 BArch R 4606/3364, Bl. 129, Landesbaurat Wenz an Bormann,

11.11.1939; ebd., 6166, Grundriss und Aufriss Landestheater Linz, 23.8.1941; BArch R 43II/1019, Bl. 14, Bormann an Lammers, 25.10.1939; Sarlay, Baukunst, a.a.O., S. 92; Goldberger, a.a.O., S. 93; Regina Thumser, »Der Krieg hat die Künste nicht zum Schweigen gebracht«. Kulturpolitik im Gau Oberdonau, in: Oberösterreichisches Landesarchiv (Hg.), Reichsgau Oberdonau. Aspekte 1, Linz 2004, S. 127–173, hier: S. 149.

37 BArch R 55/20836, Bl. 111, Aufstellung des Reichspropagandaamtes Oberdonau, 25.9.1941; ebd., Bl. 48, Propagandaministerium an Reichshauptkasse, 20.1.1941.

38 Regina Thumser, Klänge der Macht. Musik und Theater im Reichsgau Oberdonau, in: Birgit Kirchmayr/Peter Assmann (Hg.), »Kulturhauptstadt des Führers«. Kunst und Nationalsozialismus in Linz und Oberösterreich, Linz 2008, S. 223–239, hier: S. 223.

39 BArch R 43II/1253, Bl. 49, Bormann an Lammers, 26.3.1941; ebd., Bl. 53, Vermerk 2.4.1941; ebd., R 55/215, Bl. 67, Rechnungshof an Reichspropagandaministerium, 29.6.1942 ebd., R 2/17683, Lammers an Reichsfinanzminister, 3.9.1941.

40 Goebbels, Tagebücher, a.a.O., Bd. II.5, S. 597, Z. 426, Eintrag vom 29.9.1942.

41 Thumser, Klänge, a.a.O., S. 228; dies., Krieg, a.a.O., S. 148.

42 BArch R 55/20386, Bl. 7, Vermerk 9.9.1942; ebd., Bl. 22, Vermerk, 5.11.1942.

43 Ebd., R 55/20386, Bl. 183–186, Bericht über das Rechnungsjahr 1941 vom 3.7.1942.

44 BArch R 43II/1243, Bl. 55, Bormann an Lammers, 23.8.1944.

45 Sarlay, Baukunst, a.a.O., S. 118; TU München, NL Giesler, Niederschrift 9.–12.11.1944, Bl. 2.

46 Früchtel, a.a.O., S. 318.

47 Sarlay, Vision, a.a.O., S. 76; Sarlay, Idyll, a.a.O., S. 195.

48 Früchtel, a.a.O., S. 317, 319; Mayrhofer/Katzinger, a.a.O., Bd. 2, S. 319.

49 TU München, NL Giesler, Niederschrift 19.02.1945; Sarlay, Vision, a.a.O., S. 76; Früchtel, a.a.O., S. 310.

50 Sarlay, Baukunst, a.a.O., S. 122.

51 Ebd., S. 117; Früchtel, a.a.O., S. 310.

52 Sarlay, Hitropolis, a.a.O., S. 196; Früchtel, a.a.O., S. 310.

53 Sarlay, Baukunst, a.a.O., S. 123.

54 Giesler, Hitler, a.a.O., S. 101; Sarlay, Baukunst, a.a.O., S. 124ff.; Früchtel, a.a.O., S. 316.

55 Goebbels, Tagebücher, a.a.O., Bd. II.9, S. 585, Z. 1095, Eintrag vom 23.9.1943.

56 Ebd., Bd. I.9, S. 230, Z. 103f., Eintrag vom 6.4.1941.

57 Ebd., S. 255, Z. 43, Eintrag vom 18.4.1941; ebd., S. 318, Z. 37, Eintrag vom 17.5.1941.

58 Ebd., Bd. II.2, S. 344, Z. 540, Eintrag vom 22.11.1941.

59 Mayrhofer, Patenstadt, a.a.O., S. 351.

60 Giesler, Hitler, a.a.O., S. 175. Sarlay, Stadtplanung, a.a.O., S. 175; Anton Joachimsthaler, Die Breitspurbahn. Das Projekt zur Erschließung des großeuropäischen Raumes 1942–1945, München 1985, S. 21, 358.

61 BArch R 5/22918, Bl. 26, Vermerk über Vortrag beim Führer auf dem Obersalzberg, 6.5.1939.

62 Joachimsthaler, Breitspurbahn, a.a.O., S. 360. Mayrhofer/Schuster; Demokratie, a.a.O., S. 98.

63 Sarlay, Vision, a.a.O., S. 77; ders., Idyll, a.a.O., S. 198.

64 Früchtel, a.a.O., S. 310.

Auf dem Weg zur Großstadt (S. 92–125)

1 August Meyer, Hitlers Holding. Die Reichswerke »Hermann Göring«, München 1999, S. 69–77, 112ff.

2 Sarlay, Hitlers Linz, a.a.O., S. 154f. Zum Gutachten siehe: BArch R 113/1486, Die künftige Wirtschaftsstruktur der Stadt Linz (Gutachten), 1938.

3 Meyer, Holding, a.a.O., S. 89; Geschichte-Club VÖEST (Hg.), Geschichte der VÖEST. Rückblick auf die wechselnden Jahre des größten österreichischen Industrieunternehmens, Linz 1991, S. 6.

4 Michael John, Zwangsarbeit und NS-Industriepolitik am Standort Linz, in: Oliver Ratkolb (Hg.), NS-Zwangsarbeit. Der Standort Linz der Reichswerke Hermann Göring AG Berlin 1938–1945, 2 Bde., Wien 2001, Bd. 1, S. 23–146, hier: S. 37f.

5 Goldberger, a.a.O., S. 69; John, Zwangsarbeit, a.a.O., S. 142ff.; Oliver Ratkolb, Mythos VÖEST, in: Fritz Mayrhofer/Walter Schuster (Hg.), Linz im 20. Jahrhundert. Beiträge, 2 Bde., Linz 2010, Bd. 2, S. 885–926, hier: S. 891; Otto Lachinger, Die Linzer Industrie im 20. Jahrhundert, Linz 2007, S. 126.

6 BArch R 2/17883, Bl. 100ff., Aufstellung der Beteiligungen der Reichswerke Hermann Göring, Berlin, o. D.; Meyer, Holding, a.a.O., S. 130–146, 226; Stefan Wolfinger, Das KZ-Außenlager St. Valentin. Mauthausen-Studien Bd. 7, Wien 2009, S. 19.

7 Wolfinger, a.a.O., S. 21.

8 BArch R 2/17808, Anlage zu FG156c-87v, Aktenvermerk Oktober 1939, Anlagekosten der Eisenhütten vom 1.6.1939; BArch R 2/17813, Reichswerke Aktiengesellschaft Gesamtfinanzpläne Stand 1.3.1940.

9 BArch RW 43/4165, Enteignungsverfahren zu Gunsten der Alpine Montan AG.

10 Kurt Tweraser, Die Linzer Wirtschaft im Nationalsozialismus. Anmerkungen zur strukturellen Transformation (»Modernisierung«) und zum NS-Krisenmanagement, in: Fritz Mayrhofer/Wolfgang Schuster (Hg.), Nationalsozialismus in Linz, 2 Bde., Linz 2001, Bd. 1, S. 387–549, hier: 414 f.; Brigitte Kepplinger, Arbeiterwohnbau in Linz 1850–1945. Ein historischer Überblick, in: Dies. (Hg.), Wohnen in Linz. Zur Geschichte des Linzer Arbeiterwohnbaues von den Anfängen bis 1945, Wien 1989, S. 1–102, hier: S. 78; Ratkolb, Mythos, a. a. O., S. 890; RGBl. I 1938, Nr. 109, S. 850, Zweite Verordnung über die Landbeschaffung für Zwecke der Reichswerke AG für Erzbergbau und Eisenhütten »Hermann Göring«, 9. 7. 1938; John, Reichswerke, a. a. O., S. 36.

11 Sarlay, Hitlers Linz, a. a. O., S. 153 ff.; Sarlay, Vision, a. a. O., S. 69; Meyer, Holding, a. a. O., S. 114; Goldberger/Sulzbacher, a. a. O., S. 69; Lachinger, a. a. O., S. 135 ff.; VOEST Geschichte-Club, a. a. O., S. 24 f.

12 John, Reichswerke, a. a. O., S. 93.

13 BArch R 43/4226, Bl. 26 f., Müsingbrot an v. Sutterheim, 22. 2. 1942; ebd., Bl. 30, Vermerk vom 28. 2. 1942. Nach dem Krieg berichtete Wolkerstorfer den amerikanischen Besatzungsbehörden über diese Arbeit. Siehe: Institut für Zeitgeschichte München, Zeugenschrifttum, ZS-1584, Wolkerstorfer, Joseph.

14 BArch NS 3/1361, Bl. 7, Wolff an Pohl, 22. 7. 1942; ebd., Bl. 42, Aktenvermerk an Pohl, 25. 9. 1942.

15 BArch NS 3/1361, Bl. 64, Himmler an Pleiger, 29. 10. 1942; ebd., Bl. 71 ff., Entwurf einer Vereinbarung, 1. 10. 1942; ebd., Bl. 96, Aktennotiz vom 13. 11. 1942; ebd., Bl. 101 ff., Hohberg an Baier, 6. 11. 1943; Bertrand Perz, Zwangsarbeit von KZ-Häftlingen der Reichswerke »Hermann Göring« in Österreich, Deutschland und Polen, in: Gabriella Hauch (Hg.), Industrie und Zwangsarbeit im Nationalsozialismus. Mercedes Benz – VW – Reichswerke Hermann Göring in Linz und Salzgitter, Innsbruck 2003, S. 85–99, hier: S. 91 f.; Lachinger, a. a. O., S. 143; Bertrand Perz, Nationalsozialistische Konzentrationslager in Linz, in: Fritz Mayrhofer/Walter Schuster (Hg.), Nationalsozialismus in Linz, 2 Bde., Linz 2001, Bd. 2, S. 1041–1091, hier: S. 1055–1058.

16 VOEST Geschichte-Club, S. 25, 39.

17 BArch R 4606/3363, Bl. 57–61, Stadtbauamt Linz an Koller. 29. 6. 1938. Mayrhofer/Schuster, Bilder, a. a. O., S. 59.

18 BArch R 2/23337, Reichsverkehrsministerium an Reichsfinanzministerium, 21. 1. 1939.

19 BArch R 5/21125, Bl. 82, Wolkersdorfer an Generalbevollmächtigten, 26. 10. 1939; ebd., Bl. 88, Vermerk, 28. 11. 1939; ebd., R 2/18158, v. Hummel an Reichsernährungsministerium, 24. 12. 1939; Sarlay, Hitlers Linz, a. a. O., S. 156; Goldberger, a. a. O., S. 42; Mayrhofer, Patenstadt, a. a. O., S. 354.

20 BArch R 5/795, Az 7131/40, Wirtschaftskammer Oberdonau an Reichsverkehrsministerium, 25. 11. 1940.

21 BArch R 2/23337, Reichsverkehrsministerium an Reichsministerium der Finanzen, 7. 11. 1940.

22 Sarlay, Hitlers Linz, a. a. O., S. 157 f.; Anneliese Schweiger, Wirtschaft, in: Fritz Mayrhofer/Walter Schuster (Hg.), Linz zwischen Demokratie und Diktatur 1918–1945, Linz 2006, S. 147–168, hier: S. 152.

23 Sarlay, Baukunst, a. a. O., S. 162 f.; Mayrhofer/Schuster, Bilder, a. a. O., S. 60.

24 BArch R 5/21128, Bl. 68, Vermerk vom 17. 4. 1939; ebd., Bl. 90–93, Reichsbahndirektion Linz an Reichsverkehrsministerium, 27. 1. 1940.

25 BArch R 5/21125, Bl. 314, Plan der neuen Bahntrassen in Linz, o. D.

26 BArch R 5/21128, Bl. 113, Vermerk vom 6. 5. 1940; ebd., Bl. 115, Fick an RBD Linz, 10. 4. 1940; ebd., Bl. 122, Vermerk, 23. 3. 1940; ebd., Bl. 139, Reichsbahndirektion Linz an Reichsverkehrsministerium, 7. 11. 1940; ebd., Bl. 150, Kostenvoranschlag des 1. Bauabschnittes, 31. 1. 1941.

27 BArch R 5/21125, Bl. 276, Fick an Reichsverkehrsministerium, 8. 3. 1941; ebd., Bl. 298, Reichsverkehrsministerium an Fick, 28. 3. 1941; ebd., Bl. 300, Fick an Reichsverkehrsministerium, 15. 4. 1941.

28 Ebd., Bl. 308, Fick an Todt, 4. 8. 1941; ebd., Bl. 308, RBD Linz Vermerk vom 24. 3. 1941; ebd., Bl. 311, Fick an RBD Linz, 5. 8. 1941.

29 Ebd., Bl. 352, Auszug über einen Aktenvermerk der Besprechung vom 19. 6. 1942; BArch R 5/21127, Bl. 161–168, Beauftragter des Reichsverkehrsministeriums für Sonderaufgaben Vermerk, 25. 6. 1942.

30 BArch R 5/21128, Bl. 169, RBD Linz an Reichsverkehrsministerium, 24. 6. 1943; ebd., Bl. 171, RBD Linz an Reichsverkehrsministerium, 16. 7. 1943.

31 Joachimsthaler, Breitspurbahn, a. a. O., S. 307, 358–361.

32 Picker, Tischgespräche, a. a. O., S. 460.

33 BArch R 4601/1088, Reichsautobahndirektion an Oberste Bauleitung, 17. 3. 1938; ebd., Bl. 33, Deutsche Reichsbahn an Direktion der Reichsautobahn, 17. 5. 1938; ebd., Bl. 3, Todt an Seegwald, 23. 3. 1938; Mayrhofer, Patenstadt, a. a. O., S. 353 f.; Kreuzer, Raumordnung, a. a. O., S. 40, 57; Bernd Kreuzer, Stadtumbau für den Verkehr. Linz auf dem Weg zur autogerechten Stadt, in: Fritz Mayrhofer/Walter Schuster (Hg.), Linz im 20. Jahrhundert. Beiträge, 2 Bde., Linz 2010, Bd. 1, S. 519–618, hier: S. 592.

34 BArch R 4601/1091, Bl. 29, Schönleben an NSDAP, 3. 4. 1938; BArch R 4601/1089, Bl. 70, Todt an Ley, 22. 4. 1938; ebd., Bl. 76, Todt an Reichsfinanzministerium; ebd., Bl. 92, Über-

sicht über die Kosten anlässlich des 1. Spatenstichs für die Reichsautobahn in Österreich, 20.5.1938; Kreuzer, Raumordnung, a.a.O., S. 53.

35 Erhard Schütz/Eckehardt Gruber, Mythos Reichsautobahn. Bau und Inszenierung der »Straßen des Führers« 1933–1941, Berlin 1996, S. 62.

36 BArch R 4601/1089 Bl. 253 Todt an Baudirektion 1.6.1938, ebd. Bl. 31 Vermerk Bauinspektion 4.5.1939. Schütz, Gruber, a.a.O., S. 63.

37 Schütz/Gruber, a.a.O., S. 86; Kreuzer, Raumordnung, a.a.O., S. 61–69.

38 Sarlay, Baukunst, a.a.O., S. 150–155, 184; ebd., Hitlers Linz, a.a.O., S. 203.

39 BArch R 2/19456, Reichswerke an Reichsarbeitsministerium, 23.9.1939; Sarlay, Linz, a.a.O., S. 58f.; ders., Baukunst, a.a.O., S. 133.

40 BArch NS 6/119, Bl. 83, Vermerk: Wohnsiedlung Harbach, 19.6.1939, ebd., Bl. 139, Fleissner an v. Hummel, 4.5.1939; ebd., Bl. 215, Vermerk: »Gesamt-Aufschließungskosten der Harbachsiedlung«, o. D.

41 NARA, RG 260, M 1946, R 138, Linz: Brickyards, Bl. 23ff., v. Hummel an Fick, 17.6.1939.

42 BArch NS 6/119, Bl. 12 (v), OB Linz an Reichsarbeitsministerium, 19.7.1939; ebd., Bl. 51, Reichsinnenministerium an Reichsfinanzministerium, 23.6.1939.

43 Hermann Kepplinger, Zur Finanzierungsgeschichte des Arbeiterwohnbaus in Österreich bis 1945 unter besonderer Berücksichtigung des Wohnbaus in Linz, in: Brigitte Kepplinger (Hg.), Wohnen in Linz. Zur Geschichte des Linzer Arbeiterwohnbaus von den Anfängen bis 1945, Wien 1989, S. 104–145, hier: S. 136.

44 Seraphim, Hans Günther (Hg.), Das politische Tagebuch Alfred Rosenbergs aus den Jahren 1934/35 und 1939/40, München 1964, S. 124, Eintrag vom 12.10.1940.

45 Harlander, a.a.O., S. 18.

46 BArch NS 6/119, Bl. 18, v. Hummel an Finanzamt München, 21.7.1939; Sarlay, Baukunst, a.a.O., S. 135f.; Edith Zacherl. Der Arbeiterwohnbau von 1850 bis 1945. Architektonischer Abriss, in: Kepplinger, Wohnen in Linz, a.a.O., S. 179–255, 343; Schmitt-Imkamp, Geschichte, a.a.O., S. 154; Ulrike Knall-Brskovsky, NS-Siedlungen und Wohnanlagen in Linz. Historisch bedeutende Denkmale?, in: Stadtmuseum Linz (Hg.), »Hitlerbauten« in Linz. Wohnsiedlungen zwischen Alltag und Geschichte, Salzburg 2012, S. 80–111, hier: S. 82.

47 BArch NS 6/120, Bl. 74–76, Fleissner an v. Hummel, 8.12.1939.

48 BArch NS 6/120, Bl. 26, Aktenvermerk vom 18.12.1939; ebd., NS 6/123, Bl. 176, Bekanntmachung v. Hummel, 14.5.1940; ebd., Bl. 146ff., v. Hummel an Fleissner, 20.5.1940.

49 Zur Umsiedlung der Südtiroler: Michael Forcher/Hans Karl Peterli, Südtirol in Geschichte und Gegenwart, Innsbruck 2010, S. 292–299; BArch R 2/19456, Reichsarbeitsminister an Reichsfinanzminister, 24.2.1940; ebd., NS 6/122, Bl. 193, Vorlage für Stabsleiter, 12.1.1940.

50 BArch NS 6/122, Bl. 66, Vorlage für Stabsleiter, 21.2.1940; ebd., Bl. 14, Bormann an v. Hummel, 15.3.1940; Kepplinger, a.a.O., S. 81.

51 BArch NS 6/123, Bl. 196, Bauleitung Wohnungsbau an v. Hummel, 3.5.1940; ebd., Bl. 207, v. Hummel an Reichstreuhänder, 25.4.1940.

52 NARA RG 260, M 1946, R 139, Linz: Plan for City Expansion, Bl. 48, v. Hummel an Wolkersdorfer, 5.2.1940.

53 BArch NS 6/122, Bl. 211, v. Hummel an Fick 4.1.1940.

54 Ebd., Bl. 148, v. Hummel an OB Linz, 24.1.1940.

55 BArch NS 6/123, Bl. 60f., v. Hummel an OB Linz, 22.6.1940.

56 BArch R 2/19456, Reichsarbeitsministerium an Reichsfinanzministerium, 2.8.1940; BArch NS 6/121, Bl. 109, v. Hummel an Wehrkreiskommando Linz, 22.7.1940; BArch R 2/19456, Eigruber an Reichsarbeitsminister, 25.7.1940.

57 BArch NS 6/121, Bl. 115f., v. Hummel an OB Linz, 15.7.1940.

58 BArch R 2/19456, Reichsarbeitsminister an Reichsfinanzminister, 2.8.1940; BArch NS 6/121, Bl. 69, v. Hummel an Stadt Linz, 8.8.1940; Mayrhofer, Patenstadt, a.a.O., S. 383.

59 BArch R 43II/844a, Bl. 36, Vermerk, 8.3.1940; ebd., Bl. 53, Vermerk, 24.8.1940; ebd., Bl. 62, Vermerk, 10.5.1941; ebd., Bl. 41, 49, 58; Anweisungen der Reichskanzlei 1940; BArch R 43II/844b, Bl. 2, Vermerk, 10.7.1941.

60 BArch R 43II/844a, Bl. 6, Stiftung Wohnungsbau an Lammers, 8.8.1940; ebd., Bl. 10, Bormann an Lammers, 24.9.1940; ebd., Bl. 67, Stiftung Wohnungsbau an Lammers, 21.6.1941.

61 Walter Schuster, Städteplanung der NS-Zeit am Beispiel Linz, in: Peter Bogner (Hg.), Revisionen, 13. Tagung Linz 2005, Mitteilungen des Verbandes österreichischer Kunsthistorikerinnen und Kunsthistoriker, Wien 2005, S. 88–94, hier: S. 94.

62 BArch R 3901/20916, Bl. 48–50, Reichsarbeitsminister an Reichsstatthalter Oberdonau, 10.6.1940; Sarlay, Baukunst, a.a.O., S. 138–143; BArch NS 6/538, Bl. 34, Speer an Reichsminister des Inneren, 18.4.1942; Mayrhofer, a.a.O., S. 379ff.

63 BArch NS 22/809, Fick an Reichsorganisationsleiter, 28.9.1942; ebd., R43II/1178a, Bl. 159, Fick an Lammers, 28.5.1942.

64 BArch NS 19/248, Bl. 2, Pohl an Reichsführer, 20.11.1942; ebd., Bl. 7, Reichsführer an Pohl, 3.12.1942; ebd., Bl. 29, Brandt an Kammler, 23.6.1943.

65 BArch NS 19/248, Bl. 2, Pohl an Reichsführer, 20.11.1942; ebd., Bl. 7, Reichsführer an Pohl, 3.12.1942; ebd., Bl. 29, Brandt an Kammler, 23.6.1943.

66 BArch R 2/31680, Niederschrift Bormann über Gespräch mit Hitler und Eigruber, 8.5.1939.

67 BArch R 34II/575a, Bl. 58 f., Reichsinnenministerium an Reichskanzlei, 17.6.1939; Mayrhofer/Katzinger, a.a.O., Bd. 2, S. 314; Mayrhofer, Patenstadt, a.a.O., S. 357 f.; NARA, RG 260, M 1946, R 139, Linz: Plan for City Expansion, Bl. 23, v. Hummel an Reichsarbeitsministerium, 21.9.1939.

68 BArch R 2/19456, Niederschrift über die Besprechung vom 22.8.1939; ebd., Aktenvermerk vom 25.10.1941; Mayrhofer/Schuster, Bilder, a.a.O., S. 59; Sarlay, Stadtplanung, a.a.O., S. 170.

69 NARA, RG 260, M 1946, R 138, Linz: City Expansion, Bl. 95, Vermerk v. Hummel, 7.8.1939.

70 BArch F RW 43/3522, Stellungnahme der Reichsstelle für Landbeschaffung, 20.8.1941; BArch F RW 43/3523, Stellungnahme der Reichswerke vom 20.2.1941.

71 BARch R 3901/20872, Bl. 42–47, Reichsstelle, Verhandlungsprotokoll vom 22.1.1943.

72 BARch F RW 43/2462, Bl. 1 ff., Reichsführer an Reichsstelle, 26.5.1939; ebd., Bl. 24, Reichsführer an Reichsstelle, 24.10.1939.

73 Hermann Rafetseder, Der »Ausländereinsatz« zur Zeit des NS-Regimes am Beispiel der Stadt Linz, in: Fritz Mayrhofer/Walter Schuster (Hg.), Nationalsozialismus in Linz, 2 Bde., Linz 2001, Bd. 2, S. 1107–1166, hier: S. 1113.

74 BArch NS 6/123, Bl. 98 ff., Vorlage an den Stabsleiter, 6.6.1940.

75 BArch NS 6/121, Bl. 11, Gölz an v. Hummel, 11.9.1940.

76 Ebd., Bl. 94, v. Hummel an Eigruber, 2.8.1940.

77 Ebd., Bl. 44 v. Hummel an Struma, 22.8.1940; Rafetseder, a.a.O., S. 1125.

78 BArch R 4601/1208, Bl. 22, Todt an OBR Linz, 22.11.1940.

79 Herbert, a.a.O., S. 133; Oliver Ratkolb, NS-Zwangsarbeit in der Industrie im Vergleich, am Beispiel der Betriebe der Reichswerke Hermann Göring in Linz, in: Gabriella Hauch (Hg.), Industrie und Zwangsarbeit im Nationalsozialismus, Mercedes Benz – VW – Reichswerke Hermann Göring in Linz und Salzgitter, Innsbruck 2003, S. 67–83, hier: S. 73 f.

80 BArch NS 6/121, Bl. 109, v. Hummel an Wehrbezirkskommando Linz, 22.7.1940.

81 Ebd., Bl. 110, v. Hummel an Speer, 16.7.1940; ebd., Bl. 16, Speer an v. Hummel, 9.9.1940.

82 Speer, Erinnerungen, a.a.O., S. 47.

83 Herbert Steinwarz (Hg.), Wohn- und Tagesunterkünfte für Bauarbeiter nach den Richtlinien und Erfahrungen der Deutschen Arbeitsfront, mit einem Vorwort von Albert Speer, Amt Schönheit der Arbeit, Berlin 1940, Vorwort, S. 16.

84 Reinhard Plewe/Jan Thomas Köhler, Baugeschichte Frauen-Konzentrationslager Ravensbrück, Berlin 2001, S. 46 f., 50; Kiran Klaus Patel, »Auslese« und »Ausmerze«. Das Janusgesicht der nationalsozialistischen Lager, in: Zeitschrift für Geschichtswissenschaften, 54 (2006) 4, S. 339–365, hier: S. 343, 345 f. Die ursprüngliche Tiefe des einzelnen Baumoduls betrug bei Speer 7,75 m, nach Plewe/Köhler dagegen 8,14 m. Die SS verlängerte diese Tiefe auf 12,50 m.

85 BArch NS 19/192, Rundschreiben Bormann an Gauleiter, 27.1.1941.

86 Karl Falland, Zwangsarbeit – Sklavenarbeit in den Reichswerken Hermann Göring am Standort Linz, in: Oliver Ratkolb (Hg.), NS-Zwangsarbeit. Der Standort Linz der Reichswerke Hermann Göring AG Berlin 1938–1945, 2 Bde., Wien 2001, Bd. 2, S. 103–106.

87 Rafetseder, a.a.O., S. 1135, 1165 f.

88 Akten der Parteikanzlei, a.a.O., Teil 1, Bd. 2, Regest 25749, Bormann an Ley, 20.8.1941; John, Reichswerke, a.a.O., S. 50.

89 BArch R 43II/1019a, Bl. 88, Bormann an Fick, 19.1.1942.

90 BArch R 3901/20208, Bl. 106, Generalkommando Wehrkreis XVII an OKW, 16.4.1942.

91 BArch R 2/19456, Denkschrift Dr. Sturma, 10.7.1941; ebd., Aktenvermerk über Besprechung mit Siedlungsreferent Oberdonau, 25.10.1941.

92 BArch R 3901/20273, Bl. 15–17, Präsident Landesarbeitsamt Oberdonau an Beauftragten für Vierjahresplan, 18.5.1942; Ulrich Herbert, Geschichte der Ausländerpolitik in Deutschland. Saisonarbeiter, Zwangsarbeiter, Gastarbeiter, Flüchtlinge, München 2001, S. 130.

93 BArch R 3901/20208, Bl. 107, Vermerk Reichsarbeitsministerium, 14.5.1942.

94 BArch R 3901/20273, Bl. 15–17, Präsident Landesarbeitsamt Oberdonau an Beauftragten für Vierjahresplan, 18.5.1942.

95 Tweraser, a.a.O., S. 443–449; Herbert, a.a.O., S. 144 f.

96 NARA, RG 260, M 1946, R 138, Linz: Copper Requirements for City Development, Bl. 46 f., Rundschreiben OKW, 7.10.1944.

97 Perz, Konzentrationslager, a.a.O., S. 1041 ff.; Florian Freund/Bertram Perz, Konzentrationslager in Oberösterreich. 1938 bis 1945, Linz 2007, S. 20–26.

98 Hans Maršálek, Die Geschichte des Konzentrationslagers Mauthausen. Dokumentation, Wien 2006, S. 12 ff., 34 f., 77.

99 Paul B. Jaskot, The architecture of oppression, the SS, forced labour and the Nazi monumental building economy, London 2000, S. 141; Perz, a.a.O., S. 1044; Freund/Perz, a.a.O., S. 25; Maršálek, a.a.O., S. 132.

100 Michael John, »Bereits heute schon ganz judenfrei ...« Die jüdische Bevölkerung von Linz und der Nationalsozialismus, in: Fritz Mayrhofer/Walter Schuster (Hg.), Nationalsozialismus

in Linz, 2 Bde., Linz 2001, Bd. 2, S. 1311–1393, S. 1332f., 1355, 1379ff.; Maršálek, a.a.O., S. 138.

101 BArch R 4601/1208, Bl. 55, Reichsautobahndirektion an Todt, 13.5.1939.

102 Schütz/Gruber, a.a.O., S. 84ff.; BArch R 4601/1208, Bl. 57, Todt an Reichsarbeitsminister, 22.5.1939; ebd., Bl. 103, Reichsarbeitsminister an Todt, 6.6.1939.

103 Herbert, a.a.O., S. 168–175; Freund/Perz, a.a.O., S. 95.

104 BArch NS 3/1615, Bl. 1, Kammler an Giesler, 22.9.1942; Perz, a.a.O., S. 1048.

105 Perz, a.a.O., S. 1060; Freund/Perz, a.a.O., S. 101; Wolfgang Benz/Barbara Distel, Der Ort des Terrors. Geschichte der nationalsozialistischen Konzentrationslager, 8 Bde., München 2006, Bd. 4, S. 392ff.

106 Maršálek, a.a.O., S. 79, S. 87, 98; Perz, a.a.O., S. 1063–1073.

107 Ratkolb, a.a.O., S. 79.

108 Maršálek, a.a.O., S. 106f.

109 Sarlay, Baukunst, a.a.O., S. 178; Schuster, Städteplanung, a.a.O., S. 94; Mayrhofer/Schuster, Bilder, a.a.O., S. 130.

110 Wolfinger, a.a.O., S. 23, 41–50.

111 BArch NS 19/1900, Bl. 1, Himmler an Pohl, 4.1.1944; ebd., Bl. 7, Kammler an Brandt, 9.2.1944; Bayerisches Hauptstaatsarchiv München, Generalbaurat, 293 Luftschutz, Zustandsbericht über Luftschutzbauten in Linz, 30.9.1944; Perz, a.a.O., S. 1081ff.

112 Freund/Perz, a.a.O., S. 180–184; Cornelia Daurer, NS-Diktatur 1938–1945, in: Fritz Mayrhofer/Walter Schuster (Hg.), Linz zwischen Demokratie und Diktatur 1918–1945, Linz 2006, S. 77–83, hier: S. 81.

113 Mayrhofer/Katzinger, a.a.O., Bd. 2, S. 325f.

114 Mayrhofer/Schuster, Bilder, a.a.O., S. 156. Perz, a.a.O., S. 1073, 1085–1091.

Kultur im Umland   (S. 126–153)

1 Annette Mertens, Himmlers Klostersturm. Der Angriff auf katholische Einrichtungen im Zweiten Weltkrieg und die Wiedergutmachung nach 1945, Paderborn 2006, S. 266.

2 Friedrich Buchmayr, Kunstraub hinter Klostermauern. Aspekte der Enteignung und der Restitution von Kunstwerken und Kulturgütern in den Oberösterreichischen Stiften und Klöstern, in: Birgit Kirchmayr/Friedrich Buchmayr/Michael John (Hg.), Geraubte Kunst in Oberdonau, Linz 2007, S. 319–502, hier: S. 324; Mertens, a.a.O., S. 269, 274; RGBl. 1938 I, Nr. 193, S. 1620f., Verordnung über die Einziehung von volks- und staatsfeindlichem Vermögen im Lande Österreich vom 18.11.1938.

3 Goldberger, a.a.O., S. 200.

4 Helmut Fiereder, Die Behörden des Reichsstatthalters in Oberdonau, in: Fritz Mayrhofer/Walter Schuster (Hg.), Nationalsozialismus in Linz, 2 Bde., Linz 2001, Bd. 1, S. 137–196, hier: S. 174; Bukey, a.a.O., S. 619.

5 Mertens, a.a.O., S. 108.

6 BArch R 43II/1271, Bl. 2, Bormann an Lammers, 17.1.1941.

7 Ebd., Bl. 10ff., Hartl an Lammers, 13.3.1941; ebd., Bl. 18ff., Gedächtnisprotokoll Hartl, 28.1.1941.

8 Ebd., Bl. 80, Aktenvermerk vom 22.3.1941; ebd., Bl. 82, Aktenvermerk vom 4.4.1941.

9 Buchmayr, Kunstraub, a.a.O., S. 332ff.

10 BArch R 43II/1271, Bl. 124, Kerrl an Lammers, 11.6.1941.

11 Ebd., Bl. 127–132, Kerrl an Lammers, 8.7.1941.

12 Mertens, a.a.O., S. 97ff.

13 Goebbels, Tagebücher, a.a.O., Bd. I.9, S. 184, Z. 41f., Eintrag vom 13.3.1941; Hanns Kreczi, Das Bruckner-Stift St. Florian und das Linzer Reichs-Bruckner-Orchester (1942–1945), Graz 1986, S. 30f.

14 BArch R 2/12919, Landeshauptmann Oberdonau an Reichsministerium Wissenschaft, Erziehung und Volksbildung, 8.3.1940; ebd., Reichsministerium Wissenschaft, Erziehung und Volksbildung an Reichsfinanzministerium, 9.4.1940; ebd., Aktenvermerk vom 5.4.1940.

15 BArch R 43II/1271, Bl. 97, Rust am Lammers, 29.7.1941; ebd., Bl. 100, Aktenvermerk, 4.8.1941; ebd., Bl. 103, Aktenvermerk vom 28.8.1941; Kreczi, Stift, a.a.O., S. 37.

16 BArch R 43II/1271, Bl. 110, Eigruber an Bormann, 3.2.1942; ebd., Bl. 109, Bormann an Lammers, 9.3.1942.

17 Goebbels, Tagebücher, a.a.O., Bd. II.1, S. 233, Z. 155, Eintrag vom 14.8.1941.

18 Kreczi, Stift, a.a.O., S. 35, 54; Goebbels, Tagebücher, a.a.O., Bd. II.2, S. 345, Z. 555f., Eintrag vom 22.11.1941.

19 Kreczi, Stift, a.a.O., S. 51, 112–119.

20 BArch R 55/546, Bl. 119, Glasmeier an Propagandaministerium, 26.7.1942; Friederike Hildebrand, Das Stift St. Florian 1938 bis 1945. Barock im Dienst der NS-Repräsentation, in: Alexandra Rotter (Hg.), Revisionen, 13. Tagung des Verbandes Österreichischer Kunsthistorikerinnen und Kunsthistoriker, Linz 2005, S. 95–101, hier: S. 96; Buchmayr, Kunstraub, a.a.O., S. 349; Goebbels, Tagebücher, a.a.O., Bd. II.5, S. 222, Z. 290, Eintrag vom 31.7.1942.

21 Goebbels, Tagebücher, a.a.O., Bd. II.2, S. 84, Z. 186, Eintrag vom 9.10.1941; ebd. Bd. II.5, S. 367, Z. 924, Eintrag vom 20.8.1942; ebd., S. 472, Z. 215, Eintrag vom 10.9.1942; Kreczi, Stift, a.a.O., S. 151.

22 BArch R 55/546, Bl. 121, Vermerk für Dr. Goebbels, 28.7.1941; ebd., Bl. 123, Aktenvermerk Dr. Neumann, 14.8.1942, handschriftlicher Zusatz Goebbels.

23 BArch R 2/17683, Lammers an Reichsfinanzministerium, 3.10.1941.

24 Goebbels, Tagebücher, a.a.O., Bd. II.7, S. 619, Z. 297, Eintrag vom 22.3.1943.

25 Kreczi, Stift, a.a.O., S. 152–156.

26 BArch R 55/20588, Bl. 128, Reichsrundfunkgesellschaft an Propagandaministerium, 25.3.1943; ebd., Bl. 53, Chef der Personalabteilung an Abteilung M, 3.8.1943.

27 Ebd., Bl. 38, Vorlage für den Minister vom 7.5.1943. In der Endphase des Zweiten Weltkrieges hatte das Reichsministerium für Volksaufklärung und Propaganda eine umfassende Liste zusammengestellt, die sogenannte Gottbegnadeten-Liste, in der über 1000 Künstler aufgeführt waren, die vom Kriegseinsatz ausgenommen waren.

28 Ebd., Bl. 87, Begründung der Freistellung der Orgelbauer, o. D.; ebd., Bl. 124, Propagandaministerium an Reichspropagandaamt vom 30.4.1943.

29 Kreczi, Stift, a.a.O., S. 92–97, 178.

30 Goebbels, Tagebücher, a.a.O., Bd. II.8, S. 57, Z. 185, Eintrag vom 5.4.1943; Speer, Tagebücher, a.a.O., S. 257.

31 Goebbels, Tagebücher, a.a.O., Bd. II.8, S. 264, Z. 459, 475, Eintrag vom 10.5.1943; Kreczi, Stift, a.a.O., S. 92.

32 BArch R 55/640, Bl. 196, Propagandaministerium an Wirtschaftsministerium, 5.12.1942; ebd., Bl. 201, Reichsstelle für Papier an Propagandaministerium, 13.4.1943; ebd., Bl. 214, Aktenvermerk Propagandaministerium vom 25.2.1944.

33 Ebd., Bl. 217f., Haushalt St. Florian Sommer 1942 bis Januar 1944; ebd., R 55/20588, Bl. 45, Vorlage Abteilungsleiter M vom 19.7.1943; ebd., Bl. 46, Propagandaministerium an Reichspropagandaamt Linz, 23.7.1943; Buchmayr, Kunstraub, a.a.O., S. 351; Kreczi, Stift, a.a.O., S. 191f.

34 Kreczi, Stift, a.a.O., S. 194f.

35 Ebd., S. 210f.; Buchmayr, Kunstraub, a.a.O., S. 351.

36 BArch R 55/20587, Bl. 91–96, Entwurf Propagandaministerium Führerinformation vom 18.5.1944.

37 Kreczi, Stift, a.a.O., S. 214.

38 Hans Kehrl, Krisenmanager des Dritten Reiches. 6 Jahre Frieden – 6 Jahre Krieg, Düsseldorf 1973, S. 393ff.

39 Goebbels, Tagebücher, a.a.O., Bd. II.12, S. 59, Z. 184, Eintrag vom 6.4.1944. Peter Kelling, Karajan. Eine Biografie, Reinbek 2006, S. 75ff.

40 BArch R 55/20587, Bl. 85, Glasmeier an Goebbels, 12.5.1944. S. auch: Goebbels, Tagebücher, a.a.O., Bd. II.12, S. 284, Z. 213, Eintrag vom 13.5.1944.

41 BArch R 55/20587, Bl. 79, Glasmeier an Propagandaministerium, 16.5.1944; ebd., Bl. 78, Hausmitteilung an Leiter Abteilung M vom 18.5.1944.

42 Ebd., Bl. 73, Propagandaministerium an Reichspropagandaamt Linz, 15.5.1944; Buchmayr, Kunstraub, a.a.O., S. 351; Kreczi, Stift, a.a.O., S. 221–230.

43 Buchmayr, Kunstraub, a.a.O., S. 357f.

44 Kreczi, Stift, a.a.O., S. 242.

45 Ebd., S. 123f., 242, 262–270.

46 Ebd., S. 23–25.

47 Buchmayr, Kunstraub, a.a.O., S. 331f.; Kreczi, Stift, a.a.O., S. 25.

48 Friedrich Buchmayr, Der Priester in Almas Salon. Johannes Hollnsteiners Weg von der Elite des Ständestaates zum NS-Bibliothekar, Weitra 2003, S. 14–20, 180–210; Johannes Hollnsteiner, Das Chorherrenstift St. Florian, Augsburg/Wien 1928.

49 Buchmayr, Priester, a.a.O., S. 225–229; ders., Kunstraub, a.a.O., S. 337f.; Kirchmayr, Raubkunst, a.a.O., S. 63. Zu den Büchern in der Sammlung Göring s. Hanns Christian Löhr, Der Eiserne Sammler. Die Kollektion Hermann Göring, Berlin 2009, S. 31.

50 Buchmayr, Kunstraub, a.a.O., S. 429ff.; Kershaw, a.a.O., Bd. 1, S. 45.

51 BArch NS 19/3470, Bl. 1, Himmler an Heißmeyer, 12.1942.

52 Buchmayr, Priester, a.a.O., S. 224; ders., Kunstraub, a.a.O., S. 342–345.

53 Buchmayr, Kunstraub, a.a.O., S. 370f.

54 BArch R 43II/1650a, Bl. 2, Bormann an Lammers, 1.7.1942; ebd., Bl. 3ff., Posse an Bormann 20.6.1942.

55 Ebd., Bl. 5, Bormann an Lammers, 1.7.1942; ebd., R 2/12922, Lammers an Reichsminister des Inneren, 8.10.1942, Anlage.

56 BArch B 323/170, Bl. 460ff., Vermerk Reichskanzlei vom 12.12.1942; ebd., Bl. 466, Reichskanzlei an Reichsministerium für Wissenschaft, 27.12.1942; ebd., Bl. 433f., v. Hummel an Reichskanzlei, 30.8.1944.

57 Buchmayr, Kunstraub, a.a.O., S. 365–370.

58 BArch R 4606/3364, Bl. 233, Bormann an Speer, 15.11.1938.

59 BArch R 43II/1178, Bl. 62–64, Rust an Hitler, 21.3.1939; ebd., Bl. 64–73, Planung für TU Linz; ebd., R 2/12511, Reichsministerium Wissenschaft an Reichsfinanzminister, 16.5.1939; Sarlay, Baukunst, a.a.O., S. 83.

60 Christian Hager, Auf den Pöstlingberg! Geschichte und Geschichten vom Wahrzeichen der Landeshauptstadt Linz, Linz, 1997, S. 106.

61 BArch R 2/12511, Reichsministerium Wissenschaft an Reichsfinanzminister, 31.5.1939.

62 Ebd., Reichsministerium Wissenschaft an Reichsfinanzminister, 16.5.1939.

63 Ebd., Reichsministerium Wissenschaft an Reichsfinanzminister, 29.8.1939, mit Anlage vom 29.7.1939.

64 BArch R 43II/1178, Bl. 76, Aktenvermerk, 31.1.1940; BArch

R 43II7884a, Bl. 30, Bormann an Lammers, 10.2.1940; ebd., R 2/12511, Reichsministerium Wissenschaft an Reichsfinanzminister, 8.1.1940. Ein Album mit angeblichen Fotos der geplanten Universität befindet sich heute in Washington. Siehe: Library of Congress Washington D. C., LOT 3977, »Die neue Hochschule des Führers in Linz a. d. Donau«. Tatsächlich handelt es sich dabei um Aufnahmen eines Modells der geplanten »Adolf-Hitler-Schule«.

65 BArch R 2/12511, Oberfinanzpräsident von Linz an Reichsministerium Wissenschaft, 3.4.1940; ebd., Aktenvermerk, 29.4.1940; ebd., Reichsministerium Wissenschaft an Reichsfinanzminister, 7.6.1940.

66 Sarlay, Baukunst, a.a.O., S. 86; BArch R 2/12511, Reichsministerium Wissenschaft an Reichsfinanzminister, 20.2.1941.

67 BArch R 2/12511, Oberfinanzpräsident Linz an Reichsfinanzminister, 10.1.1941, ebd. Vermerk vom 18.3.1941; BArch R 43II/942a, Rust an Lammers, 11.10.1942.

68 BArch R 2/12511, Reichsministerium Wissenschaft an Reichsfinanzminister, 29.10.1941.

69 BArch R 43II/942a, Lammers an Rust, 3.9.1942.

70 Sarlay, Baukunst, a.a.O., S. 86.

71 BArch R 2/12511a, Oberfinanzpräsident von Linz an Reichsfinanzminister, 1.11.1941.

72 BArch R 2/12511, Reichsministerium Wissenschaft an Reichsfinanzminister, 17.12.1942.

73 Ebd., Reichsministerium Wissenschaft an Reichsfinanzminister, 14.1.1943; ebd., Aktenvermerk, 20.1.1943; ebd., Vermerk Reichsfinanzministerium vom 22.1.1943.

74 Ebd., Vermerk Reichsfinanzministerium vom 1.2.1943.

75 Ebd., Rust an Schwerin, 13.2.1943; ebd., Lammers an Rust, 22.1.1943, ebd. Rust an Lammers, 10.3.1943.

76 Ebd., Lammers an Speer, 2.4.1943; ebd., Speer an Lammers, 19.4.1943; ebd., Lammers an Rust, 2.5.1943.

77 BArch R 43II/942a, Bl. 21, RKF an Wissenschaftsministerium, 16.12.1941; ebd., Bl. 22, Lammers an Himmler, 16.1.1943; BArch NS 19/3599, Bl. 5, Heinen an Lorenz, 27.5.1943.

78 BArch R 2/12511, Reichsminister Wissenschaft an Kurator TU Linz, 22.7.1943.

79 Ebd., Reichsminister Wissenschaft an Reichsfinanzministerium, 25.9.1943; ebd., Reichsminister Wissenschaft an Reichsfinanzministerium, 25.10.1943; BArch R 43II/942a, Bl. 115, Rust an Lammers, 25.9.1942.

80 BArch R 2/12511a, Haushaltsentwurf TU Linz 4/1944.

81 Ebd., Bormann an Reichsministerium Wissenschaft, 17.5.1944.

82 BArch R 2/12511a, Reichsfinanzministerium an Reichsministerium Wissenschaft, 31.7.1944; ebd., Reichsministerium Wissenschaft an Reichsfinanzminister, 6.10.1944; ebd., Reichsfinanzministerium an Reichsministerium Wissenschaft, 11.12.1944; ebd., Vermerk, 12.9.1944.

83 BArch R 2/12511a, Parteikanzlei an Reichsfinanzminister, 27.11.1944, Zitat aus Schreiben Bormanns vom 17.5.1944.

84 BArch NS 19/3470, Bl. 1, Himmler an Heißmeyer, 12.1942.

85 Harry Slapnicka, Das Stift zwischen Napoleon und Hitler, in: Land Oberösterreich (Hg.), 900 Jahre Klosterkirche Lambach. Oberösterreichische Landesausstellung 1989, Linz 1989, S. 115–122, hier: S. 120.

86 Ebd. S. 121.

87 TU München, NL Giesler, Niederschrift Besprechung Linz vom 12.11.1942.

88 Hager, a.a.O., S. 29, 59 f.

89 Ebd., S. 80, 106, 123.

90 Picker, a.a.O., S. 298, Sitzung vom 5.6.1942. Zu Hörbigers Welteislehre: Robert Bowen; Universal ice, science and ideology in Nazi state, London 1993, S. 9 f.

91 Sarlay, Baukunst, a.a.O., S. 80: BArch R 4606/3364, Bl. 14, Himmler an Speer, 31.10.1941.

92 Sarlay, Hitlers, a.a.O., S. 119.

93 BArch R 4606/3363, Bl. 86, Speer an Eigruber, 18.6.1938. Die Jugendherberge sollte zwischen den Türmen 9 und 10 stehen.

Linz – ein »politisches Gesamtkunstwerk« (S. 154–165)

1 Mayrhofer/Schuster, Bilder, a.a.O., S. 164.

2 Lachinger, a.a.O., S. 174, 185; VOEST Geschichte-Club, a.a.O., S. 11, 39; Hermann Rafetseder, Von der »Verstaatlichung« zur Entstaatlichung am Beispiel der Linzer Industrie, in: Fritz Mayrhofer/Walter Schuster (Hg.), Nationalsozialismus in Linz, 2 Bde., Linz 2001, Bd. 2, S. 927–1010, hier: S. 988.

3 Lachinger, a.a.O., S. 188–192.

4 VOEST Geschichte-Club, a.a.O., S. 26; Lachinger, a.a.O., S. 196.

5 Anneliese Schweiger, Wirtschaft, in: Fritz Mayrhofer/Walter Schuster (Hg.), Linz zwischen Wiederaufbau und Neuorientierung 1945–1984, Linz 2007, S. 74–97, hier: S. 74.

6 Elfriede Maria Klepoch, Der Linzer Hafen. Bilder der Schifffahrt, Erfurt 2011, S. 7.

7 Mayrhofer/Katzinger, Geschichte, a.a.O., Bd. 2, S. 351. Oberösterreichische Landesregierung (Hg.), Die Autobahn in Oberösterreich, Linz 1965, S. 12–14; Bernd Kreuzer, Stadtumbau für den Verkehr, Linz auf dem Weg zur autogerechten Stadt,

in: Fritz Mayrhofer/Walter Schuster (Hg.), Linz im 20. Jahrhundert, Beiträge, 2 Bde., Linz 2010, Bd. 1, S. 519–618, hier: S. 613–615.

8 Mayrhofer/Katzinger, Geschichte, a.a.O., Bd. 2, S. 349; Kreuzer, Stadtumbau, a.a.O., S. 593, 608, 611; Fritz Mayrhofer, Stadtentwicklung und Verkehr, in: Ders./Walter Schuster (Hg.); Linz zwischen Wiederaufbau und Neuorientierung 1945–1984, Linz 2007, S. 171–207, hier: S. 176.

9 Hans Koepf/Wilhelm Rausch/Ottmar Brunner (Hg.), Stadterneuerung und Altstadterhaltung in Linz, Linz 1989, S. 11–23.

10 Mayrhofer/Katzinger, a.a.O., Bd. 2, S. 329, 373; Mayrhofer, Stadtentwicklung, a.a.O., S. 172 ff.; Knall-Brskovsky, a.a.O., S. 80.

11 Mayrhofer/Katzinger, a.a.O., Bd. 2, S. 352, 374.

12 Anneliese Schweiger, Kultur und Bildung, in: Fritz Mayrhofer/Walter Schuster (Hg.), Linz zwischen Wiederaufbau und Neuorientierung 1945–1984, Linz 2007, S. 99–133, hier: S. 100–103; Löhr, Braunes Haus, a.a.O., S. 160. Ein Bild von diesen 17 wurde 2003 restituiert, vgl. http://www.landesmuseum.at/ueber/provenienzforschung (letzter Zugriff am 4.9.2013).

13 Mayrhofer/Katzinger, a.a.O., Bd. 2, S. 359; Schweiger, Kultur, a.a.O., S. 101 f.

14 Mayrhofer/Katzinger, a.a.O., Bd. 2, S. 365; Schweiger, Kultur, a.a.O., S. 103; Das neue Opernhaus in Linz, in: Neue Zürcher Zeitung, 15.4.2013.

15 Hanns Kreczi, Der Linzer Hochschulfonds. Werden und Aufbau der Johannes-Kepler-Universität Linz, Linz 1976, S. 13–19, 27, 54, 258; Mayrhofer/Katzinger, a.a.O., Bd. 2, S. 362.

16 Mayrhofer, Patenstadt, a.a.O., S. 384.

17 Hitler, Mein Kampf, a.a.O., »Die nationalsozialistische Bewegung«, »Der Staat«, S. 433; Michael Wildt, Die Ungleichheit des Volkes. »Volksgemeinschaft« in der politischen Kommunikation der Weimarer Republik, in: Ders./Frank Bajohr (Hg.), Volksgemeinschaft. Neue Forschungen zur Gesellschaft des Nationalsozialismus, Frankfurt am Main 2009, S. 24–40, hier: S. 35–37.

18 Paul Bonatz, Leben und Bauen, Stuttgart 1950, S. 181.

19 Esther Sophia Sünderhauf, Griechensehnsucht und Kulturkritik. Die deutsche Rezension von Winkelmanns Antikenideal 1840–1945, Berlin 2004, S. 303–307.

20 Lampugnani, a.a.O., S. 133 ff.

21 Michael Wildt, Volksgemeinschaft als Selbstermächtigung. Gewalt gegen Juden in der deutschen Provinz. 1913 bis 1939, Hamburg 2007, S. 358 f., 372.

22 Bukey, a.a.O., S. 628–643.

23 Goldberger, a.a.O., S. 46–50. Zum Frankreichfeldzug s. Kershaw, a.a.O., Bd. 2, S. 394.

24 Zacherl, a.a.O., S. 242.

25 Löhr, Braunes Haus, a.a.O., S. 196.

26 Philipp Vandenburg, Ramses der Große, eine archäologische Biographie, Bern 1977, S. 267–270. Arndt, a.a.O., S. 163.

ABKÜRZUNGSVERZEICHNIS

BArch	Bundesarchiv
DAF	Deutsche Arbeitsfront
DAP	Deutsche Arbeiterpartei
DEST	Deutsche Erd- und Steinwerke GmbH
EUR	Esposizione Universale di Roma (Stadtviertel in Rom)
GBI	Generalbauinspektor für die Reichshauptstadt
Gestapo	Geheime Staatspolizei
GDK	Große Deutsche Kunstausstellung
KdF	Kraft durch Freude
KZ	Konzentrationslager
LPA	Linzer Planungsinstitut Altstadt
Napola	Nationalpolitische Erziehungsanstalt
NARA	National Archives and Records Administration
NSDAP	Nationalsozialistische Deutsche Arbeiterpartei
SA	Sturmabteilung
SS	Schutzstaffel
UFA	Universum Film AG
VÖEST	Vereinigte Österreichische Eisen- und Stahlwerke AG

LITERATURVERZEICHNIS

Archivalien

Bundesarchiv (BArch)
Dienststelle Berlin
R 2/4503, 12511, 12511a, 12559, 12919, 12922, 17683, 17722,
  17683, 17808, 17813, 17883, 18158, 19456, 23337, 31680,
  31767
R 5/795, 21125, 21127, 21128, 22918
R 43/3586, 4226
R 43II/575a, 706, 844a, 844b, 942a, 1019, 1019a, 1019b, 1092b,
  1178, 1178a, 1243, 1253, 1271, 1650a, 3659
R 55/215, 546, 640, 20587, 20588, 20836, 22918
R 1501/1528
R 3901/20208, 20273, 20872, 20916
R 4601/354, 1088, 1089, 1091, 1208
R 4606/107, 369, 734, 3363, 3364, 3365, 4292
NS 3/1361, 1615
NS 6/119, 120, 121, 122, 123, 160, 381, 462, 538
NS 19/192, 248, 1900, 3470
NS 22/809

Dienststelle Koblenz
B 323/75, 170

Dienststelle Freiburg
RW 43/2462, 3522, 3523, 4165

National Archives and Record Administration, Washington D.C.
  (NARA)

RG 260, M 1946, R 138
RG 260, M 1946, R 139

Archiv Institut für Zeitgeschichte München

ED 56 Nachlass Hitler 277/52
Zeugenschrifttum, ZS-1584, Wolkerstorfer, Joseph

Archiv Architekturmuseum der TU München

Nachlass Fick
Nachlass Giesler

Literatur

Arndt, Karl: Tradition und Unvergleichbarkeit. Zu Aspekten der Stadtplanung im nationalsozialistischen Deutschland, in: Wilhelm Rausch (Hg.): Die Städte Mitteleuropas im 20. Jahrhundert, Linz a.d. Donau 1984, S. 149–166.

Arnold, Dietmar: Neue Reichskanzlei und »Führerbunker«. Legenden und Wirklichkeit, Berlin 2005.

Backes, Klaus: Hitler und die bildenden Künste. Kulturverständnis und Kunstpolitik im Dritten Reich, Köln 1988.

Barthel, Konrad: Friedrich der Große in Hitlers Geschichtsbild, Wiesbaden 1977.

Benz, Wolfgang/Diestel, Barbara: Der Ort des Terrors. Geschichte der nationalsozialistischen Konzentrationslager, 8 Bde., München 2006.

Boldt, Gerhard: Hitler – Die letzten zehn Tage, Frankfurt am Main 1973.

Botz, Gerhard: Wien vom »Anschluss« zum Krieg. Nationalsozialistische Machtübernahme und politisch-soziale Umgestaltung am Beispiel der Stadt Wien, Wien 1978.

Bowen, Robert: Universal Ice. Science and Ideology in the Nazi State, London 1993.

Bonatz, Paul: Leben und Bauen, Stuttgart 1950.

Brands, Gunnar: Zwischen Island und Athen. Griechische Kunst im Spiegel des Nationalsozialismus, in: Bazon Brock/Achim Preiß: Kunst auf Befehl? Dreiunddreißig bis fünfundvierzig, München 1990, S. 103–136.

Breker, Arno: Im Strahlungsfeld der Ereignisse. Leben und Wirken eines Künstlers, Preußisch Oldendorf 1972.

Brenner, Hildegard: Die Kunstpolitik des Nationalsozialismus, Reinbek 1963.

Buchmayr, Friedrich: Kunstraub hinter Klostermauern. Aspekte der Enteignung und der Restitution von Kunstwerken und Kulturgütern in den Oberösterreichischen Stiften und Klöstern, in: Friedrich Buchmayr/Birgit Kirchmayr/Michael John: Geraubte Kunst in Oberdonau, Linz a.d. Donau 2007, S. 319–502.

Ders.: Der Priester in Almas Salon. Johannes Hollnsteiners Weg von der Elite des Ständestaates zum NS-Bibliothekar, Weitra 2003.

Bukey, Evan Burr: Meldungen aus Linz und dem Gau Oberdonau 1938–1945, in: Fritz Mayrhofer/Walter Schuster (Hg.): Nationalsozialismus in Linz, 2 Bde., Linz a.d. Donau 2007, Bd. 1, S. 597–645.

Ders.: Patenstadt des Führers. Eine Politik- und Sozialgeschichte von Linz 1908–1945, Frankfurt am Main 1993.

Cornelia Daurer: NS-Diktatur 1938–1945, in: Fritz Mayrhofer/Walter Schuster (Hg.): Linz zwischen Demokratie und Diktatur 1918–1945, Linz a.d. Donau 2006, S. 77–83.

Dietrich, Otto: 12 Jahre mit Hitler, München 1955.

Dietzfelbinger, Eckart/Lüdtke, Gerhardt: Nürnberg – Ort der Massen. Das Reichsparteitagsgelände, Vorgeschichte und schwieriges Erbe, Berlin 2004.

Domarus, Max: Hitler. Reden 1932 bis 1945, 2 Bde., Wiesbaden 1973.

Durth, Werner: Stadt und Landschaft. Kriegszerstörungen und Zukunftsentwürfe, in: Akademie der Künste Berlin (Hg.): Krieg – Zerstörung – Aufbau. Architektur und Städteplanung 1940–1960, Berlin 1995, S. 126–175.

Falland, Karl: Zwangsarbeit. Sklavenarbeit in den Reichswerken Hermann Göring am Standort Linz, in: Oliver Ratkolb (Hg.): NS-Zwangsarbeit. Der Standort Linz der Reichswerke Hermann Göring AG Berlin 1938–1945, 2 Bde., Wien 2001.

Fest, Joachim C.: Hitler. Eine Biographie, Frankfurt am Main 1977.

Fick, Roderich: Der neue Brückenkopf in Linz an der Donau als Beginn der Neugestaltung der Stadt, in: Die Baukunst 4 (1941) 5, S. 88–107.

Fiereder, Helmut: Die Behörden des Reichsstatthalters in Oberdonau, in: Fritz Mayrhofer/Walter Schuster (Hg.): Nationalsozialismus in Linz, 2 Bde., Linz a. d. Donau 2001, Bd. 1, S. 137–196.

Forcher, Michael/Peterli, Hans Karl: Südtirol in Geschichte und Gegenwart, Innsbruck 2010.

Frank, Hans: Im Angesicht des Galgens. Deutung Hitlers und seiner Zeit auf Grund eigener Erlebnisse und Erkenntnisse, München 1953.

Freund, Florian/Perz, Bertrand: Konzentrationslager in Oberösterreich 1938 bis 1945, Linz a. d. Donau 2007.

Früchtel, Michael: Der Architekt Hermann Giesler. Leben und Werk (1899–1987), München 2009.

Gassert, Philipp/Mattern, Daniel S.: The Hitler Library. A Bibliography, London 2001.

Geschichte-Club VOEST (Hg.): Geschichte der VOEST. Rückblick auf die wechselnden Jahre des größten österreichischen Industrieunternehmens, Linz a. d. Donau 1991.

Giesler, Hermann: Nachtrag. Aus unveröffentlichten Briefen und Schriften, Essen 1988.

Ders.: Ein anderer Hitler. Bericht seines Architekten Hermann Giesler. Erlebnisse, Gespräche, Reflexionen, Leoni 1978.

Goldberger, Josef/Sulzbacher, Cornelia: Oberdonau, Linz a. d. Donau 2008.

Grammbitter, Ulrike/Lauterbach, Iris: Das Parteizentrum der NSDAP in München, München 2009.

Gusatschenko, Wadim et al. (Hg.): Hitler. Unbekannte Kapitel des Zweiten Weltkrieges. Dokumente aus dem Geheimarchiv des KGB, Leutkirch 1996.

Hager, Christian: Auf den Pöstlingberg! Geschichte und Geschichten vom Wahrzeichen der Landeshauptstadt Linz, Linz a. d. Donau 1997.

Hall, Murray G./Köster, Christina: … Allerlei für die Nationalbibliothek zu ergattern … Eine österreichische Institution in der NS-Zeit, Wien 2006.

Hanfstaengl, Ernst: Zwischen Weißem und Braunem Haus. Memoiren eines politischen Außenseiters, München 1976.

Harlander, Tillman/Fehl, Gerhard (Hg.): Hitlers sozialer Wohnungsbau 1940–1945. Wohnungspolitik und Siedlungsplanungen, Hamburg 1986.

Hartmann, Max: Die Verwandlung des Obersalzberges unter Martin Bormann 1936–1945, Berchtesgaden 1993.

Heiber, Helmut (Hg.): Lagebesprechungen im Führerhauptquartier, Protokollfragmente aus Hitlers militärischen Konferenzen 1942–1945, München 1964.

Herbert, Ulrich: Geschichte der Ausländerpolitik in Deutschland. Saisonarbeiter, Zwangsarbeiter, Gastarbeiter, Flüchtlinge, München 2001.

Hildebrand, Friederike: Das Stift St. Florian 1938 bis 1945. Barock im Dienst der NS-Repräsentation, in: Alexandra Rotter (Hg.): Revisionen. 13. Tagung des Verbandes Österreichischer Kunsthistorikerinnen und Kunsthistoriker, Linz/Wien 2005, S. 95–101.

Hitler, Adolf: Mein Kampf, München 1941.

Institut für Zeitgeschichte München (Hg): Akten der Parteikanzlei der NSDAP, Rekonstruktion eines verloren gegangenen Bestandes, 4 Bde., München 1983 ff.

Jäckel, Eberhard (Hg.): Hitler. Sämtliche Aufzeichnungen 1905–1924, Stuttgart 1980.

Jaskot, Paul B.: The Architecture of Oppression. The SS, Forced Labor and the Nazi Monumental Building Economy, London 2000.

Joachimsthaler, Anton: Hitlers Weg begann in München, 1913–1923, (München 2000).

Ders.: Hitlers Ende. Legende und Dokumente, München 1995.

Ders.: Die Breitspurbahn. Das Projekt zur Erschließung des großeuropäischen Raumes, 1942–1945, München 1985.

Jochmann, Werner: Adolf Hitler. Monologe im Führerhauptquartier 1941–1944, Bindlach 1988.

John, Michael: Zwangsarbeit in der oberösterreichischen Großindustrie 1941–1945. Ein sozial- und wirtschaftshistorischer Überblick, in: Gabriella Hauch (Hg.): Industrie und Zwangsarbeit im Nationalsozialismus. Mercedes Benz – VW – Reichswerke Hermann Göring in Linz und Salzgitter, Innsbruck 2003, S. 85–99.

Ders.: Zwangsarbeit und NS-Industriepolitik am Standort Linz, in: Oliver Ratkolb, (Hg.): NS-Zwangsarbeit. Der Standort Linz der Reichswerke Hermann Göring AG Berlin 1938–1945, 2 Bde., Wien 2001, Bd. 1, S. 23–146.

Ders.: »Bereits heute schon ganz judenfrei …« Die jüdische Bevölkerung von Linz und der Nationalsozialismus, in: Fritz Mayrhofer/Walter Schuster (Hg.): Nationalsozialismus in Linz, 2 Bde., Linz a. d. Donau 2001, Bd. 2, S. 1311–1393.

Junge, Traudl: Bis zur letzten Stunde. Hitlers Sekretärin erzählt ihr Leben, München 2002.

Kehrl, Hans: Krisenmanager im Dritten Reich. 6 Jahre Frieden – 6 Jahre Krieg, Düsseldorf 1973.

Kepplinger, Brigitte: Arbeiterwohnbau in Linz 1850–1945. Ein historischer Überblick, in: Dies. (Hg.): Wohnen in Linz. Zur Geschichte des Linzer Arbeiterwohnbaues von den Anfängen bis 1945, Wien 1989, S. 1–102.

Kepplinger, Hermann: Zur Finanzierungsgeschichte des Arbeiterwohnbaues in Österreich bis 1945 unter besonderer Berücksichtigung des Wohnbaues in Linz, in: Brigitte Kepplinger: Wohnen in Linz. Zur Geschichte des Linzer Arbeiterwohnbaues von den Anfängen bis 1945, Wien 1989, S. 104–145.

Kershaw, Ian: Hitler, 2 Bde., London 2000.

Kirchmayr, Birgit: »Kulturhauptstadt des Führers«? Anmerkungen zu Kunst, Kultur und Nationalsozialismus in Oberösterreich und Linz, in: Birgit Kirchmayr/Peter Assmann (Hg.): »Kulturhauptstadt des Führers«. Kunst und Nationalsozialismus in Linz und Oberösterreich, Linz 2008, S. 33–57.

Dies.: Raubkunst im »Heimatgau des Führers«, in: Friedrich Buchmayr/Michael John: Geraubte Kunst in Oberdonau, Linz 2007, S. 35–190.

Dies.: Das oberösterreichische Landesmuseum und der Sonderauftrag Linz. Die geplante Neuordnung der Linzer Museumslandschaft in der NS-Zeit, in: Alexandra Rotter (Hg.): Revisionen. 13. Tagung des Verbandes Österreichischer Kunsthistorikerinnen und Kunsthistoriker Linz/Wien 2005, S. 106–112.

Klepoch, Elfriede Maria: Der Linzer Hafen. Bilder der Schifffahrt, Erfurt 2011.

Kopleck, Maik: PastFinder Obersalzberg 1933–1945, Berlin 2007.

Knall-Brskovsky, Ulrike: NS-Siedlungen und Wohnanlagen in Linz, Historisch bedeutende Denkmale?, in: Stadtmuseum Linz (Hg.): »Hitlerbauten« in Linz. Wohnsiedlungen zwischen Alltag und Geschichte. 1938 bis zur Gegenwart, Salzburg 2012, S. 80–111.

Kölnisches Stadtmuseum (Hg.): Hüter der Schätze und digitaler Dienstleister – 150 Jahre Stadtarchiv Köln, Köln 2007.

Koepf, Hans/Rausch, Wilhelm/Brunner, Ottmar (Hg.): Stadterneuerung und Altstadterhaltung in Linz, Linz a.d. Donau 1989.

Köpf, Peter: Der Königsplatz in München. Ein deutscher Ort, Berlin 2005.

Kraut, Giesela/Mattausch, Roswitha/Wiederspahn, Brigitte: Architektur und Plastik im deutschen Faschismus, in: Frankfurter Kunstverein (Hg.): Kunst im 3. Reich. Dokumente der Unterwerfung, Frankfurt am Main 1974, S. 46–59.

Kreczi, Hanns: Das Bruckner-Stift St. Florian und das Linzer Reichs-Bruckner-Orchester (1942–1945), Graz 1986.

Ders.: Der Linzer Hochschulfonds. Werden und Aufbau der Johannes-Kepler-Universität Linz, Linz a.d. Donau 1976.

Ders.: Die Linzer Donaubrücke, Linz 1942.

Kreuzer, Bernd: Stadtumbau für den Verkehr. Linz auf dem Weg zur autogerechten Stadt, in: Fritz Mayrhofer/Walter Schuster (Hg.): Linz im 20. Jahrhundert. Beiträge, 2 Bde., Linz 2010, Bd. 1, S. 519–618.

Ders.: Raumordnung und Verkehrsplanung im Gau Oberdonau, in: Oberösterreichisches Landesarchiv (Hg.): Reichsgau Oberdonau. Aspekte 1, Linz a.d. Donau 2004, S. 9–70.

Kubizek, August: Adolf Hitler, mein Jugendfreund, Graz 1953.

Lachinger, Otto: Die Linzer Industrie im 20. Jahrhundert, Linz a.d. Donau 2007.

Lampugnani, Vittorio Magnago: Architektur und Städtebau des 20. Jahrhunderts, Stuttgart 1980.

Linge, Heinz: Bis zum Untergang. Als Chef des persönlichen Dienstes bei Hitler, München 1980.

Löhr, Hanns Christian: Neue Dokumente zum »Sonderauftrag Linz«, in: Kunstchronik, Monatsschrift für Kunstwissenschaft, Museumswesen und Denkmalpflege 65 (2012) 1, S. 7–12.

Ders.: Der Eiserne Sammler. Die Kollektion Hermann Göring, Berlin 2009.

Ders.: Das Braune Haus der Kunst. Die Sammlung des Sonderauftrages Linz, Berlin 2005.

Maršálek, Hans: Die Geschichte des Konzentrationslagers Mauthausen. Dokumentation, Wien 2006.

Maser, Werner: Adolf Hitler. Legende – Mythos – Wirklichkeit, München 1977.

Mathieu, Thomas: Kunstauffassungen und Kulturpolitik im Nationalsozialismus, Saarbrücken 1997.

Mayrhofer, Fritz/Schuster, Walter (Hg.): Bilder des Nationalsozialismus in Linz, Linz a.d. Donau 2007.

Dies. (Hg.): Linz zwischen Wiederaufbau und Neuorientierung 1945–1984, Linz a.d. Donau 2007.

Dies. (Hg.): Linz zwischen Demokratie und Diktatur 1918–1945, Linz a.d. Donau 2006.

Mayrhofer, Fritz: Die »Patenstadt des Führers«. Träume und Realität, in: Ders./Walter Schuster (Hg.): Nationalsozialismus in Linz, 2 Bde., Linz a.d. Donau 2007, Bd. 1, S. 327–386.

Mayrhofer, Fritz/Katzinger, Willibald: Geschichte der Stadt Linz, 2 Bde., Linz a.d. Donau 1990.

Mertens, Annette: Himmlers Klostersturm. Der Angriff auf katholische Einrichtungen im Zweiten Weltkrieg und die Wiedergutmachung nach 1945, Paderborn 2006.

Meyer, August: Hitlers Holding. Die Reichswerke »Hermann Göring«, München 1999.

Moll, Martin: Führererlasse 1939–1945, Stuttgart 1997.

Patel, Kiran Klaus: »Auslese« und »Ausmerze«. Das Janusgesicht der nationalsozialistischen Lager, in: Zeitschrift für Geschichtswissenschaften 54 (2006) 4, S. 339–365.

Perz, Bertrand: Zwangsarbeit von KZ-Häftlingen der Reichswerke »Hermann Göring« in Österreich. Deutschland und Polen, in: Gabriella Hauch (Hg.): Industrie und Zwangsarbeit im Nationalsozialismus. Mercedes Benz – VW – Reichswerke Hermann Göring in Linz und Salzgitter, Innsbruck 2003, S. 141–167.

Ders.: Konzentrationslager in Linz, in: Fritz Mayrhofer/Walter Schuster (Hg.): Nationalsozialismus in Linz, 2 Bde., Linz a.d. Donau 2001, Bd. 2, S. 1041–1091.

Picker, Henry: Hitlers Tischgespräche im Führerhauptquartier 1941–1942, hg. v. Percy Ernst Schramm, Stuttgart 1965.

Plewe, Reinhard/Köhler, Jan Thomas: Baugeschichte Frauen-Konzentrationslager Ravensbrück, Berlin 2001.

Price, Billy F.: Adolf Hitler als Maler und Zeichner. Ein Werkkatalog, Zug 1983.

Prösler, Viktor: Die Ursprünge der nationalsozialistischen Kunsttheorie, Phil. Diss., München 1982.

Rafetseder, Hermann: Von der »Verstaatlichung« zur Entstaatlichung am Beispiel der Linzer Industrie, in: Fritz Mayrhofer/Walter Schuster (Hg.): Nationalsozialismus in Linz, 2 Bde., Linz a.d. Donau 2001, Bd. 2, S. 927–1010.

Ders.: Der »Ausländereinsatz« zur Zeit des NS-Regimes am Beispiel der Stadt Linz, in: Fritz Mayrhofer/Walter Schuster (Hg.): Nationalsozialismus in Linz, 2 Bde., Linz a.d. Donau 2001, Bd. 2, S. 1107–1166.

Ratkolb, Oliver: Mythos VOEST, in: Fritz Mayrhofer/Walter Schuster (Hg.): Linz im 20. Jahrhundert. Beiträge, 2 Bde., Linz a.d. Donau 2010, Bd. 2, S. 885–926.

Ratkolb, Oliver: NS-Zwangsarbeit in der Industrie im Vergleich. Am Beispiel der Betriebe der Reichswerke Hermann Göring in Linz, in: Gabriella Hauch (Hg.): Industrie und Zwangsarbeit im Nationalsozialismus. Mercedes Benz – VW – Reichswerke Hermann Göring in Linz und Salzgitter, Innsbruck 2003, S. 67–83.

Reichardt, Hans J.: Notizen zur Ausstellung, in: Ders./Wolfgang Schäche (Hg.): Von Berlin nach Germania. Über die Zerstörungen der »Reichshauptstadt« durch Albert Speers Neugestaltungsplanungen. Ausstellung des Landesarchivs Berlin, Berlin (West) 1985, S. 47–78.

Rosenberg, Alfred: Letzte Aufzeichnungen. Ideale und Idole der nationalsozialistischen Revolution, Göttingen 1955.

Ryback, Timothy W.: Hitlers Bücher. Seine Bibliothek. Sein Denken, Köln 2010.

Safranski, Rüdiger: Romantik. Eine deutsche Affäre, Frankfurt am Main 2009.

Sarlay, Ingo: Adolf Hitlers Linz. Architektonische Vision einer Stadt, in: Birgit Kirchmayr/Peter Assmann (Hg.): »Kulturhauptstadt des Führers«? Kunst und Nationalsozialismus in Linz und Oberösterreich, Linz a.d. Donau 2008, S. 65–78.

Ders.: Hitropolis. Vom Idyll zum befohlenen Stadtraum(a), in:

Bazon Brock/Achim Peiß (Hg.): Kunst auf Befehl? Dreiunddreißig bis fünfundvierzig, München 1990, S. 187–199.

Ders.: Hitlers Linz. Die Stadtplanung von Linz an der Donau 1938–1945. Kulturelle und wirtschaftliche Konzeptionen, Planungsstellen und Wirtschaftspläne, 2 Bde., Phil. Diss., Graz 1985.

Ders.: Stadtplanung Linz 1938–1945, in: Wilhelm Rausch (Hg.): Die Städte Mitteleuropas im 20. Jahrhundert, Linz a.d. Donau 1984, S. 167–175 und 352–367.

Schirach, Henriette von: Anekdoten um Hitler. Geschichte aus einem halben Jahrhundert, Berg 1981.

Dies.: Der Preis der Herrlichkeit, Wiesbaden 1956.

Schmitt-Imkamp, Lioba: Roderich Fick und Linz – eine weitgehend unbekannte Geschichte, in: Stadtmuseum Linz (Hg.): »Hitlerbauten« in Linz. Wohnsiedlungen zwischen Alltag und Geschichte. 1938 bis zur Gegenwart, Salzburg 2012, S. 152–179.

Schuster, Walter: Städteplanung der NS-Zeit am Beispiel Linz, in: Alexandra Rotter (Hg.): Revisionen. 13. Tagung des Verbandes Österreichischer Kunsthistorikerinnen und Kunsthistoriker Linz/Wien 2005, S. 88–94.

Schütz, Erhard/Gruber, Eckehardt: Mythos Reichsautobahn. Bau und Inszenierung der »Straßen des Führers« 1933–1941, Berlin 1996.

Schwarz, Birgit: Geniewahn. Hitler und die Künste, Wien 2009.

Schweiger, Anneliese: Wirtschaft, in: Fritz Mayrhofer/Walter Schuster (Hg.): Linz zwischen Wiederaufbau und Neuorientierung 1945–1984, Linz a.d. Donau 2007, S. 74–97.

Dies.: Kultur und Bildung, in: Fritz Mayrhofer/Walter Schuster (Hg.): Linz zwischen Wiederaufbau und Neuorientierung 1945–1984, Linz a.d. Donau 2007, S. 99–133.

Schweiger, Anneliese: Wirtschaft, in: Fritz Mayrhofer/Walter Schuster (Hg.): Linz zwischen Demokratie und Diktatur 1918–1945, Linz a.d. Donau 2006, S. 147–168.

Seckendorff, Eva von: Erster Baumeister des Führers. Die NS-Karriere des Innenarchitekten Paul Ludwig Troost, in: Jan Tabor (Hg.): Kunst und Diktatur, 2 Bde., Baden bei Wien 1994, Bd. 2, S. 580–585.

Seraphim, Hans Günther (Hg.): Das politische Tagebuch Alfred Rosenbergs aus den Jahren 1934/35 und 1939/1940, München 1964.

Slapnicka, Harry: Das Stift zwischen Napoleon und Hitler, in: Land Oberösterreich (Hg.): 900 Jahre Klosterkirche Lambach. Oberösterreichische Landesausstellung 1989, Linz a.d. Donau 1989.

Speer, Albert: Die Kransberg-Protokolle 1945. Seine Aussagen und Aufzeichnungen, hg. v. Ulrich Schlie, München 2003.

Ders.: Spandauer Tagebücher, Frankfurt am Main 1975.

Ders.: Erinnerungen, Berlin (West) 1969.

Ders.: Paul Ludwig Troost. Seine Möbel, in: Die Baukunst 6 (1942) 1, S. 2–9.

Spotts, Frederic: Hitler and the Power of Aesthetics, London 2002.

Steinwarz, Herbert (Hg.): Wohn- und Tagesunterkünfte für Bauarbeiter nach den Richtlinien und Erfahrungen der Deutschen Arbeitsfront, mit einem Vorwort von Albert Speer, Amt Schönheit der Arbeit, Berlin 1940.

Stephan, Hans: Das Lebenswerk des Architekten Wilhelm Kreis, in: Die Baukunst 7 (1943) 3, S. 58–72.

Stockhorst, Erich: 5000 Köpfe. Wer war was im Dritten Reich, Kiel 1985.

Sudholt, Gert: Adolf Hitlers drei Testamente, Leoni 1977.

Sünderhauf, Esther Sophia: Griechensehnsucht und Kulturkritik. Die deutsche Rezeption von Winckelmanns Antikenideal 1840–1945, Berlin 2004.

Teut, Anna: Architektur im Dritten Reich 1933–1945, Frankfurt am Main 1967.

Thies, Jochen: Architekt der Weltherrschaft. Die »Endziele« Hitlers, Düsseldorf 1980.

Thumser, Regina: Klänge der Macht. Musik und Theater im Reichsgau Oberdonau, in: Birgit Kirchmayr/Peter Assmann (Hg.): »Kulturhauptstadt des Führers«? Kunst und Nationalsozialismus in Linz und Oberösterreich, Linz a. d. Donau 2008, S. 223–239.

Thumser, Regina: »Der Krieg hat die Künste nicht zum Schweigen gebracht«. Kulturpolitik im Gau Oberdonau, in: Oberösterreichisches Landesarchiv (Hg.): Reichsgau Oberdonau. Aspekte 1, Linz a. d. Donau 2004, S. 127–173.

Turner, Henry Ashby: Hitler aus nächster Nähe. Aufzeichnungen eines Vertrauten 1929–1932, Frankfurt am Main 1978.

Tweraser, Kurt: Die Linzer Wirtschaft im Nationalsozialismus. Anmerkungen zur strukturellen Transformation (»Modernisierung«) und zum NS-Krisenmanagement, in: Fritz Mayrhofer/Wolfgang Schuster (Hg.): Nationalsozialismus in Linz, 2 Bde., Linz a. d. Donau 2001, Bd. 1, S. 387–549.

Uehling, Peter: Karajan. Eine Biografie, Reinbek 2006.

Vandenburg, Philipp: Ramses der Große. Eine archäologische Biographie, Bern 1977.

Vogt, Martin (Hg.): Herbst 1941 im »Führerhauptquartier«. Berichte Werner Koeppens an seinen Minister Alfred Rosenberg, Koblenz 2002.

Wildt, Michael: Volksgemeinschaft als Selbstermächtigung. Gewalt gegen Juden in der deutschen Provinz 1913 bis 1939, Hamburg 2007.

Wolf, Georg Jakob: Ingenieur L. Heilmann und das Baugeschäft Heilmann und Littmann, München 1911.

Wolfinger, Stefan: Das KZ-Außenlager St. Valentin. Mauthausen-Studien Bd. 7, Wien 2009.

Wolkerstorfer, Sepp: Linz im Großdeutschen Reich, in: Linz an der Donau. Die Patenstadt des Führers und Gründungsstadt des Großdeutschen Reiches, Linz a. d. Donau o. J., S. 5–6.

Zacherl, Edith: Der Arbeiterwohnbau von 1850 bis 1945. Architektonischer Abriß, in: Brigitte Kepplinger (Hg.): Wohnen in Linz. Zur Geschichte des Linzer Arbeiterwohnbaues von den Anfängen bis 1945, Wien 1989, S. 179–255.

ABBILDUNGSNACHWEIS

Archiv der Stadt Linz: S. 29, 34, 53, 55, 56, 61 u., 69, 71, 75, 76, 84/85, 88/89, 91, 93, 99, 111, 115, 116, 140

Bildarchiv Preußischer Kulturbesitz/Archiv Heinrich Hoffmann: S. 14, 30, 33, 133

Bildarchiv Walter Frentz: S. 45, 61 o., 95

BMI/Fotoarchiv der KZ-Gedenkstätte Mauthausen: S. 118, 119, 120, 123

Bundesarchiv: S. 9 (183-R99197), 10 o. l. (146-1974-082-44), 10 u.l. (102-16742), 10 r. (102-17059), 13 o. (119-0289), 13 u. (146-1988-045-28), 15 (183-H29050), 17 o. (146-1990-073-26), 17 u. (102-17931), 18/19 (146-2008-002), 19 (146-1986-029-02), 21 (183-C10092), 26 (146-1971-016-29), 27 (183-S47006), 39 o. (146-2005-0050), 39 u. (183-B22744), 41 (183-2008-0218-501), 42 (183-H28708), 51 (183-M1204-319), 58/59 (R/4606/3364), 72 (R/4606/3685, Bl. 1), 73 o. (R/4606/3686, Bl. 1), 73 u. (R/4606/3685, Bl. 1), 79 (R/4606/3691, Bl. 8), 83 o. (R/4606/3690, Bl. 4), 83 u. (R/4606/6166, Bl. 2), 121 (192-269)

Creative Commons: S. 129 (Fb78/CC-BY-SA), 146 (NeoUrfahraner/ CC-BY-SA), 152 (NeoUrfahraner/CC-BY-SA), 155 (Christian Wirth/CC-BY-SA), 158 (NeoUrfahraner/CC-BY-SA), 161 u. (Häferl/CC-BY-SA), 162 (TaiBo/CC-BY-SA)

Die Baukunst 4 (1941) 5: S. 66

Geschichteclub Stahl, Linz: S. 96, Umschlag hinten

Library of Congress, Washington D.C.: S. 149 (LOT 3977)

National Archives and Records Administration (NARA), Washington D.C.: S. 80 (RG 260/E 190 B/Bx 36/F 360)

NORDICO/Stadtmuseum Linz (Reproduktionen: Thomas Hackl): S. 23, 102, 105, 127, 145

Oberösterreichisches Landesarchiv, Linz/Allgemeine Foto-sammlung: S. 134 (Nr. 546)

Stadt Linz: S. 161 o.

Stiftsarchiv St. Florian: S. 130, 137

Ullstein-Bilderdienst, Berlin: S. 7, 25, 48, 62, 65, 106

Voestalpine AG, Linz: S. 157

Wohn- und Tagesunterkünfte für Bauarbeiter nach den Richtlinien und Erfahrungen der Deutschen Arbeitsfront, Berlin 1940, S. 16 f.: S. 112

PERSONENREGISTER

ZUM AUTOR

Hanns Christian Löhr

Jahrgang 1961; Studium der Geschichte und Philosophie in Hamburg und Bonn; 1992 Promotion über den Ausbruch des Ersten Weltkrieges; journalistische Tätigkeiten bei der *Märkischen Oderzeitung* sowie der *Frankfurter Allgemeinen Zeitung*; Mitarbeiter bei einer Forschungsstelle der Freien Universität Berlin; seit 2005 freiberuflicher Autor und Redakteur.

Zahlreiche Veröffentlichungen, darunter: »Das Braune Haus der Kunst. Hitler und der Sonderauftrag Linz« (2005) sowie »Der Eiserne Sammler. Die Kollektion Hermann Göring. Kunst und Korruption im Dritten Reich« (2009).

Historische Reiseführer

Maik Kopleck
München
1933 – 1945
Stadtführer zu den Spuren
der Vergangenheit

4. Auflage
112 Seiten, 186 Abbildungen,
Klappenbroschur
ISBN 978-3-86153-354-2
12,90 € (D); 13,30 € (A)

Peter Poguntke
Stuttgart und Umgebung
1933 – 1945
Der historische Reiseführer

112 Seiten, 133 Abbildungen,
Klappenbroschur
ISBN 978-3-86153-740-3
14,90 € (D); 15,40 € (A)

Maik Kopleck
Obersalzberg
1933 – 1945
Ortsführer zu den Spuren
der Vergangenheit

4. Auflage
64 Seiten, 119 Abbildungen,
Klappenbroschur
ISBN 978-3-86153-355-9
12,90 € (D); 13,30 € (A)

Bruno Fischer
Köln und Umgebung
1933 – 1945
Der historische Reiseführer

112 Seiten, 143 Abbildungen,
Klappenbroschur
ISBN 978-3-86153-692-5
14,90 € (D); 15,40 € (A)

Bruno Fischer
Ruhrgebiet
1933 – 1945
Der historische Reiseführer

128 Seiten, 170 Abbildungen,
Klappenbroschur
ISBN 978-3-86153-552-2
14,90 € (D); 15,40 € (A)

Maik Kopleck
Berlin
1933 – 1945
Stadtführer zu den Spuren
der Vergangenheit

8. Auflage
96 Seiten, 191 Abbildungen,
Klappenbroschur
ISBN 978-3-86153-326-9
12,90 € (D); 13,30 € (A)

Weitere Informationen zu dieser Reihe im Internet unter www.historische-reisefuehrer.de

Orte der deutschen Geschichte in Bild und Text

Helmut Braun (Hg.)
Czernowitz
Die Geschichte einer unter-
gegangenen Kulturmetropole

3. Auflage
184 Seiten, 150 Abbildungen,
Festeinband
ISBN 978-3-86153-750-2
29,90 € (D); 30,80 € (A)

Lars Hellwinkel
Hitlers Tor zum Atlantik
Die deutschen Marinestützpunkte
in Frankreich 1940 – 1945

224 Seiten, 158 Abbildungen,
Festeinband
ISBN 978-3-86153-672-7
34,90 € (D); 35,90 € (A)

Dieter Schenk
Danzig 1930 – 1945
Das Ende einer Freien Stadt

224 Seiten, 193 Abbildungen,
Festeinband
ISBN 978-3-86153-737-3
29,90 € (D); 30,80 € (A)

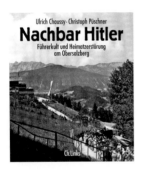

Ulrich Chaussy,
Christoph Püschner
Nachbar Hitler
Führerkult und Heimatzerstörung
am Obersalzberg

7. Auflage
248 Seiten, 221 Abbildungen,
Broschur
ISBN 978-3-86153-704-5
19,90 € (D); 20,50 € (A)

Volker Knopf, Stefan Martens
Görings Reich
Selbstinszenierungen
in Carinhall

6. Auflage
208 Seiten, 171 Abbildungen,
Broschur
ISBN 978-3-86153-392-4
19,90 € (D); 20,50 € (A)

Uwe Neumärker, Robert
Conrad, Cord Woywodt
Wolfsschanze
Hitlers Machtzentrale
im Zweiten Weltkrieg

4. Auflage
240 Seiten, 217 Abbildungen,
Broschur
ISBN 978-3-86153-433-4
19,90 € (D); 20,50 € (A)

Weitere Informationen zu dieser Reihe im Internet unter www.orte-deutscher-geschichte.de